农村文化礼堂创新理论与实践的台州范本

周仲强 著

浙江工商大学出版社
ZHEJIANG GONGSHANG UNIVERSITY PRESS
·杭州·

图书在版编目(CIP)数据

农村文化礼堂创新理论与实践的台州范本 / 周仲强
著. —杭州:浙江工商大学出版社,2021.1
ISBN 978-7-5178-4200-2

Ⅰ. ①农… Ⅱ. ①周… Ⅲ. ①农村文化—文化事业—
建设—研究—台州 Ⅳ. ①G127.553

中国版本图书馆 CIP 数据核字(2020)第 243133 号

农村文化礼堂创新理论与实践的台州范本
NONGCUN WENHUA LITANG CHUANGXIN LILUN YU SHIJIAN DE TAIZHOU FANBEN

周仲强 著

责任编辑	任晓燕	
封面设计	林朦朦	
责任印制	包建辉	
出版发行	浙江工商大学出版社	
	(杭州市教工路 198 号　邮政编码 310012)	
	(E-mail:zjgsupress@163.com)	
	(网址:http://www.zjgsupress.com)	
	电话:0571-88904980,88831806(传真)	
排　　版	杭州朝曦图文设计有限公司	
印　　刷	杭州五象印务有限公司	
开　　本	710mm×1000mm　1/16	
印　　张	18.5	
字　　数	252 千	
版 印 次	2021 年 1 月第 1 版　2021 年 1 月第 1 次印刷	
书　　号	ISBN 978-7-5178-4200-2	
定　　价	78.00 元	

目　录

第一章 乡愁的召唤——我与文化礼堂

乡愁既是现实的又是虚化的,现实的是指乡愁由来指向明确,譬如杭州、上海、西安等家乡的具体地方,虚化的是指文化意义上的乡愁,不具象化。故有评论者指出,对于乡愁大诗人余光中的诗歌《乡愁》,从他的"文化乡愁"情结入手,可以深味诗人的寂寞、文人的孤独。乡愁未必是实指的,不一定是家乡具体的归宿地,可以是一种虚化的对故乡(故土)的留恋。

无论是"胡马依北风,越鸟巢南枝",还是"书卷多情似故人,晨昏忧乐每相亲";无论是"人归落雁后,思发在花前",还是儿女情长、家国天下,中国人都会把绵绵的思乡情绪归结于乡愁。文化礼堂在乡村的"漫山遍野",让身在故乡外的游子,油然而生一种对家乡故园的向往,仿佛在心底发出亲切的呼唤。

第一节 君自故乡来,应知故乡事

乡愁需要一个连接点,就像我与文化礼堂。需要一个明确的时间节点,以作为一种线索或记载留存在文字里,让自己和后人查阅记起。这种"小文化"虽不能登大雅之堂,但于个体而言形之于文字在散发着墨香的纸页里留存,还是存在某种诗情画意般的念想的。至于文化礼堂自什么时候起和我有所联系,已记不清准确的日子了。自我萌发要写一本关于台州文化礼堂的书而试图告别乡愁开始,时间已过去三年了。是三年之前的某一天,但是几月几日不能准确表达。或是有感而发,或是心血来潮,或是某件突发事件诱发,或是学校交代的任务,抑或是必须完成的课题?我很想搞清楚这个时间节点,但仔细想想,细节依然比较模糊。

有所回忆让人觉得惬意、幸福。我经常沉迷于斯,不觉有丝毫牵累。绵绵思绪——乡愁始终笼罩着我没有离开,犹如久候在港湾里的商船,随时等待起航,恰巧遇上这个出发点。

时间是在2014年9月,我去市文广新局挂职,能够到政府部门挂职锻炼,于人的成长大有裨益,很多年轻人的成长都是借助这个捷径,以趋之若鹜形容可能不为过。但于我,大概是年近半百,政治上没有太多上进心的缘故,虽有所热情,但也平淡。说是热情,毕竟新的生活让我向往之,能去政府部门,跟着领导经常下去"巡查"一番,走在乡村第一线,再混个脸熟,在文化界博个存在感,或壮壮声势,或在今后田野考察时有人待见、收寻资料时有人协助,于我的学术研究大有裨益,这是一个全新的境界,也是人生一大快事。说是平淡,主要缘于年纪已大,发展空间狭窄,惰性随性而生,对喧闹世界已有抗拒之心。加之久待高校,学院派风气浸润其身,关起门来搞研究,从书本里来,到书本里去,已成惯性,常年又混迹于学生中,与精彩的世界着实隔膜了一回。

能跨过这道门槛,走向另一世界,还能到县市乡村体面地"晃悠"几回,求知欲、虚荣心似乎得到大满足。更重要的是,不断下村,回眸乡村,刷屏又刷屏,历经多次头脑风暴,久违的乡愁却上心头。乡村已然翻天覆地,宏大、灿烂、丰富。倒不是乡村去得少,而是眼下所到之处满目所见,过去的村部、广场、祠堂、庙宇、公共场所竟多是文化礼堂,如此恢宏,别有一番风韵,徜徉其中,忽又感觉恍如隔世。哦,这不是我记忆中的乡村,记忆中的乡村虽历历在目,但还是停留在过去感性的认知上。是记忆关闭了我对乡村的想象之门,世界已如是,我怎能依然在传统乡村的记忆中勾留。

也许你远在他方,时时会想念故里山川温柔,江海碧波荡漾,小桥流水人家,鼓楼钟声向晚;

也许你街头踟躇,依稀记起童年灯下听到的逸事传说,木铎金声,清幽雨巷,水目塔影,清华洞天;

也许你翻书偶得,悄然走进那段峥嵘岁月,青春飞扬战鼓如歌,茶马古道马蹄留迹,驼峰航线战机传响……

那些关于家乡的任何细节——乡音、往事、民俗、庙宇、节庆,存在于每个台州人的记忆中,是溯源,是召唤,更是传承。

我似乎听到一种召唤,这声音从乡土传来,从心底传来,泛起业已涟漪的池水。美国约翰·布林克霍夫·杰克逊在《发现乡土景观》扉页中说:"乡土景观的形象是普通人的形象:艰苦、渴望、互让、互爱,它是美的景观。"对乡土景观的认识可以加深人们对幸福感的理解,这种幸福来源于对其所处的自然和社会文化环境的归属感和认同感。

从产业处,转到文艺处,先是陪着文化和旅游部专家考察台州文化礼堂,座谈、归纳、抽象,最后形成概念;又随着宣传部检查,听取汇报,和文广新局领导三下乡……行动指向都勾起我的欲望——那似乎淡忘的记忆——乡村,又何曾离我远去,熟悉的、陌生的似乎都变成一样脸孔,显得亲切了,几年时间倏忽过后,却发现亲切的乡村依然离我最近,不断把玩触摸,最是感觉到她的真实。我真切感到,乡村最浓重的文化风景就是文化礼堂。无论是秋意绵绵、冬寒彻骨,还是春雨朦胧,夏日烈烈,白墙黛瓦、高大肃穆、整齐宽敞的农村文化礼堂,在烟雨、烈日、云淡、萧索中,静谧而有诗意,成为台州乡村一道亮丽的风景。别样景致融于山海人情间,流连于千古文脉处,感受到礼堂、诗意、文化与人的脉动,多么令人神往!

从无到有,从小到大,由点到面,由盆景到风景……行走在浙东大地上,复古范、文艺范、融合范、传统范、乡土范、多彩范、创新范、长效范的农村文化礼堂矗立着,已成为台州乡村的地标建筑。自 2013 年起,台州把文化礼堂作为为民办实事的重点项目启动建设以"农村文化礼堂"命名的乡村文化服务综合体,宣传部全力以赴,相继出台了农村文化礼堂建设的指导意见、计划、标准等文件,成立农村文化礼堂建设工作领导小组,整合利用农村各类建设项目资金,分级推行礼堂建设和星级管理,并把支持和奖补资金列入政府年度财政预算,将文化礼堂建设工作纳入年度考核范围。截至目前累计建成1459个,建成总数居浙江省第一;到2020年底,台州市计划再建成1700多家较高水平的农村文化礼堂,覆盖全市80%以上农村人口,其中1500人以上的建制村将全部建成,实现覆盖率100%。中央电视台专门点评、新华社点赞、《半月谈》推介,获得全国基层文化工作先进集体、省文化礼堂建设先进单位、省宣传思想文化创新奖,举办浙江省农村文化礼堂建设工作现场会等。村民参与文化礼堂建设的热情高涨,引起了省里的高度关注。在全国主要省份基层综合性文化服务项目热度对比中,浙江热度值为96.82%,居第一位。①

和合文化、红色文化、海洋文化、农耕文化、孝德文化、戏曲文化、礼仪文化、渔俗文化……五年多来,台州农村文化礼堂如雨后春笋般拔地而起,各地依托乡村自然和人文资源禀赋,建立起主题鲜明、风格独特的文化礼堂。《焦点访谈》《文化报》《光明日报》《浙江日报》、人民网、光明网等主流媒体纷纷报道,文化礼堂"台州范式"已然成型。她"唤醒了沉潜于乡野民间的文化自觉意识,接续起绵延于历史时空的千年优秀文脉,凝聚起沉淀于乡民意识深处的家国故园情怀,激发出蕴藏在百姓心中的文化创造热情"②。笑声、歌声、掌声、书声等交错混杂,组成乡村田园交响曲,飘荡在广袤的大地上,华丽丽地展示新农村乡风村情,热闹、繁盛、昌明,伴随着浓浓的乡愁、深厚的传统、暖洋洋的民俗,遍地开花。理事会制、"五Z管理模式"、乡村十礼、文化联盟、天天大舞台等成为规范、范例和先锋,农村文化礼堂成为村民最愿意去的地方,成为农村的文化地标,百姓的精神家园。这就是农村文化礼堂"台州范"。

---

①② 光明日报调研组:《文化礼堂:浙江乡村文化精神新地标》,《光明日报》2018-04-27。

第二节　"范",台州理论与实践的指向

什么是"范","范"在哪些方面?

从传统看,"范"可以是法则、典范、榜样,也可以是先例、率先。《尔雅》云:"范,法也。范,常也。"《孟子》曰:"吾为之范我驰驱。"——注:"法也。"王充《论衡·物势》认为:"今夫陶冶者,初埏埴作器,必模范为形,故作之也。"明《袁可立晋秩兵部右侍郎诰》说:"嘉兹懿范,宜霈宠纶,是用加封尔为淑人。"

美国著名科学哲学家托马斯·库恩对范式有过较为精辟的论述。他认为,所谓的范式(paradigm) 是一种共有的范例。在《科学革命的结构》一书中,库恩将"范式"定义为那些得到公认的科学成就。这些所谓的范式能够在一定时期内为实践共同体提供典型的问题和答案。他明确指出:"范式是一个成熟的科学共同体在某段时间内所认可的研究方法、问题领域和解题标准的源头活水。"[①]可以理解为,在一定时间内,范式可以是得到广泛认可的理论方法、可以是实践典范、是榜样。

南京大学教授周晓虹认为,可以将宏观—微观、自然主义—人文主义视为两对既有一定的区隔、同时又互为过渡的"连续统"。由它们可以进一步获得四种理论范式,[②]社会事实范式、社会行为范式、社会批判范式、社会释义范式,对应的目的是理解、预测和控制社会事实;理解社会行为及决定或影响人类社会行为的内外部因素;强烈批判现实社会,强调知识的反思性及指导行动的意义;理解作为社会行动者的个人行动的主观意义,以及这种意义对行动者和社会现实的影响。

他们都提供了范式解释的自我理论。

---

① 托马斯·库恩:《科学革命的结构》(第四版),金吾伦、胡新和译,北京大学出版社2012年版,第88页。

② 引自百度百科"范式"。

农村文化礼堂"台州范",或"台州范式"可以概括为:台州农村文化礼堂建设处在浙江省前列,不仅建成总数浙江省第一,而且精神和内涵独具特色,在建设、管理、礼仪、活动、创新、长效、乡贤等方面屡创先例,很多理论与实践成为典范、榜样,为浙江省甚至中国农村文化的发展提供了多个样本和范式。

台州农村文化礼堂建设是新时期农村公共文化服务实践的重大转型的见证者和参与者,台州建设文化礼堂的思想与实践凸显出独特的范式特征。这种范式特征不能自话自说,还必须附有佐证材料。农村文化礼堂"台州范"体现在建设主题、理论术语、创新思维、方法、标准、机制等方面,分为建设范、管理范、礼仪范、创新范、长效范等。

建设范:央视《焦点访谈》节目专论"路桥文化礼堂",新华社点赞台州文化礼堂:"坚持'一镇一品''一村一韵',浙江台州因地制宜打造农村文化礼堂,成为乡村文化新地标。"①台州市路桥区被评为浙江省农村文化礼堂先进集体,并召开浙江省文化礼堂建设现场会。2017年浙江省评出219家五星级农村文化礼堂,其中台州市占31家,在浙江省11个地市中总数最多;2018年省评出293家五星级农村文化礼堂,其中台州市占38家,继续在地市中领跑(第2名与第1名相差1家)。《光明日报》《文化报》《浙江日报》等多次报道台州农村文化礼堂建设成就。

管理范:文化和旅游部推广台州的"文化礼堂理事会制"②,成为基层公共文化服务综合体的标配。光明网等介绍台州的村级文化基金众筹、《文化报》等报道台州的"文化大使驻堂制"等屡创先例。台州文化礼堂"五Z管理模式"获浙江省宣传创新课题立项。

礼仪范:路桥区"乡村十礼"获浙江省宣传思想文化工作创新奖。

---

① 《坚定文化自信 焕发时代风采——十八届三中全会以来全面深化文化体制改革综述》,新华网 2019-01-05。
② 见文化和旅游部 2015 年第 105 期《简报》。

活动范:黄岩区"乡村大使"被评为"全国基层理论宣讲先进集体"①,各县市区举办天天大舞台、村晚、春晚,百姓拥有了自己的美好生活。

创新范:黄岩区山前村文化礼堂被评为全国服务农民、服务基层文化建设先进集体,②浙江省唯一一家。路桥区构建浙江省样本:"文化礼堂'e家工程'打通建管用育一体化长效机制。"

乡贤范:乡贤是乡土文化的精灵,参与文化礼堂建设成就巨大,《半月谈》2017 年 9 月 14 日刊登《乡贤参与乡村治理的"台州模式"》,高度肯定台州乡贤的标本式作用。如天台县乡贤出资 7700 万元资助文化礼堂,全市累计超过4 亿元。

……

椒江区则采用中心辐射、资源互补和强强联手等形式,精心打造了 8 个文化礼堂区域联盟,解决经济基础和文化发展不均衡的问题,并形成共建农村文化礼堂、共享文化发展成果的良好局面。

黄岩区创新性地推出了文化礼堂"理事会负责制"和"星级动态管理"模式,"理事会负责制"成为浙江省文化礼堂的标配。充分发挥农民的自主意识,使文化礼堂有章理事,有人管事,有钱办事,让群众真正成为文化活动的主人翁。黄岩的成功经验是:硬性植入不如潜移默化,"送文化"不如"种文化"。农村文化建设,是一种基于对农村和农民的理解、尊重之上的引领,只有在潜移默化的熏陶中,农民的思想境界才能一步步高尚起来。

路桥区构建"乡村十礼"体系、村级文化基金众筹,文化礼堂"五 Z 管理模式",让文化礼堂成为当地群众的精神家园,并获得"浙江省首批文化礼堂建设先进区"称号。"乡村十礼"获省宣传思想文化创新奖,其成功经验在浙江省进行推广。

---

① 2016 年黄岩"乡村大使"获评"全国基层理论宣讲先进集体",这是浙江省唯一的,也是 2012 年以来,台州宣传系统第一次获得全国级奖项,此奖项由中共中央宣传部颁发。

② 2018 年黄岩区获第七届全国服务农民、服务基层文化建设先进集体,由中共中央宣传部、文化和旅游部、国家新闻出版局联合颁发。

临海立足农村实际,通过整合现有资源,把握"提质扩面、常态长效"的主题,让非遗走进文化礼堂,力争每一个文化礼堂都有乡土特色品牌,每个时间节点都有活动节目,全面释放古城特有的地域文化魅力。

温岭市坚持服务中心,强化主题设置,确保礼堂功能充分发挥。他们依托"互联网"平台,将传统文化活动开展微信直播。

玉环市将"农村文化礼堂长效机制建设"作为重点改革项目,致力于在建设机制、管理运行机制、内容供给机制、队伍保障机制、资金保障机制等方面精益求精,努力成为浙江省文化礼堂长效机制建设的地方模板,成功打造了一批以"历史""红色""武学"等为主题的特色文化礼堂。

天台县以乡音、乡情、乡俗为引子,探索"文化众筹""院企联建"等方式,组织开展了"乐在礼堂 福满乡村"系列迎新活动,建立"总部＋分部＋村礼堂理事会"三级组织架构。推进农村文化礼堂、"和合书院"建设,目前该县乡贤投入农村文化阵地项目的建设资金已达 7700 多万元。

仙居通过科学修缮旧书院、改造废弃祠堂,将当地历史传统与特色文化合理布置,实现了历史原貌和时代特色相融互存,不断完善草根讲师进村坐堂机制,开展农村文化礼堂活动。

三门每年以"爱在三门 乐在礼堂"为主题,开展农村文化礼堂节庆秀等系列活动。[①]

随着功能的不断拓展,农村文化礼堂的作用已远不止"唱唱歌、打打牌、跳跳舞"了,而成了农民体道、求知、尚德、化育的平台,成为能唤起沉淀于心浓浓乡愁的地方。台州传统村落呈现出明显的文化思维,"生之于地,善之于天,为之于人",充分体现了"山海之城"的地理特征和"和实生物""天人合一"的人文思想。台州人的人文思想转化为质朴醇厚的乡土情结,沉淀在村落的历史构

---

① 各县市区的活动概述参看:杨溢北:《台州农村的一件事,吸引了浙江省的"兄弟"们来学习!》,《台州日报》2017-08-19。

成中,显现在现代化发展中。乡村文化礼堂正在提供台州人民追求美好生活的新选择、新路径。

强调异学并存、求其会通;发挥乡村文化在社会治理、文明风俗、社会和谐等诸多方面的作用。学习、归纳、继承、创新、提升、弘扬,整理挖掘文化资源,对传统文化进行静态保护和活态利用双向度统合,让传统文化以一种日常生活的方式融入人们的生活,成为一种集体记忆、一种生活方式,融于日常行为规范,让青山绿水重回生活的轨道,让离乡之人记得住乡愁。这样的结果可以用"四个有"来概括:一有令人向往的田园文化景观;二有特色鲜明的乡土文化;三有人人参与的文化氛围;四有配套便利的公共服务。着力做好七方面工作:梳理基层公共文化发展思路;提炼特色地域文化;传承历史文脉;塑造特色田园景观;完善基本公共服务;改善人居生态环境;提升百姓文化获得感。建设特色田园乡村的重点任务是:宣传部科学编制方案,坚持"多规合一",高起点编制规划;培育文化礼堂发展,着力形成"一村一品";完善公共服务,推进基本公共服务合理布局;保护生态环境,促进"水田林人居"和谐共生;彰显文化特色,传承乡土文脉;增强乡村活力,积极培育新型文化经营主体;构建乡贤文化,形成长效机制;文化礼堂"e家工程"打通建管用育一体化。

第三节　范式理论的构成

思索、沉淀,在过程中分析归纳,农村文化礼堂建设推进的五年中,五大方面的理论和实践阐述进入我关注的视野。

一是文化语境。在基于政府责任的视角下,公共文化行政官员即便是在涉及复杂价值判断和重叠规范的情况下,也能够并且应该为了公共利益而为公民服务,将政府定位为公共文化服务的主导者,将公共管理者的角色定位为引导者、服务员和使者。以此串起文化礼堂高歌发展的时代语境、文化礼堂建设历史机遇的理论表述,开拓文化礼堂建设的崭新文化视域,重构后乡土时代以践行公共文化服务为核心的文化礼堂空间,发现文化礼堂的人文魅力。

二是思维观念。文化礼堂的意义在于继续突破原有的既定的概念和模式,建立一种超越固有理念局限和世俗眼光的思维范式。关注农村公共文化服务意识形态建设中肩负的重任,以及不同观念和概念之间的碰撞和融合,交流、磨合和沟通的过程及意义。着重讨论:政府在保障公共文化产品和服务在全民共享背景下,农村公共文化服务的拐点和亮点,农村公共文化服务的拓展和深入,从唯美、标准到创新理论的探寻,以此显示文化礼堂建设的滥觞与魅力。

三是评价方法。文化管理机构责任即指宣传部自身在公共文化服务范式培育中应当承担的义务,它是范式培育的主体和核心。对范式组织的发展和进步起到关键作用的就是组织文化,因为它涉及范式组织的价值观、行为方式以及发展方向。宣传部自身可以通过培育先进理念来塑造组织文化,实现组织层面的文化自觉。从不同层面总结文化礼堂发展的经验,考察 21 世纪政府在乡村文化的建设成效,着重关注一些重要学者对文化礼堂的研究,从中吸取经验。可以着重引导讨论:文化礼堂范式的转变,对丰富农村公共文化发展模式的探索,建管用育一体化长效机制的构建,建设过程中审美与政治的相互映照,以及对寻找精神文化的穿越。

四是理论话语。由于传统观念、最初误解造成对文化礼堂建设的"自伤",从 2013 年依靠政府的强力推行,到现在村民的主动参与,政治文化话语在直接参与到现代乡村文化美学的创造中形成巨大张力。阐释政府在行使职权时高调话语在不断推进中逐步得到认同的语境下,产生理论观念与话语之间的重构现象,表现出台州人内在美学精神与现代新的文化话语系统之间再次紧密联系。可以着重讨论:关于"文化礼堂"的新诠释;在话语转换的背后农村文化精神高地建设成效;政府话语与文化权力的重新布局。

五是价值追寻。公共文化服务范式的社会培育——基于公民责任的视角。新公共服务理论重视公民资格、公民的社会身份,强调社会责任,倡导以公民身份积极主动地参与管理,并形成自觉行为。对于保障公民基本文化权利,提供公共文化服务的宣传部及其相关文化机构来说,全体公民也要承担相应的责任来维护公共利益,要以主人公的姿态投身其中。社会力量可以通过多种方式构筑有利于文化部门提供公共文化服务的文化生态。概括当下文化礼堂建设政府话语高扬境地及造成全国性热点所面对的巨大成就感,凸显其文化价值。因此,可以着重讨论:政府和理论界对于追求实践价值和宏大理论建构的努力,以及重归日常生活的长路,克服乡村公共文化服务建设中出现的学理化与程式化的弊端与歧路,回归文化礼堂建设的生命本质化与生活化,成为留住乡愁、品味乡韵、展现乡村最美的"文化地标"。

基于以上几点思考,我的思路主要有两条:一是横向比较,既对中西方乡村文化精神展开比较,在平等、对话、交流的基础上发现中西乡村文化建设的互通之处及合理、进步的思想、理论;同时进行省际、市际在公共文化建设领域的成果与经验的比较,在同一性和差异性的不同视阈中寻找一种共同的文化本质。二是本土化研究,不是去套用西方现成的东西,也不是投机取巧地去做二元式的对比,而是直接面对我们自己的社会、文化、生活和心理行为,重新进行思考和分析。或者说,本土化就是让我们在研究时换一个角度,即不是直接通过西方学科中的概念、理论和方法来发现现象和问题,而是从本土的现象和问题出发,来寻求相应解决问题的途径、方法和对应工具,建立本土的学术概念、理论和分析框架,即以中国乡土文化的发展为主线,以文化礼堂在当下面临的困境和发展前景为问题出发点,着眼于在转型期间,公共文化服务的发展研究。试图从文化语境、理论观念、批评方法、理论话语以及批评价值等五个方面,探讨新形势下对文化礼堂建设所产生的影响,以及所带来的最新实践、理论探索和实践成果。通过梳理,来挖掘这三者间的深层互动,寻求当代文化理论和实践所需要的崭新意识和知识——不断理解和吸收历史创造的一切文化成果,感受和理解各种不同的文化艺术意韵。

能否攀上文化礼堂建设的高地,为台州为百姓奉献上一曲高亢热情的赞歌,完全呈现出这五年来政府和百姓所想的、所做的和所能展示的一切,在"王权不下县"的传统乡村中,尽情释放党和人民的智慧、力量,让乡村人民切身体会到政府为民办实事的巨大成果,全面收获文化获得感,使不断增长的文化需求得到满足,这是能带给我最大的心灵安慰,把三年多的思考和田野实践转化为跳跃的文字,在散发着墨香的书页中肆意徜徉,也能帮助自己卸下沉重的负担。

乡愁是乡土文化的折射,乡愁是乡村振兴中的文化复兴,乡愁是精神故乡的象征。

散发着泥土气息,充满着亲情、乡情、家国情,渗透着文明道德、文化礼仪的农村文化礼堂,已成为乡村的精神文化地标。

记下吧!我能做的也许就只有这些。

第一章 垦荒精神①："台州范"的精神实质

　　台州人勤、诚、明、新、和合，"勤"指勤劳，台州人吃苦耐劳、不怕困难、艰苦创业，表现出台州人的"硬气"；"明"指聪明，俗话说，台州人头发空心，最会无中生有，锐意进取，表现出台州人的"灵气"；"诚"指诚实，台州人诚实守信，靠信义走天下，讲奉献精神；"新"指创新，台州人具有极强的市场观念、经营意识，敢闯敢干，具有奋发图强、开拓创新精神，二者表现出台州人的"大气"；"和合"指和合文化，台州人都讲和合，追求和谐，表现出台州人的"和气"。这些都是台州人民所具有的优秀品质。台州人把自己性格概况为"四气"："山的硬气""水的灵气""海的大气""人的和气"。从概念外延概括，很契合"艰苦创业、奋发图强、无私奉献、开拓创新"的大陈岛垦荒精神，很能概括提炼农村文化礼

　　①　20世纪50年代中后期，先后五批来自温台地区的467名青年垦荒队员，响应团中央"建设伟大祖国的大陈岛"的号召，毅然登上满目疮痍的大陈岛，以满腔热情、冲天干劲和炽热青春，与驻岛部队一起开展战天斗海的垦荒事业，用青春和汗水培育了"艰苦创业、奋发图强、无私奉献、开拓创新"的"大陈岛垦荒精神"。六十多年来，大陈岛垦荒精神接力传承、历久弥新，与"红船精神"一脉相承，已成为当代浙江精神的有机构成部分、社会主义建设时期传承革命文化传统的生动体现和社会主义先进文化的重要基因。也是新的历史时期台州市贯彻中央"学习弘扬红船精神用伟大精神推动伟大实践"指示的重要载体。习近平总书记始终牵挂大陈岛和老垦荒队员，多次肯定大陈岛垦荒精神，勉励新一代建设者继承和弘扬垦荒精神，为实现中华民族伟大复兴的中国梦贡献力量。

堂"台州范"的文化内涵。台州人不慕虚名,不图形式,从当时当地实际出发,根据对党的政策的理解和把握,根据现实条件,确定应当做什么事,应当走怎样的路。这是台州文化礼堂建设走在浙江省前列的一个重要保证,也是"台州范"成功的最重要经验。文化礼堂的"台州范"以垦荒精神为内涵,充分体现台州人的文化品格,作为践行"社会主义核心价值观","实事求是"的思想路线,尊重人民群众的意愿和创造精神的典范,具有更为普遍的认识价值和借鉴意义。

第一节　垦荒精神与文化礼堂

从改革开放的成果看,台州经济的高速发展,逐渐形成了独特的"台州模式"。"台州模式"可以解读为"有事好商量、合作天地广、大步走四方、台州当自强、亲清政与商",其内在动力是大陈岛的垦荒精神和和合文化浸润下的台州人"海的大气、山的硬气、水的灵气、人的和气"的优秀品质,不乏刚直与坚毅,使台州人成为"敢冒险、有硬气、善创造、能包容"的坚韧群体。[1] 自 2013 年起,台州把文化礼堂作为为民办实事的重点项目,相继出台了农村文化礼堂建设的指导意见、计划、标准等文件,成立农村文化礼堂建设工作领导小组,整合利用农村各类建设项目资金,分级推行礼堂建设、理事会制和星级管理,并把支持和奖补资金列入政府年度财政预算,将文化礼堂建设工作纳入年度考核范围。五年累计建成文化礼堂 1459 个,建成数居浙江省各地市第一。垦荒精神就是台州文化礼堂光耀于世的内在精神支撑。

一、大陈岛垦荒精神

2016 年儿童节,习近平总书记在一封给大陈岛老垦荒队员后代的回信上说:"六十年前,你们的爷爷奶奶远离家乡,登上大陈岛垦荒创业,用青春和汗水培育了艰苦创业、奋发图强、无私奉献、开拓创新的垦荒精神。希望你们向

---

[1]　张兵:《2017 天台山和合文化论坛开幕式上的讲话》,《台州日报》2017-11-12。

爷爷奶奶学习,热爱党、热爱祖国、热爱人民,努力成长为有知识、有品德、有作为的新一代建设者,准备着为实现中华民族伟大复兴的中国梦贡献力量。"①勉励后人学习先辈垦荒精神。大陈岛的垦荒史,是一部热血青年响应党的号召、积极投身祖国海防建设的奋斗史,也是一部催人奋进的创业史。大陈岛垦荒精神就是"艰苦创业、奋发图强、无私奉献、开拓创新",是"开天辟地、敢为人先的首创精神,坚定理想、百折不挠的奋斗精神,立党为公、忠诚为民的奉献精神",是"红船精神"②在当代建设的延续。

二、文化礼堂"台州范式"

按照省政府部署,台州市从 2013 年开始在全市范围内全方位推广基层公共文化服务载体——农村文化礼堂建设。五年多来,台州农村文化礼堂如雨后春笋般拔地而起,各县(市、区)依托乡村自然和人文资源禀赋,建立起主题鲜明、风格独特的文化礼堂。《焦点访谈》《文化报》《光明日报》《浙江日报》和人民网、光明网等主流媒体纷纷报道,垦荒精神、和合文化、革命文化、乡愁文化、耕读文化、孝德文化、戏曲文化、礼仪文化、海洋文化……遍地生花。她"唤醒了沉潜于乡野民间的文化自觉意识,接续起绵延于历史时空的千年优秀文脉,凝聚起沉淀于乡民意识深处的家国故园情怀,激发出蕴藏在百姓心中的文化创造热情"③。笑声、歌声、掌声、书声等交错混杂,组成乡村田园交响曲,飘荡在广袤的大地上,华丽丽地展示新农村风情,热闹、繁盛、昌明,伴随着浓浓的乡愁、深厚的传统、暖洋洋的民俗,花香扑面。"理事会制"、"五 Z 管理模式"、乡村十礼、村级文化基金众筹、文化联盟、总分馆制、"天天大舞台"等成为规范、范例和先锋,农村文化礼堂成为村民最愿意去的地方,成为农村的文化

---

① 习近平总书记给大陈岛老垦荒队员的后代、浙江省台州市椒江区 12 名小学生的回信:《继承和弘扬大陈岛垦荒精神,热爱祖国好好学习砥砺品格》,《人民日报》2016-06-01。
② 习近平:《弘扬"红船精神",走在时代前列》,《光明日报》2005-06-21。
③ 光明日报调研组:《农村文化礼堂:浙江乡村文化精神新地标》,《光明日报》2018-04-27。

地标、百姓的精神家园。文化礼堂"台州范式"已然成型。

台州农村文化礼堂的建设是新时期农村公共文化服务实践重大转型的见证者和参与者,农村文化礼堂"台州范",台州农村文化礼堂建设处在浙江省率先行列,为浙江省甚至中国农村文化的发展提供了多个样本和范式。

如,央视《焦点访谈》节目专论"路桥文化礼堂",新华社点赞台州文化礼堂:①召开浙江省文化礼堂建设现场会,五星级农村文化礼堂,在浙江省总数排名第一。"文化礼堂理事会制""文化大使"得到文化部(文化和旅游部)推广②,是基层公共文化服务综合体的标配。《光明日报》《文化报》《浙江日报》等多次报道台州农村文化礼堂建设成就,"乡村十礼"、文化礼堂"五 Z 管理模式"等获浙江省宣传思想文化工作创新奖。

黄岩山前村文化礼堂被评为全国服务农民、服务基层文化建设先进集体,③是浙江省唯一;黄岩区"乡村大使"被评为"全国基层理论宣讲先进集体"④,路桥被评为浙江省农村文化礼堂先进集体,同时打造浙江省样本:文化礼堂"e 家工程"打通建、管、用、育一体化长效机制。乡贤出资资助文化礼堂,全市累计超过 4 亿元。

三、文化礼堂的精神实质

垦荒精神契合时代主题。大陈岛垦荒精神十六字中,艰苦创业是克难制胜的法宝;奋发图强反映的是一种励志奋进、奔竞不息的精神风貌;开拓创新是社会进步的精神动力;无私奉献是一种真诚自愿的付出行动,也是一种纯洁高尚的精神境界。垦荒精神契合"乡村振兴"战略,以文化振兴带动乡村发展,

---

① 《坚定文化自信、焕发时代风采——十八届三中全会以来全面深化文化体制改革综述》,新华网 2019-01-05。

② 见文化部(文化和旅游部)2015 年第 105 期《简报》。

③ 2018 年黄岩区获第七届全国服务农民、服务基层文化建设先进集体,中共中央宣传部、文化和旅游部、国家新闻出版局联合颁发。

④ 黄岩"乡村大使"获评"全国基层理论宣讲先进集体",是浙江省唯一的,也是自2012 年以来,台州宣传系统第一次获得全国级奖项,由中共中央宣传部颁发,2016-10-06。

打造新农村、新农业、新农民的"三新"目标；契合基层现代公共文化服务平台全国样本的载体"农村文化礼堂"；契合"无私奉献、开拓创新"的时代主题，助推乡村治理体系现代化建设。

1. 以"艰苦创业"的人文精神，实现传统文化创造性转化、创新性发展。以"大陈垦荒，建设伟大祖国"的理念建设乡村精神家园，实现人民的共同理想，为了发展农村社会主义文化事业，在艰苦的环境中开拓、奋斗。深入推进文化生态建设，全面践行"绿水青山就是金山银山"理念，奏响公共文化绿色发展时代强音，掀起一场政府引导、社会参与的农村文化行动，自力更生、艰苦奋斗，创建伟大的社会主义文化事业，留住了文脉，开创了全新的文化发展局面，走在浙江省前列，把台州文化礼堂打造成文化高地的样板，拉高民众"获得感"。

2. 以"无私奉献"的中华精神，奉献党和政府的智慧和力量。构建乡村文明新秩序，护航"公共文化保障法"战略实施。吸收国内外先进的乡村文化发展成功经验，融合成自身发展的文化基础，树立文化为人、人为文化的乡村文化活动新风标，架设主动自觉参与为核心的新型文化互动关系，引导确立无私奉献的价值取向、和而不同的思维方式、理性平和的社会心理，彰显"讲奉献、重民本、守诚信、崇正义、尚和合"的时代价值。打造乡村人民命运共同体，助力"文化高地、精神家园"目标实现。

3. 以"奋发图强"理念构筑实践精神。始终保持昂扬向上、奋发有为的精神状态，抓住历史赋予的机遇，坚定目标不动摇，坚持发展不停步，最终创造出不辜负时代和人民期待的文化发展业绩。借助于文化礼堂建设，倡导砥砺奋进的精神风貌，在杂草丛生的乡村文化园中创造出璀璨的光芒，为建设独具魅力的"山海水城、和合圣地、制造之都"而努力奋斗。加快建设讲中国和合故事的和合礼堂、和合书院、和合小镇，共筑和合圣地精神家园，提取民族复兴的"精神之钙"，增强民族的凝聚力和向心力。

4. 以"开拓创新"的创造行动推进创新精神的勃发。文化礼堂是新生事物，都在摸着石子过河，在垦荒精神引领下，以"直挂云帆济沧海"的广阔胸怀，

，勇立潮头、敢为人先，用新思路、新办法、新举措打开了新局面，

的乡村文化呈现生机勃勃。在建设、管理、使用、培育方面创造出

江省样本，以构建长效机制为抓手，挖掘更多"文化礼堂＋"的因素，打

系统的文化礼堂"台州范"，让台州文化礼堂的范式走向浙江，走向全国。

加强全市农村文化建设，以最耀眼文化高地、精神家园的呈现，昭示中华民族精神、中国革命精神的灵魂和核心。加强垦荒精神的当代阐释，传承文脉，重振乡土文化，重建乡愁，引领农村公共文化建设中的创造性发展。

台州文化礼堂以垦荒精神为内涵，是民心所盼、发展所需、时代所向。将垦荒精神融入台州社会、经济、生活等方方面面，精神化人、精神润事、精神资政，奋力建设新时代美丽台州，打造宜居宜业宜游的幸福家园。

第二节　垦荒精神：文化礼堂的精神内涵

垦荒精神是文化礼堂涵养社会主义核心价值观的重要源泉。其价值体现在：以"大陈岛垦荒精神"为代表的红色文化是社会主义核心价值观的生动体现，是中国特色社会主义现代化建设伟大事业的宏大实践，是实现中华民族伟大复兴的中国梦，必将化为新时期为实现中华民族伟大复兴中国梦而奋斗的内在动力，是"红船精神"的延续，"同井冈山精神、长征精神、延安精神、西柏坡精神等一道，伴随中国革命的光辉历程，共同构成我们党在前进道路上战胜各种困难和风险、不断夺取新胜利的强大精神力量和宝贵精神财富"[1]。在农村文化礼堂建设中，深入挖掘、阐发、弘扬大陈岛垦荒精神的时代价值，让垦荒精神渗入礼堂的细胞，突出精神内涵，以增强社会正能量，丰富群众文化获得感，更快更好地建设农民精神家园，实现乡村振兴。

---

① 吕延勤：《习近平关于中国共产党革命精神重要论述简析》，《嘉兴学院学报》2018年第12期。

一、艰苦创业:文化礼堂的现实情怀

艰苦创业是中国文化核心的思想传统之一,是中国基层公共文化建设者,包括党和政府在文化礼堂建设上实现其价值目标和道德思想的内在精神。台州人讲艰苦奋斗,着眼点重在不畏困难、不等不靠,通过自力更生、艰苦奋斗,将荒芜的乡村文化打造成现代文化的范式、样本,谱写一曲改变乡村乡土面貌的文化赞歌。文化礼堂提倡艰苦奋斗、共创伟业思想,表达的是一种现实情怀。

"中国乡村社会及农耕文明,构成了中国社会的根本,与之呼应的乡土、乡情、乡恋、乡愁,乃是当代中国人与生俱来的东西。"①当我们厌倦了城市生活时、当我们感觉到食品安全威胁时、当我们成功或失意时、当我们的灵魂需要净化时,我们都愿意走向乡村,毫无顾虑甚至有些贪恋地享受缕缕清香的乡土气息、恬静安适的文化景致。正是基于此,新的乡村建设不能不谈及精神、文化,不能不以保护与传承人类文化多样性为目标,乡土成为当下中国人情感依赖和精神归宿。所以,重构乡土文化,文化礼堂自然而然成为最重要的载体,承载着"文化高地、精神家园"的理想重任。把"艰苦创业"思想创新性地用于文化礼堂建设中。台州的文化礼堂建设所提出的理论和思想都和社会实际相结合,走的是群众路线,没有空谈,强调实干,强调砥砺奋进,既要活学活用,又要创造创新。

新农村建设目的是让人们望得见青山、看得见绿水、记得住乡愁,农民成为新农民。文化礼堂正在不断重塑百姓的生活,让参与礼堂提供的文化活动成为人们的一种时尚,一种新的生活方式。从无到有,从小到大,克服重重困难,文化礼堂雨后春笋般矗立在广袤的台州大地上,使之成为农村践行公共文化服务政策的平台,在管理使用上不断创造出深受群众喜爱的丰富多彩的文化活动,让活动常态化、持久化,培育群众主体参与意识,形成热闹繁盛的群众

---

① 邓玉函、刘洁:《荷清人间:一个壮族村落的景观农业及文化蕴含》,《贵州民族研究》2017 年第 10 期。

性文化活动氛围,让群众有深厚的获得感。

艰苦奋斗使文化礼堂刷出强烈存在感,所以在执行党的政策上、在完成新农村建设和乡村治理的艰巨任务中,乡村文化礼堂正在提供台州人民追求美好生活的新选择、新路径。

二、奋发图强:文化礼堂的内在逻辑

奋发图强是大陈岛垦荒精神的力量源泉,是不惧挑战、战胜一切艰难险阻的强大精神力量。在文化礼堂建设上,党政社群始终保持昂扬向上、奋发有为的精神状态,其内在逻辑为坚定目标不动摇,抓住机遇不放松,坚持发展不停步,把"文化沙漠"变为"文化高地",最终创造出不辜负时代和人民期待的文化发展业绩。

(一)重构乡村文化

文化礼堂建设充分利用乡村的历史文化资源,推动乡风乡愁、家德家风、礼仪礼节进礼堂。在对乡村传统文化资源进行的基础层改造中,我们不仅重新认识了几千年古老的耕读文明传统,也对中国共产党领导的社会主义新农村建设有了更深刻的领悟,新传统与老传统在文化礼堂中得到了融合,乡村文化在礼堂中重新焕发出勃勃生机与光芒。文化礼堂内涵建设的重点是培育礼堂文化,以文化熏陶人。尽管在全球化、市场化、城市化浪潮席卷而来的形势下,乡村未来似乎也难以摆脱"被全球化""被城市化"的命运,尽管在时下中国,对土地、矿产、森林等资源的争夺,已使许多农民成为失地农民,也迫使这些人不得不"市民化",但我们"需要的是文化多样,而不是文化单一的乡村和谐;需要的是合理地将现代和传统、都市和田野、全球与地方等有机相合,从而塑造出独特、多样且具有时代气息的新型乡土文化,而不是单纯的'城市化',让城市吞并农村"①。文化礼堂等于重构了乡村文化,其中蕴含的革命文化是

---

① 秦红增:《乡土变迁与重塑》,《广西民族大学学报》(哲学社会科学版)2012年第4期。

文化礼堂区别于祠堂文化、庙宇文化和低俗文化的先进性所在,体现在新时期的开拓创新精神、劳模精神、建党和建国精神、志愿者精神中,也体现在具有传统底蕴的新春祈福、新人新礼、儿童喜庆、重阳敬老、清明祭祖等礼仪中。这种乐观进取、坚贞不屈的生命辩证法构成了礼堂文化最耀眼的主色。

(二) 重建乡愁文化

文化礼堂的最基本功能之一就是保存乡村集体记忆,延续乡村文脉,文化礼堂作为村民精神家园既要有整装待发、乐观进取的红色文化,也要有扎根乡土、叶落归根的乡愁文化。人类或城市对乡村的需要,不仅是清新的空气、纯净的泉水、绿色的食品等物质需要,而且更重要的是情感依赖和精神归宿,对于有着几千年农耕文化的国家尤其如此。城市如果消灭了农村,人们不仅难以享受科技进步的成果,而且也同时丧失了自己的精神家园。与此同时,乡愁文化是乡村建设的积极力量,正是这种叶落归根、荣归故里的"积极乡愁"召唤在外的游子参与家乡建设,形成城市反哺乡村的社会有机循环。实践证明,在台州农村文化礼堂建设中,在外乡贤对家乡的反哺是一支重要力量。它的形成正是召唤在外商人、企业家、机关干部、知识分子及其他成功人士等群体反哺家乡建设的情感纽带,是农村文化礼堂的重要内容。

(三) 重建礼仪文化

礼仪文化是文化礼堂的中坚力量,无论是乐观进取的红色文化、和而不同的和合文化、汪洋恣肆的海洋文化、春意盎然的民俗文化,还是叶落归根的乡愁文化,都可以而且需要通过恰当的礼仪形式表现出来。春节祈福迎新、清明祭祖、庆祝国庆、儿童开蒙、成人仪式、婚庆习俗、重阳敬老、丧葬哀情等礼仪活动,让人们感到生命节点的尊荣,庆祝节日快乐、生命成长。让感恩父母、报效祖国这些情感有了得体的表达方式。这些礼仪活动去除了等级森严、尊卑分明的压抑成分,保留了仪式活动中的合理内核,体现了革故鼎新、与时俱进的辩证法,是礼仪文明顺应社会发展的时代要求。①

(四) 打造"一村一品"

充分挖掘地域资源,突出立足地域文化特色与优势、区位与人文优势,通过资源集聚,把地方深厚的文化底蕴、生活情趣与各个农村文化礼堂完美结合,挖掘乡村文化的广度和深度,增强与美丽乡村、乡村旅游线路的融合建设,彰显文化礼堂的生活化、本土化和内在化特质,凝聚精气神,凸显新景象。创特色,记录创业故事、留下美丽乡愁、重温"小农时代"的精神家园。提高地方文化资源的利用率和资源转化率,着力打造"一村一品""一堂一韵",以此改变文化礼堂创建中存在"千村一景"的现象,不断提升农村文化礼堂的层级。

三、无私奉献:文化礼堂的精神所在

无私奉献是大陈岛垦荒精神的宝贵财富,垦荒队员把自己的汗水洒在了大陈岛的每个角落,面对艰苦的生活条件,他们没有抱怨,只有奉献,完美诠释了火热的青春和无悔的年华。

文化礼堂建设是时代呼唤党和政府承担自己的使命、时代呼唤乡村承担自己责任的伟大实践。弘扬垦荒精神是文化礼堂的内在需求。

按照建设是基础、内容是根本、活动是生命、管理是保障、长效是可持续发展的要求,围绕"文化礼堂、精神家园"的定位,遵循农村文化礼堂"五有三型"标准,台州全市广泛开展农村文化礼堂建设。在此过程中,高度诠释了"立党为公、忠诚为民"的奉献精神,创新性地贡献了思想和智慧,功于百姓,功于社会。

坚持规划引领,选准选好文化礼堂的场馆,整合庙宇、祠堂、学校、村落等资源,开放性地建设文化礼堂。将社会主义核心价值观的丰富内涵和实践要求充分融入农村思想教育、道德建设、科学普及、继续教育、生活娱乐等方方面面。

---

① 唐中祥:《守望精神家园》,浙江人民出版社 2017 年版,第 16 页。

注重因村制宜、展示功能特色,坚持需求导向、强化内容供给,真正形成文化礼堂服务的"大菜单",丰富文化礼堂的内容,推进"传统+""互联网+""最美+""家训+"等组成"礼堂+"四大内容的融合,发展公共文化事业,梳理数字平台,注重细节优化,广泛动员群众参与,做到聚人气、扬正气、接地气,真正把文化礼堂打造成农村精神家园。

健全完善长效管理机制,坚持"建、管、用、育"一体推进的总体思路。在"建"的质量上有新提高,在"管"的力度上有新加强,在"用"的水平上有新提升,在"育"的成效上有新成就。

创新资金筹集方式,不断优化考核管理,加强人才队伍建设,进一步调动理事会、协会等各方积极性,真正让农村文化礼堂活起来。

切实把农村文化礼堂建成惠及更多农民群众的实事工程,使文化礼堂成为思想道德教育的礼堂,社会主义核心价值观传播的讲堂,传统民俗文化的展堂,科学技术的学堂,先进文化的课堂,文明娱乐的殿堂,新型农民的天堂。在农村文化礼堂建设思想、管理使用、培育文化等方面不断创建"台州样本"。让所有百姓浸在其中,乐在其中,既满足了普通群众的文化需求,又彰显了中华民族的身份,气宇轩昂具有强烈的视觉冲击,服务于政治需要,服务于普通百姓需要,二者合一,充分激发认同感和幸福感。

四、开拓创新:文化礼堂发展标志

开拓创新思想有其丰厚的历史文化承载,是关于人类自身发展的实践路径,是对"和实生物"思想的超越与升华,并与现代融合创新理论相映照。开拓创新,贵在开拓、包容与创新,是海纳百川品格的具象体现。体现在文化礼堂上,彰显其开创性:一切从零开始,敢闯敢冒,锐意进取。包容性:价值观、思想、礼仪、道德、民俗、家风、家训、传统文化等包罗万象,应有尽有。创新性:建设上的多种类型,布局上的因地制宜,管理上的独创,获得感上的深厚等。这些方面屡创范例,许多成功的理论和实践成为浙江省标本,是文化礼堂创新的源泉。

台州文化礼堂发展,既显示其开创性,又显示其独特性,逐渐成为一种鲜明的文化符号。

(一)价值引领

文化礼堂的价值文化,也可叫革命文化,或红色文化,在台州集中体现的是大陈岛垦荒精神。大陈岛垦荒精神非常强调党对农村文化工作的领导、群众文化活动的主体性充分激发、主流价值的集中鲜明体现,在意识形态领域保持高度的纯洁性,以社会主义文化重构乡村文化助推乡村振兴,以期达到"三新"(新农村、新农业、新农民)目标,这是文化礼堂有别于教堂文化、宗族文化、庙宇文化、低俗文化的鲜明政治属性。具体内容就是坚持党的领导,坚持依法治国,中华民族伟大复兴中国梦的理想追寻,社会主义核心价值观的价值追求,中国特色社会主义道路的引领。

(二)尚礼崇仪

从传统"五礼"到"人生十礼"再到"乡村十礼",台州文化礼堂创新性施行文化礼堂现代礼仪体系,在全市范围内广泛开展礼仪活动,推动乡村文化重建,培育社会主义新乡风,打造农民群众的精神家园。在乡风民俗的基础上因地制宜,从"优教、崇学、尽责、和美、梦想、仰贤、敬老、守法、勤廉、爱国"等十个方面定义礼仪内涵,归纳设计了周岁礼、开蒙礼、成人礼、新婚礼、迎新祈福礼、清明崇先礼、重阳敬老礼、尊宪守法礼、村干部就职礼、新兵入伍壮行礼,总称"乡村十礼",重构乡村文化礼仪体系。在礼仪中贯彻社会主义核心价值观,实现从文化礼堂建设向礼堂文化培育的转变,使文化礼堂活动成为弘扬社会主流价值的重要载体。这是党和政府、社会各界以及广大人民群众一起多方合力在继承优良文化传统基础上制礼作乐的伟大实践,在中华礼乐文明传承中写下乡村新礼乐的重要篇章。

(三)传承文脉

农村文化礼堂的任务之一是保存乡村文脉、呈现乡村集体记忆,它是乡村文化殿堂,具有地域特色的传统村落文化遗存、村落历史和民俗民风在殿堂中

——得以呈现,这些传统文化遗产是维系村民乡愁意识、民主意识,形成村庄集体认同的情感纽带。通过农村文化礼堂建设培育礼堂文化,重建乡村的精神家园,不仅事关现代化过程中村民的精神安顿,也事关中华民族文化根脉的新生和文化自信的重建进程。

(四)实践文化

党的十九大报告指出:"坚持社会主义核心价值体系,必须更好构筑中国精神、中国价值、中国力量,为人民提供精神指引。"这为文化礼堂的文化实践提供了指路明灯。"加快构筑浙江省甚至全国重要的文化高地。"以大陈岛垦荒精神、和合文化为台州精神的核心,对礼堂文化发展再思考、再认识、再提升。根据台州优秀或特色传统文化资源,并结合社会主义核心价值观,来定位农村文化礼堂的发展理念、文化类型、文化机制、文化品牌。实现文化发展的终极目标,以此显示台州的价值、台州的力量,全面提升台州人民的文化自信和文化获得感,因地制宜,就能实现农村文化礼堂的高质量、特色发展。

第三节 精神高地:文化礼堂的价值追求

垦荒精神既构成文化礼堂的精神实质,又是其文化内涵的有机组成,逐渐成为百姓共同的精神家园。在传播正能量、推动和谐乡村建设,弘扬和合文化、重塑自我等方面精彩纷呈,个人精神、集体精神、社会精神在此得到升华。

一、发挥正能量

借助于文化礼堂平台,一方面政府加强政策宣传,加大投入,加强农村公共文化基础设施建设,架构乡村社区认同的文化平台;另一方面,继续提升农民的自我发展能力,以文化活动开展为抓手,提升文化主体意识。同时重视农村弱小群体的文化与情感关怀,纠正农村存在的部分意识形态的方向偏离,巩固社会主义核心价值观阵地。

具体而言,文化礼堂,活动为王,内容为魂。宣讲党的方针政策,树立模范、标兵,依托春节、元宵节、清明节、端午节、中秋节、国庆节等传统节日和重要节假日,开展"村晚"、猜灯谜、文艺演出等娱乐活动和祈福迎新、清明祭祖、儿童开蒙、重阳敬老、升国旗等礼仪活动,推动民俗、戏曲、非遗等活动走进文化礼堂,学习传统工艺、生产和生活知识等。

二、推动和谐乡村建设

和谐乡村建设着重体现在文化礼堂建设上,它包含三个层面:一是促进乡村整体协调发展,以实现社会和谐,回应台州儒家文化"士农工商,四民皆本"的治世论,探究人与社会的和合;二是缩小区域内农民群体差别,实现乡村社会内部和谐,讲究人人和睦,协调发展;三是化解社会发展与自然环境的对立,建立人与自然的融合关系。

三、推进和合文化进礼堂

将和合文化建设紧密融入台州文化礼堂建设,以和美楼道、和合村居、和睦家庭建设为抓手,通过文明单位、文明行业及文明乡村创建活动,使和合文化外化于行,打造和合文化品牌。开展"和合文化"进礼堂活动。把和合文化作为农村文化礼堂建设的重要内容,做好和合文化展示、礼堂文化培育,使和睦邻里的理念在农村生根发芽。全面构建社会主义和谐社会,服务"平安台州"建设,真正形成"促进和谐人人有责、和谐社会人人共享"的生动局面。

四、塑造崭新风貌

文化礼堂在提供农村公共文化服务平台基础上,更重要的是改造了人的精神面貌。苏格拉底说:"生命如不诉诸批评的省察,这种生命是不值得活下去的。"中国传统文化强调修身,"修身、齐家、治国、平天下",修身排在首位,推崇从内在超越的观点来发掘"自我"的本质。文化礼堂提供了社会主义核心价值观教育,家风、家训、道德熏陶提供了文化活动的正能量,让个人融身其中完成修身养性就成为可能和必然。所以文化礼堂"苟日新,日日新,又日新""生生之谓易"。在不断创化的过程中，礼堂在不断提升，人也在不断提升，不断创化。

听讲座、跳舞、阅读、看戏、观展、培训……如今，文化礼堂成为台州人可以文化消费的地方，文化生活日益丰富多彩。

五年来，台州让国内各城市刮目相看。文化"洼地"已经被填埋，文化高地正不断堆起，守住根脉，凝聚"复兴之魂"文化影响力外溢效应已经形成。

腹有诗书气自华，文化礼堂让台州人重拾文化自信，因为文化自信是更基础、更深广、更催人奋进的自信。一个充满文化自信的厚重台州，正昂首阔步，行走在更加出彩的大路上。

记得一个伟人说过："人类社会的每一次跃进，人类文明的每一次升华，无不伴随着文化的历史性进程。"[①]伟大的精神是时代开出的花朵，在六十多年前的革命和建设实践中，孕育了垦荒精神，优秀的大陈岛垦荒精神绵延至今，生生不息，形成具有鲜明时代特征的当代台州人文精神。

---

① 　杨叶卿：《习近平文化建设思想研究》，西南大学 2018 年硕士论文。

第三章

和合文化：台州范式的文化内涵

　　和合文化的内涵，"求真务实、经世致用、兼容并蓄、和而不同、务实生物"包含了台州人性格上的"勤、诚、明、新、和气"五大优点，也包含了"四气"（"山的硬气""水的灵气""海的大气""人的和气"）精神。——对应文化礼堂"文化高地、建设家园"的定位和以留得住文脉、记得起乡愁为核心的文化礼堂建设，为乡村提供公共文化服务基础设施建设、文化资源和文化服务，以及人才、资金、技术和政策保障机制等。深入理解和把握党的农村工作政策，从实际出发，形成以和合文化为内涵，包容、务实、开拓、创新，不断开创文化礼堂建设新局面，是台州文化礼堂建设走在浙江省前列的一个重要保证，成就文化礼堂"台州范"。

第一节　台州和合文化

　　文化是民族的灵魂，既是一个国家综合国力的重要标志，也是一个区域经济和社会发展的支撑。台州文化历史悠久漫长，丰富厚重的文化遗产为台州文化四十年的改革发展提供了充足的资源和创新动力。其中台州和合文化构成了当代台州最具特色的文化。

一、台州和合文化内涵

习近平总书记在《之江新语》中指出："我们的祖先曾创造了无与伦比的文化，而'和合'文化正是这其中的精髓之一。"亦即"贵和尚中、善解能容，厚德载物、和而不同"的宽容品格。"天台山文化是中华和合文化的主要源头和发祥地，是我们民族所追求的一种文化理念。"①达到"人与自然、人与社会的和谐，个体与群体之间的和谐，个体与个体之间的和谐境界，我们民族的理想正在于此，我们民族的凝聚力、创造力也正基于此"②，这是弘扬台州和合文化的纲要。

台州因天台山而得名，在中华文明发展的历史长河中，天台山以其得天独厚的山海环境和独特的人文积淀，孕育出独具特色的天台山文化。第一个中国化的佛教宗派天台宗创建于天台山，并流传至朝鲜半岛、日本，以及东南亚等地区；南北双雄并峙的道教南宗创建于天台山，倡导阴阳和合、五行和合、天人合一，深刻影响了中国道教的发展；朱熹创立了宋明理学，曾两次主事天台山桐柏宫，儒家文化在此开枝散叶、影响深广。亦僧亦俗、亦仙亦凡的活佛济公成为中华文化中疾恶如仇、打抱不平的典范，广受民众爱戴。隐居天台山的寒山、拾得故事传说遍布大江南北，被雍正皇帝敕封为"和合二圣"，被老百姓尊奉为"和合二仙"，留下无数"和合"精神遗产。和合文化是有中国特色的文化概念，体现了中华民族整体辩证地认识事物的优良传统，成为中华"和合圆融"精神的源头，彰显了兼容并蓄、和而不同的文化和合力量，具有兼容并蓄、海纳百川的品格。开放包容，在交流中孕育，在碰撞中融合，在创新中发展传播。千百年来，和合文化在这里传承和实践，不仅潜移默化地影响台州人的思

---

① 徐鸿武、谢建平编"全国领导干部国学教育系列教材"之《和合之道》认为："中华和合文化发祥于龙图腾文化、三祖文化、天台山文化，这些都是中华和合文化的源头。"中国人民大学出版社 2016 年版，第 64 页。

② 董根洪：《习近平哲学智慧与中国传统哲学思想》，《马克思主义哲学论丛》2018 年第 12 期。

维习惯、价值取向和行为方式,更为台州这座山海水城增添了人文底蕴,为台州赶超发展凝聚了精神力量。

从历史看和合,《左传·昭公二十年》中,晏婴指出"和","如羹焉。水火,醯醢,盐梅以烹鱼肉,火单之以薪,宰夫和之,齐之以味,济其不及,以泄其过。"思想家史伯进一步深化了"和"的概念。史伯说:"夫和实生物……以他平他谓之和,故能丰长而物归之。"从现有的资料看,"和合"一词最早见于《国语》:"夏禹能单平水土,以品处庶类者也,商契能和合五教,以保于百姓者也。"意即商契能和合父义、母慈、兄友、弟恭、子孝"五教",使百姓安定和谐地相处与生活。管子认为:"畜之以道,则民和;养之以德,则民合。和合故能谐,谐故能辑。谐辑以悉,莫之能伤。"(《管子集校·兵法》)"和合"主要是对人事的处理,被赋予了精神力量,含有很强的道德意味。《墨子·尚同中》:"内之父子兄弟作怨仇,皆有离散之心,不能相和合。"墨子认为,之所以有社会的动乱,正是因为没有"和合"。《淮南子·天文训》:"阴阳合和而万物生。"淮南子认为,天地(自然)和谐则万物兴盛。和合思想是我们的祖先自觉地将自然界理解成一个阴阳和合、五行和合的统一体,社会组织结构、人际关系、人与自然界、自然界内部、人与人、人自身的身心,有关这一切的文化现象就是和合文化,它是中华民族智慧的结晶,支撑起中国传统文化的儒、释、道,构成了中国传统文化的核心,是中国传统文化的精神力量。这也是一种具有普遍意义的哲学概念,在几千年发展过程中,以"天人合一"为核心的和合思想更趋成熟和完善,对中国文化的发展具有广泛而久远的影响。当代张立文教授把和合单立为独立学科"和合学",提出"和生、和处、和立、和达、和爱"[①]五大观点,以化解社会发展五大冲突和危机,本质上没有跳脱"天人合一"的范畴。

正是这种千百年历史沉淀下来的和合文化,使台州人成为"敢冒险、有硬

---

① 陆琦、王心怡:《探寻儒家思想的社会治理之道》,《科学时报》2010-12-14。

气、善创造、能包容"的坚韧群体。①

所以从文化特征及文化礼堂实践来概括台州和合文化的内涵："求真务实、经世致用、兼容并蓄、和而不同、务实生物。"除此，我们还可以分别表述：从文化地理学角度看，台州和合文化兼具山海文化特征；从传统文化角度看，它是以天台山儒释道三教和合思想融为一体的文化为内核，"和而不同、和实创新"；从民间信仰角度看，"和合神""和合二仙"是其最鲜活的样本。它是台州文化的精髓，是中华和合文化的源头。

和合文化是历史的，是台州的，也是中国的、世界的。在当下我们已做和在做的，一是充分挖掘梳理台州和合文化的历史脉络、深厚积淀和丰富遗存，展示台州和合文化的魅力；二是坚持创造性转化、创新性发展，不断提升和合文化的当代价值；三是加强弘扬和传播，推动和合文化走出台州、走出国门、走向世界，增强台州在海内外的知名度和影响力。

二、和合文化与文化礼堂

把和合上升为独立学科的是中国人民大学教授张立文，他创立"和合学"，并对和合学进行了哲学上系统的归纳，站在人类高度上提出"和生、和处、和立、和达、和爱"五和原理，可以概括为："一是尊重生命的和生原理；二是和平共处的和处原理；三是共立共荣的和立原理；四是共达共富的和达原理；五是滋润心灵的和爱原理。"②张立文提出的"五和"观点是高度概括传统文化精华后提出并发展了传统观点，是中国传统"和合"理论在现代的转换。王向清、吴莎站在人文和哲学视觉上解读张立文和合学之"五和"原理提出：和生——人与自然之爱、和处——人与社会之爱、和立——人与他人之爱、和达——人与心灵之爱、和爱——泛爱众之爱。③ 我觉得王向清、吴莎二人的观点更靠拢

①　张兵：《2017 天台山和合文化论坛开幕式上的讲话》，《台州日报》2017-11-12。

②　王向清、吴莎：《论张立文和合学"五和"原理及其现实意义》，《邵阳学院学报》（社会科学版）2015 年第 4 期。

③　王向清、吴莎：《张立文和合学之"五和"原理》，《北京日报》2015-02-09。

社会现实。这些理论的提出对中国和合文化产生了非常重要的影响,直接影响到中国乡村公共文化服务体系建设的思想和理念,其中以留得住文脉、记得起乡愁为核心的文化礼堂建设为一一对应的文化综合体,直接参与理念与目标的构成。

浙江省从2013年开始在全省范围内全方位推广基层公共文化服务载体——农村文化礼堂建设,自觉不自觉地接受了影响,台州文化礼堂建设也起步于2013年。特别是为贯彻落实习近平总书记关于弘扬中华和合文化的讲话精神,台州市2017年党代会上提出城市建设总目标:"山海水城、和合圣地、制造之都。"启动中华"和合圣地"建设,目标是把中华和合文化源头之一的台州市打造成"和合圣地",即中华和合文化的标志地、传播地。至此,和合文化真正成为文化礼堂的文化内涵。

同样,文化礼堂"台州范式"也起于2013年。在五年多的时间内,和合文化内嵌文化礼堂的发展形成诸多特质:借助于党政社民的全力推进,蕴含"合作"特质;发展于基层公共文化服务的全面开展,蕴含"和谐"特质;繁荣于内引外联,取长补短,蕴含"融合"特质;升华于创业创新,屡创范例,蕴含"和实生物"特质;得益于政府推动、社会参与,蕴含"合力"特质。"合作""合力"是"和而不同"特质的集中点,"融合"是兼容并蓄特质的迸发点,"和实生物"亦即"和实创新",是文化礼堂能够成就"台州范"的核心点,"和谐"是"天人合一"特质的标志点。

2017年"和合圣地、文明台州"和合文化节启动仪式和全国文明城市主题巡演启动仪式在台州市民广场举行;全国首家"和合之家"天台县网络社会组织服务中心正式运行;1206家文化礼堂设立具有自身特色的"和合讲堂":"和合之道"成为全国领导干部国学教育系列教材内容;台州市将"和合文化"列为干部教育教材内容;教育系统开展"和合文化"进课堂,编辑出版和合文化乡土教材,等等。

这里要特别指出的是,2017年市委宣传部等部门联合印发了《关于开展和合书院建设的实施意见》,目标在"十三五"末,按照有标志、有讲堂、有展厅、有师资、有活动、有机制这六个标准在全市建成 100 家和合书院,2017 年建成 20 家。天台和合书院、黄岩文笔书院、临海尚斌书院、三门有为书院、路桥扶雅书院……"和合书院"建设是台州和合文化建设的重要内容,借助文化礼堂的载体,在文脉传承、教化育人、道德滋养方面发挥着积极作用。此外,目前全市已建成 40 家和合书吧,向全体市民提供了一个全开放、不打烊、高品位的城市阅读空间,成为和合文化建设的一个重要阵地。

三、和合文化核心价值在礼堂的体现

台州下汤文化遗址距今已有一万多年,悠久的文明孕育了和合文化,作为中华传统文化的源头之一,它在文明史上的地位显著而崇高,在世界上具有极大的影响力。和合文化从台州生发,走进千家万户,走出国门成为中华文化的瑰宝。立足台州山海文化、人文精神,挖掘儒释道中的和合思想,提炼兼容并蓄、开拓创新的台州气质,建设既有浓郁传统文化气息,又能体现当代主流价值的农村文化礼堂,以文化礼堂为核心载体,弘扬中华和合文化。

和合文化的核心价值,在乡村,体现为乡村环境和谐、社区和谐、相处和谐、身心和谐。在农村文化礼堂建设中,深入挖掘、阐发、弘扬中华和合文化,以增强社会正能量,把党的农村工作落到实处,实现乡村振兴。

和合文化所体现的"尚和合、求大同、和而不同、和谐相处、和实生物"的文化内涵契合"乡村振兴"战略,以美丽乡村建设带动乡村发展,助力乡村振兴。打造新农村、新农业、新农民的"三新"目标,契合"农村文化礼堂"的宗旨——打造农民真正的精神家园;契合"和平发展、合作共赢"的时代主题,在新农村建设和乡村振兴战略中有效推进基层治理能力和治理体系现代化建设。

以"和合圆融"的中华精神、文化内涵构建乡村文明新秩序,护航"公共文化保障法"战略实施,吸收国内外先进的乡村文化发展的成功经验,融合成自身发展的文化基础,构建以合作共赢为核心的新型文化战略关系,包容涵养大众文艺,实施创新战略,打造乡村人民命运共同体,助力实现"文化高地、精神家园"的目标。

以"自然和合"的人文精神，实现传统文化创造性转化、创新性发展；以"天人和合"的理念建设乡村精神家园。构建尊崇自然、绿色发展的生态体系，掀起一场政府引导、社会参与的农村文化行动，深入推进文化生态建设，奏响公共文化绿色发展时代强音。把台州文化礼堂打造成人与自然和谐的样板，拉高民众获得感。[①]

以"社会和合"的理想建设和合台州。以"和谐"为核心构建美好和乐的世界，以和而不同的务实创新思维，彰显"崇正义、尚和合、守诚信"的和合文化价值。以民主协商的方式处理事务、解决矛盾，利用文化礼堂树立榜样，打造文明乡风、家风，弘扬传统文化，营造浓郁的乡愁气息，构建社区大家庭的和谐格局，化解乃至消弭当下乡村社区的诸多不良习气，让一些社会矛盾、纠纷、冲突消弭于萌芽状态，维护社会和谐，真正形成"促进和谐人人有责、和谐社会人人共享"的生动局面。

以"自我和合"的愉悦构筑文化乐园。融入文化礼堂的各种活动，怡然自得，养成健康生活的良好习惯，实现内心和乐，促使村民自我教育、自我提高、自我完善，以健康、富足的心态呈现于世界，为社会做贡献。以积极向上的精神面貌为建设独具魅力的"山海水城、和合圣地、制造之都"而努力奋斗。

以"和实生物"的创造精神推进创新行动的勃发。洛克菲勒说："如果你想成功，你就应该走上一条新的道路，而不是遵循被践踏的成功之路。"认真研究其和合文化内涵和所遵循的开放、共享、合作、包容、发展等原则，更新我们的文化建设与管理理念，促进乡村文化发展；瞄准"一带一路"与未来中国经济社会发展走向，审时度势，分析研判，积极参与各项文化交流和民心相通工程；理解"一带一路"建设方略和国家发展方向，坚持文化自信，坚持党的文化发展方针，培养未来乡村发展所需要的优秀人才。

基于这样的感悟，用"和实生物"这一代表和合文化特质之一的话语来指

---

① 杨胜杰：《和合圣地》，《台州日报》2016-06-22。

引文化礼堂建设并在实践中深入践行。这是对"一带一路"文化和党的十九大报告"促进和而不同、兼收并蓄、文明交流"精神的贯彻落实，也是对乡村文化的升华凝练。以"直挂云帆济沧海"的广阔胸怀，投身创新行动，在建设、管理、使用、培育方面创造出更多浙江省样本，以构建长效机制为抓手，挖掘更多的"文化礼堂＋"的因素，打造系统的文化礼堂"台州范"，让台州文化礼堂的范式走向浙江，走向全国。

和合文化是民族哲学。民族哲学是民族文化精神的灵魂和核心，中国心、民族魂是中华民族的命脉，不能割断和丢弃，应加强和合学的当代阐释，传承文脉，重振乡土文化，重建乡愁，引领农村公共文化建设中的创造性发展。"贵和尚中、善解能容"，台州文化礼堂以和合文化为内涵，是顺大道、得民意、合发展、向时代的。将和合文化融入台州乡村发展的各个方面，和合化人、和合润事、和合资政，只有做到农村文化兴，再"农村包围城市"，才会造就"中华和合圣地"这张金名片。从 2013 年开始，台州正在以和合文化为纲奋力建设新时代美丽台州，打造宜居宜业宜游的幸福家园。

第二节　和合，文化礼堂的文化内涵

和合文化无论是内含"求真务实、经世致用、兼容并蓄、和而不同、务实生物"特质，还是和合学提出的"和生、和处、和立、和达、和爱"五大原理，如果撇开治国伟业的内容，余下的都与民间生活紧密联结在一起，成为民俗生活的细节，已经和百姓生活密不可分。在台州，文化的发展都绕不开和合文化，农村文化礼堂的建设、管理、使用、培育、一体化长效机制等，特别是文化礼堂"台州范式"的形成，也得益于和合文化。和合文化助力打造文化高地、精神家园。

一、经世致用：文化礼堂的现实情怀

经世致用是中国文化中核心的思想传统之一，是中国基层公共文化建设者，包括党和政府在文化礼堂建设上实现其价值目标和道德思想的内在精神。

中国人讲经世致用,着眼点重在效用。儒家文化传统认为,"经世致用"主要是建构一种合理化的社会秩序和政治形式,这种观念极受主流文化青睐。"经世致用"经明清之际著名思想家顾炎武、王夫之等人发扬光大后,概念的解释有了进一步拓展。钟祥斌认为,顾、王学说中"'经世'的内涵是'经国济世',强调要有远大理想抱负,志存高远,胸怀天下,侧重'形而上'。'致用'的内涵是'学用结合',强调要理论联系实际,脚踏实地,注重实效,侧重'形而下'"①。据此我们也可通俗理解为经国治世、注重实用:经世既指国事治理,又指世事阅历;"致用"既指尽其所用,又有学以致用之意。因此,我们要把文化礼堂"文化高地、精神家园"远大目标和党和政府为此锲而不舍的努力结合起来,既要志存高远,敢为天下先,又要脚踏实地,从实际出发,从点滴做起,把经世致用的思想发展为利国利民的社会担当责任与精神。

文化礼堂提倡经世致用思想,表达的是一种现实情怀。

在顶层设计上,既提供建设标准,又强调特色、多元;提倡提炼特色鲜明的乡土文化,传承历史文脉,形成"一村一品""一堂一韵",培育人人参与的文化氛围,增强乡村活力,构建"建、管、用、育"一体化长效机制,促进"人与自然""人与社会""人与人"之间的和谐共生。

"观乎天文,以察时变;观乎人文,以化成天下。"经世致用使文化礼堂刷出了强烈存在感,这是来自党政社群强大而自信的内心,是"为了获得认可愿意抛弃是非,用智商去换取那份让人倍感安全的存在感"显示出内心的丰盈充实自然。譬如,在推行以理事会制为标配的多层级高效管理上,就有路桥区文化礼堂"五Z管理模式"、黄岩区文化礼堂理事会制和"星级动态管理制度"、温岭市的"星级管理制度"、三门的"总堂—分堂制"、椒江的"区域联盟制"、玉环市构筑的市乡村三级"传统文化联盟"、仙居实行的文化礼堂文艺资源五级联动等。

在开展形式多样、内容丰富多彩的活动上,有天台县"天天大舞台"、临海

---

① 　钟祥斌:《经世致用的文化精神》,《中外企业文化》2018年第5期。

的"美丽非遗"行动、黄岩区的"新黄岩人"家园、温岭的"美丽乡村,礼堂夏夜"、椒江的"红色传统"、三门的"五榜、五节"活动、路桥的文艺演出项目化。

在筹措资金保障礼堂运行的常态化上,有村级文化基金众筹、市镇村三级联动、文化礼堂基金、乡贤基金等。

在构建"建、管、用、育"一体化长效机制上,有路桥区实施"e家工程"打造农村文化礼堂"建、管、用、育"一体化长效机制新模式。

在加快人才集聚与培养、助力文化礼堂建设上,有文化礼堂公益培训、志愿者队伍建设、新乡贤、驻堂大使、"两员"制度实施等。

在建章立制,推动礼堂建设、运营常态化的保障上,有村规民约、活动规划制度、财务管理制度、村民议事制度、红白礼仪制度等。

所以在执行党的政策上,完成新农村建设和乡村治理的艰巨任务,乡村文化礼堂正在提供台州人民追求美好生活的新选择、新路径。

二、和而不同:文化礼堂的发展标志

习近平总书记在纪念孔子诞辰2565周年国际学术研讨会暨国际儒学联合会第五届会员大会开幕会上指出:"儒家思想和中国历史上存在的其他学说既对立又统一,既相互竞争又相互借鉴,虽然儒家思想长期居于主导地位,但始终和其他学说处于和而不同的局面之中。"①和而不同这一概念,孔子也曾论述过:"君子和而不同,小人同而不和。"他认为"和""同"不一,他的倾向性明显,求"和"排"同",不能追求事物之等同划一,而是认同不同事物存在的"和"。只有不雷同的东西才能取长补短,融合而产生新事物,而完全等同的事物聚合,要么合而归一,要么静止常态固守。"和而不同"的思想就是和合文化的本质思想之一。

"和而不同"思想有其丰厚的历史文化承载,是关于人与自然、社会,人与

---

① 《习近平在纪念孔子诞辰2565周年国际学术研讨会暨国际儒学联合会第五届会员大会开幕会上的讲话》,《人民日报》2014-9-25。

人和人自身关系总体的和谐创新之道,是对道家天人合一思想的超越与升华,并与现代合作发展、融合创新理论相映照。它对弘扬融合创新精神,特别是践行创新发展理念具有重要的传统文化支撑、驱动作用及启示意义。和而不同,贵在包容与创新,是海纳百川品格的具象体现。体现在文化礼堂上,彰显其包容性,文化礼堂从一开始的建设定位就显示了丰富的内在容纳,内在的诸如价值观、思想、礼仪、道德、民俗、家风、家训、传统文化等应有尽有。外在的诸如国内外、省内外文化的成果借鉴和融合等;也凸显其创新性,建设上的多种类型,布局上的因地制宜,管理上的独创,获得感上的深厚等,屡创范例,一些成功的理论和实践成为省标本,是文化礼堂创新的源泉。

和而不同是文化礼堂发展标志。礼堂实际上包含的四种文化,既显示其包容性,又显示其独特性,逐渐成为标志非常显性的文化符号。

一是红色文化是底色。红色文化也可叫革命文化,它以亭旁革命老区文化、坞根游击战文化,以江山岛登陆战革命战争文化和大陈岛垦荒精神为核心组成,是延安文化、红船精神的当代延续。新时代,只有大力传承革命精神,弘扬红色文化,"才能为实现'两个一百年'奋斗目标、实现中华民族伟大复兴的中国梦提供强大的精神动力"①。红色文化在农村文化礼堂老师教学中非常强调党对农村文化工作的领导、主流价值的集中鲜明体现,强调在意识形态领域保持高度的纯洁性,以社会主义文化重构乡村文化助推乡村振兴,群众文化活动的主体性充分激发,以期达到"三新"(新农村、新农业、新农民)目标,文化礼堂鲜明的政治属性有别于西方教堂文化、传统宗族文化、庙宇宗教文化、乡村低俗文化。是不怕流血、勇于牺牲、甘于奉献的集体主义文化,是为中国人民谋幸福、为中华民族谋复兴的爱国主义文化,是为人类求解放和自由的共产主义文化。

二是中华礼仪行大地。中国的礼仪文化以其平和、中正为特征,持续地影响着民族的精神和面貌。作为文化的一种延续,立德树人,学习圣贤,践行孝

---

① 杜扬:《我国公务员职业道德建设研究》,东北林业大学 2017 年博士论文。

道，从传统"五礼"到"人生十礼"再到"乡村十礼"，台州践行中国文化精神，在文化礼堂中创新性地施行文化礼堂"乡村十礼"礼仪体系，践行立德、立行的宗旨，秉承德为根、诚为本、礼为先的态度，尊老爱幼、处处礼貌待人、团结互助、交往友好真诚、勇于超越自我、自尊自信笃行，始终坚持传承中华礼仪文化，将其发扬光大。在全市范围内广泛开展礼仪活动，推动乡村文化重建，培育社会主义新乡风。

以路桥"乡村十礼"为代表，在乡风民俗的基础上因地制宜，归纳设计了周岁礼、开蒙礼、成人礼、新婚礼、迎新祈福礼、清明崇先礼、重阳敬老礼、尊宪守法礼、村干部就职礼、新兵入伍壮行礼，总称"乡村十礼"，重构乡村文化礼仪体系，在全市树立了乡村礼仪新体系。这套体系从中华历史古籍中吸取礼仪精髓，在礼仪中贯彻社会主义核心价值观，从"优教、崇学、尽责、和美、梦想、仰贤、敬老、守法、勤廉、爱国"等十个方面定义礼仪内涵。

"我们把丰富乡村礼仪作为一个重要突破口，探索开展农村礼仪活动的新路径和新方法，实现从文化礼堂建设向礼堂文化培育的转变，从而将文化礼堂真正打造成为农民群众精神家园。"①文化礼堂广泛开展的春节祈福迎新、国庆欢庆、清明崇先、重阳敬老、儿童开蒙、成人冠礼等仪式活动，在农村逐步再现中华传统礼仪；结合农民群体生产生活实际和当前社会发展形式设计内涵丰富、形式新颖的现代礼仪活动，使文化礼堂活动成为弘扬社会主流价值的重要载体。这是党和政府、社会各界以及广大农民群众一起多方合力在继承优良文化传统基础上制礼作乐的伟大实践，在中华礼乐文明传承中写下乡村新礼乐的重要篇章。

三是乡愁文化情意系。乡愁文化是新时代乡村振兴的源泉所在、灵魂所在。农村文化礼堂的任务之一是保存乡村文脉、呈现乡村集体记忆，弘扬传统文化，显示文化的巨大力量。它是乡村文化殿堂，具有乡土特色的文化遗存、

---

① 王依友、叶茜：《路桥：〈乡村十礼〉弘扬文明新风》，《台州日报》2015-08-16。

村落文化历史和民俗民风在文化礼堂中一一得以呈现,这些传统文化遗产是维系村民乡愁意识、民主意识,形成村庄集体认同的情感纽带,"是弯月里夜不能寐的乡愁,吹动一池避风的春舟"。通过农村文化礼堂建设培育礼堂文化,深入挖掘台州文化内涵,并融合家规家训家风,搭建释放激情、传承乡土文化的大平台;让民风民俗成为乡村公共文化活动的资源,强化政府引导、社会参与,传承文化,认同发展,凝聚精气神;把台商精神和台州精神作为"新时代乡土文化和乡风文明教育的重要内容,重塑农村人文、生态、宜耕宜读的美好生活方式,营造大众创业、万众创新,勇立潮头、敢为人先的社会氛围"[①];打造特色品牌。借助乡村民间博物馆、文化礼堂非遗展示厅,挖掘整理文化遗产资源,做好展陈、展示活动,保护好乡土文化遗产。乡愁文化的发扬光大,能使社会贤达、企业家、能工巧匠等反哺家乡,成为乡村振兴的重要力量,为乡村振兴提供持续的外在动力,结合和合文化形成的内生精神,能加速乡村振兴。重建乡村的精神家园,不仅事关现代化过程中村民的精神安顿,也事关中华民族文化根脉的新生和文化自信的重建进程。

四是实践文化创特色。文化越来越成为民族凝聚力和创造力的重要源泉,它包含文化理念、文化机制、文化载体和文化品牌四个方面。文化礼堂精神需要有自己的文化发展理念,不同文化理念会使绝大多数村民拥有与众不同的精神风貌。对于一个乡村来说,根据当地优秀或特色传统文化资源,并结合社会主义核心价值观,来定位农村文化礼堂的文化类型就显得特别重要。要主动感悟、自觉接受先进文化的熏陶,树立正确的世界观、人生观、价值观。要接受优秀文化,自觉抵制落后、腐朽文化,全面提升个人素质。由于主客观条件限制,一个文化礼堂的发展往往很难全面推进,只要真正挖掘形成一个文化发展理念,因地制宜,就能实现农村文化礼堂的特色发展。在乡村,文化理

---

① 省政协港澳台侨和外事委员会:《弘扬乡土文化,助力乡村振兴》,《浙江日报》2018-12-03。

念性的活动能否为广大村民所接受,关键不在于村民。

三、和实生物:文化礼堂的创新逻辑

《国语·郑语》中史伯说:"和实生物,同则不继。"意为自然界和谐了,万物就能繁荣成长,如果追求同一,则无法可持续发展。"史伯的'和实生物'的新理念与'以他平他谓之和'的新判断,充分表示他明确主张'和'是万物生成的根源与发展的动力。"①

"和实生物"之所以比和谐内涵更为精深,就在于它揭示了"和"的辩证法实质是"生",即事物的生成和发展。②相对天人合一与和谐理念,和实生物或创新和谐更应是传统文化的精髓和价值核心。

和实生物的理论逻辑为"世界和,则万物兴;世界一,则万物衰"。而万物兴更包容了新的力量蓬勃发展。"和"作为万物生成的根源与发展的动力,恰能体现文化礼堂的创新逻辑。

(一)重构乡村文化

乡土文化是中华优秀传统文化的根底,是社会主义先进文化和革命文化的母版,是坚定中国特色社会主义文化自信的根本依托。文化礼堂建设充分利用乡村的历史文化资源,推动乡风乡愁、家德家风、礼仪礼节进礼堂。在对乡村传统文化资源进行的基础层改造中,我们不仅重新认识了几千年古老的耕读文明传统,也对中国共产党领导的社会主义新农村建设有了更深刻的领悟,新传统与老传统在文化礼堂中得到了融合,乡村文化在礼堂中重新焕发出勃勃生机与光芒。文化礼堂内涵建设的重点是培育礼堂文化,以文化熏陶人,其中包括价值文化(革命文化、礼仪文化、乡愁文化、实践文化)四个方面需要有机整合,以实现共生互补,逐渐实现其合理营造农民精神家园的宏伟蓝图,建设美丽乡村。我们需要的是文化多样,而不是文化单一的乡村和谐;需要的

---

① ②　朱贻庭:《"和而不同"与"和实生物"——务"和同"而拒"专同"》,《探索与争鸣》2014年第10期。

是合理地将现代和传统、都市和田野、全球与地方等有机相合,从而塑造出独特、多样且具有时代气息的新型乡土文化。文化礼堂等于重构了乡村文化,体现在新时期的开拓创新精神、劳模精神、建党和建国精神、志愿者精神中,也体现在具有传统底蕴的新春祈福、新人新礼、重阳敬老等礼仪中。重构乡村文化,要以马克思主义为指导,以习近平新时代中国特色社会主义思想为引领,坚守中华文化立场,大力培育和践行社会主义核心价值观,秉持客观、科学、礼敬的态度,立足当代中国乡村现实,结合当今时代条件,推动农耕文化创造性转化、创新性发展,让优秀乡土文化与社会主义先进文化和革命文化在广大乡村融合会通、焕发勃勃生机。这种乐观进取、坚贞不屈的生命辩证法构成礼堂文化最耀眼的主色。

(二)重建乡愁文化

台州历史乡贤文化灿烂、乡土气息浓郁,滋润着文化传统,几千年来台州人沐浴在这种文化之中。各县市区依托乡村自然和人文资源禀赋,挖掘与弘扬优秀乡土文化,在文化礼堂内设立名人榜、村史廊、榜样栏、特色展示馆,创设"乡村十礼""人生十礼"等礼仪活动,积极开展革命文化、民俗文化、道德文化、戏曲文化、海洋文化、渔俗文化等活动。文化礼堂的最基本功能之一就是保存乡村集体记忆,延续乡村文脉,文化礼堂作为村民精神家园既要有奋发图强、乐观进取的红色文化,也要有情系故乡、叶落归根的乡愁文化。人类对乡村的需要,更重要的是情感依赖和精神归宿,对于有着几千年农耕文化的国家尤其如此。要注重传承优秀乡土文化,注重保护乡村物质文化遗产和非物质文化遗产,注重保护乡村生态环境。乡愁,既是对乡村最初、最美好的记忆,也是对于记忆中生活细节的温情和留恋,注重挖掘传承保护"乡土味"十足的乡愁文化,重建乡愁文化目标就能实现。乡愁文化是乡村建设的积极力量,正是这种叶落归根、荣归故里的"积极乡愁"召唤在外的游子参与家乡建设,形成城市反哺乡村的社会有机循环。实践证明,在浙江的农村文化礼堂建设中,在外乡贤对家乡的反哺是一支重要力量。它的形成正是召唤在外商人、企业家、机关干部、知识分子及其他成功人士等群体反哺家乡建设的情感纽带，是农村文化礼堂的重要内容。

礼仪文化是文化礼堂的中坚力量，无论红色文化还是乡愁文化，都可以而且需要通过恰当的礼仪形式表现出来，春节祈福迎新、儿童开蒙、成人仪式、婚庆习俗、重阳敬老、庆祝国庆等礼仪活动让人们感到生命节点、庆祝生命成长、感恩父母、报效祖国这些情感有了得体的表达方式。这些礼仪活动去除了等级森严、尊卑分明的压抑成分，保留了仪式活动中的合理内核，体现了革故鼎新、与时俱进的辩证法，是礼仪文明顺应社会发展的时代要求。①

(三)打造"一村一品"

突出立足地域文化特色与优势、区位与人文优势，通过集聚资源，挖掘乡村文化广度和深度，增强与美丽乡村、乡村旅游线路的融合建设，提高地方文化资源的利用率和资源转化率，着力打造"一村一品""一堂一韵"，以此改变文化礼堂创建中存在"千村一景"的现象，不断提升农村文化礼堂的层级。

充分挖掘地域资源，把地方深厚的文化底蕴、生活情趣与各个农村文化礼堂完美结合，传承地域文化，彰显文化礼堂的生活化、本土化和内在化特质，凝聚精气神，凸显新景象。创特色作为文化礼堂的主基调，"一村一品""一堂一韵"，文化礼堂成为百姓心中传承传统文化、记录创业故事、留下美丽乡愁、重温"小农时代"的精神家园。如，玉环的把渔民画元素融入文化礼堂，路桥礼堂的突出文创元素，椒江区的民俗标本、文化名片村，临海的复古礼堂，温岭的"千古庄园，文舞琛山"，三门的石窗艺术，黄岩区的"农民学习会馆""新黄岩人"，仙居的"慈孝＋"等。黄岩区山前村文化礼堂被评为全国服务农民、服务基层文化建设先进集体，浙江省唯一；在浙江省评出的 50 个示范文化新地标中，台州有 7 家入选，成绩斐然。2019 年 1 月 5 日新华社《十八届三中全会以来全面深化文化体制改革综述》点赞台州文化礼堂："坚持'一镇一品''一村一

---

① 唐中祥：《守望精神家园》，浙江人民出版社 2017 年版，第 16 页。

韵',浙江台州因地制宜打造农村文化礼堂,成为乡村文化新地标。"

(四)助力创新行动

学者普遍认为,天台山文化集中了"和而不同""和实生物"两大基因,前者体现为包容性,后者体现的是创新性。天台山文化的和合思维就源于这两大基因。历史上印度佛教与中华文化能够在天台山和合而成天台宗,得益于和合思维,台州股份合作制、民主恳谈会等制度创新,同样是天台山和合思维在当代的新贡献。文化礼堂建设承袭了"和实生物"的创新基因,注入更多的创造力量,从成为全国基层公共文化服务组织标配的"理事会制",到创设"乡村十礼",提出文化礼堂"五Z管理模式",再到构建"建、管、用、育"一体化长效机制浙江省样本——"e家工程"打造农村文化礼堂新模式等,创新源源不断,绵绵不绝。所以,加快中国社会转型,迫切需要我们自觉运用这种思维。

构建文化活动的主体论。实现多元或多样文化的"和同""和实生物",一个关键因素就是确立提升文化主体性。文化对话当然是文化主体间的对话,然而,文化的"主体"如果只是一种文化承载的实体,那就不是也不等于文化"主体性"。文化主体性是主体对自身文化的自觉,包括主体的自由意志和权利自觉,以及对自身文化的反思精神,即对自身文化之优点与缺点、精华与糟粕的理性自觉,从而具有创新和发展自身文化的自信心和对文化自强的追求。具有文化主体性的主体,表现为自重、自信、自强、自谦、求真、大气,同时又尊重对方,有宽容精神。

四、天人合一:文化礼堂的价值追求

习近平总书记说:"这种'贵和尚中、善解能容,厚德载物、和而不同'的宽容品格,是我们民族所追求的一种文化理念。自然与社会的和谐,个体与群体之间的和谐,我们民族的理想正在于此,我们民族的凝聚力、创造力也正基于此。"中国人民大学教授张立文在《和合学概论》中指出:"所谓和合,是指自然、和合、人际、心灵、文明中诸多元素、要素的相互冲突融合,以及在冲突融合过程中各元素、要素的优质成分和合为新的结构方式、新事物、新生命的总和。"

中国人的传统文化心理，以家庭、家族、种族、民族、群体为本，重群体、轻个人，重大我、轻小我。换言之，就是强调社会价值和个人价值的统一性，个人价值要在社会价值中实现。中国民间尊"和合二仙"为吉祥、喜庆、团结的象征。"和合"精神是我国传统文化所倡导的治国、处世、为人的一大准则。以此来协调各种社会关系，体现了中国人讲究团结合作、热爱和平的优良传统。

和谐乡村建设着重体现在文化礼堂建设上，它包含三个层面：一是促进乡村整体协调发展，以实现社会和谐，台州儒家文化"士农工商，四民皆本"的治世论，探究人与社会的和合。二是缩小区域内农民群体差别，实现乡村社会内部和谐，讲究人人和睦，协调发展。三是化解社会发展与自然环境的对立，建立人与自然的融合关系。一方面，政府加强政策宣传，加大投入，加强农村公共文化基础设施建设，架构社区认同的文化平台；另一方面，继续提升农民的自我发展能力，以文化活动开展为抓手，提升文化主体意识。同时，重视农村弱小群体的文化与情感关怀，纠正农村存在的部分意识形态的方向偏离，巩固社会主义核心价值观阵地。

文化礼堂，活动为王，内容为魂。依托春节、元宵节、清明节、端午节、中秋节、国庆节等传统节日和重要节假日，开展"村晚"、猜灯谜、文艺演出等娱乐活动和祈福迎新、清明祭祖、儿童开蒙、重阳敬老、升国旗等礼仪活动，推动民俗、戏曲、非遗等活动走进文化礼堂，学习急救知识、学灰雕等。

建设和谐社会需要天人合一。张岱年先生指出："中国哲学的最大贡献，在于生活准则论即人生理想论，而人生理想论之最大贡献是人我和谐之道之宣示。"[①]台州和合文化要求人们求同存异、相互理解、和平共处、相互促进、共同发展，这与当今中国构建社会主义和谐社会的目标相一致。应对乡村文化危机的"中国智慧"需要天人合一。季羡林先生认为，和合文化特别是其中的

---

① 张岱年：《中国哲学大纲》，中国社会科学出版社 1982 年版，第 588 页。

"天人合一"思想,可为当今农村提供解决文化生态危机的基本理念。台州文化的"和合"理念具有普适的价值。

台州实施"和合文化"价值引领行动。将和合文化建设紧密融入台州文化礼堂建设,以和美楼道、和合村居、和睦家庭建设为抓手,通过文明单位、文明行业及文明乡村创建活动,使和合文化外化于行,打造和合文化品牌。开展"和合文化"进礼堂活动,把和合文化作为农村文化礼堂建设的重要内容,做好和合文化展示、礼堂文化培育,使和睦邻里的理念在农村生根发芽。开展"和合文化"进社区活动,以和睦家庭、和美楼道、和谐社区建设为载体,将和合文化融入社区文化建设与文明创建的全过程。切实加强重点窗口服务单位的文明礼仪建设,提升各级干部的服务水平,不断提升群众满意度,使党群干群关系更"和合"。开展"和合文化"进企业活动,用和合文化培育企业文化,将和合精神融入企业文化建设的各个方面,提升广大企业职工的文明素质,增强企业的向心力和创新力。开展"和合文化"进学校活动,组织编写中小学生和合文化乡土教材,扎实推进以和合文化为主要内容的校园文化建设,实现和合文化进中小学教材、进青少年行为规范。

文化礼堂提供了农村公共文化服务平台,更重要的是改造了人的精神面貌。苏格拉底说:"生命如不诉诸批评的省察,这种生命是不值得活下去的。"中国传统文化强调修身,"修身、齐家、治国、平天下",修身排在首位,推崇从内在超越的观点来发掘"自我"的本质。中国人相信价值之源内在于一己之心,而外通于他人及天地万物,所以强调"自省""自察""自反""行有不得,反求诸己","反身而诚,乐莫大焉""己所不欲,勿施于人"的功夫。自我修养的最终目的仍是自我求取在人伦秩序与宇宙秩序中的和谐。文化礼堂提供了社会主义核心价值观教育、家风、家训、道德熏陶,提供了文化活动的正能量,让个人融身其中完成修身养性就成为可能和必然。所以文化礼堂"苟日新,日日新,又日新","生生之谓易"。在不断创化的过程中,礼堂在不断提升,人也在不断提升,不断创化。

第四章 建设范：大庇天下百姓俱欢颜

　　台州市农村文化礼堂建设类型丰富多彩。其建设类型有：文化礼堂新建型、村部或学校改建型、古民居（祠堂）保护型、庙宇改造型、文化俱乐部提升型等。文化礼堂的核心在于高扬社会主义核心价值观的精神旗帜，重构乡村礼仪体系，坚持区域化、本土化，开展文化活动、思想教育、道德标榜、礼仪风俗、作品创作，讲好"地域故事"。将文化礼堂建设成集思想教育、道德风尚、弘扬传统、科普知识、生活娱乐、和谐社会等诸多方面的综合平台。从打造农村公共文化服务综合体到全方位打造公共文化服务综合平台转变，不断创建"台州样本"。让所有百姓浸在其中，乐在其中。服务于政治需要，服务于普通百姓需要，二者合一，充分激发认同感和幸福感。既满足了普通群众的文化需求，又彰显了中华民族的身份，气宇轩昂具有强烈的视觉冲击。

　　新华社 2019 年 1 月 15 日《十八届三中全会以来全面深化文化体制改革综述》点赞台州文化礼堂："坚持'一镇一品''一村一韵'，浙江台州因地制宜打造农村文化礼堂，成为乡村文化新地标。"见一叶而知秋。文化礼堂"台州范式"见证了台州市文化礼堂的发展历程。

第一节　思想先行、目标高远

农村文化礼堂建设注重与美丽乡村建设和乡村振兴相结合,加强传统民俗文化与现代文明的融合创新,已成为"传承优秀传统文化的重要平台,弘扬社会主义核心价值观的有效载体,基层党组织沟通联系农民群众的桥梁纽带"①,也是彰显台州文化特色的"文化地标"。台州市注重加强理论研究,探索建设规律,凝练成功经验。台州文化礼堂建设从精神实质和内涵的文化底蕴就显示其与众不同的特色,在建设过程中,台州创新做法和生动实践有特色、有内涵、有价值。在学界鲜有文化礼堂建设相关系统理论阐述的当下,"建设范式"提供了一定理论性、指导性和可操作性的参考,提供了可供复制推广的样本。

从打造农村公共文化服务综合体到打造农村公共文化服务综合平台,台州市农村文化礼堂建设始终走在前头。按照"建设是基础、内容是根本、活动是生命、管理是保障"的要求,加快农村文化礼堂建设。坚持规划引领,选准选好文化礼堂的场馆,整合庙宇、祠堂、学校、村落等资源,打造农村文化综合体;市县二级加强统筹设计,注重因村制宜、展示功能特色;坚持需求导向、强化内容供给,真正形成文化礼堂服务的"大菜单",丰富文化礼堂的内容;积极组织各类活动,大力开展"农民艺术节""美丽乡村""村晚"等系列主题活动,广泛动员群众参与,做到聚人气、扬正气、接地气,真正把文化礼堂打造成农村精神家园;健全完善长效管理机制,开展星级管理评定,加大管理经费投入和人才队伍培育,进一步调动理事会、协会等各方积极性,真正让农村文化礼堂活起来。

紧紧围绕"文化地标、精神家园"的目标定位,严格按照农村文化礼堂"五有三型"的要求进行建设,坚持"建、管、用、育"一体推进的总体思路,台州市委

---

① 严红枫等:《农村文化礼堂:浙江乡村文化精神新地标》,《光明日报》2018-04-27。

宣传部总结为"在'建'的质量上有新提高,在'管'的力度上有新加强,在'用'的水平上有新提升,在'育'的成效上有新成就",切实把农村文化礼堂建成惠及更多农民群众的为民办实事工程,不断深入推进农村文化礼堂建设,实现可持续发展,使文化礼堂成为思想道德教育的礼堂,社会主义核心价值观传播的讲堂,民俗文化的展堂,科学技术的学堂,先进文化的课堂,文明娱乐的殿堂,新型农民的天堂;让散发着泥土气息,充满着亲情、乡情、家国情,渗透着文明道德、文化礼仪的农村文化礼堂,成为乡村真正的精神文化地标。

一、坚持规划引领,整合资源

礼堂,产生于改革开放之前,在以生产队为组织形式的生产格局中,主要用于公社集会、看样板戏和电影、红色演出活动的场所,改革开放之后农村恢复了以联产承包责任制为基本生产单位的格局,人口流动快速,经济发展超常规,原有社会公共空间的组织和制度化形式弱化。从城市化、工业化到城镇化,农民虽然身份不变,但生活和情感却发生了巨变。一是远离家乡外出工作或经商成为台商(台州商);二是由于失地农民群体越加庞大,逐渐变为类"市民";三是对外开放程度加深,传统文化弱化,道德与信仰崩塌。他们对乡土在情感上逐渐疏远起来,农民的精神家园如何重构,乡村新型共同体如何组建,成为新农村建设或者美丽乡村建设面临的一个问题。

根据省政府 2013 年在浙江省打造 1000 家农村文化礼堂的目标,台州市把文化礼堂建设作为为民办实事的重大工程,从规划入手,全力打造农村文化礼堂,充实基层文化平台资源。在农村文化礼堂的建设上,市委、市政府没有搞大拆大建,也不大兴土木,而是根据实际从自身已有的设施出发,始终坚持资源共享,规划统筹,整合乡村现有的各类文化设施,综合利用,建成布局合理、功能完备、管理有序的农村文化综合体。按照省四个基本标准和四个基本原则的要求,坚持"一堂多能、一室多用"的原则,把文化礼堂建设与美丽乡村建设、社区建设、居家养老照料服务中心建设和农村公共文化服务体系建设紧密结合起来,力求把其建成集学教型、礼仪型、娱乐型、长效型"四型"于一体的农村文化礼堂。在类型选择上,文化礼堂建设类型分扩充型、改建型、新建型三类。扩充型指与原有公共场所,或对现有建筑(办公室、会议室)进行内部整合扩充修缮。改建型是指对寺庙、学校、厂房、其他建筑等改造后符合礼堂的功能要求。新建型是规划重新建设或拆除重建。这样就充分利用乡村资源优势,节省社会投入,在其他方面吸引乡村的兴趣和热情。因地制宜,打造出功能迥异,但又各有其特点的文化礼堂。

引入社会化机制,公共文化服务社会化成为创建国家公共文化服务示范区建设的亮点和经验,利用台州民间资本丰厚的特点,结对共建、村企联建、集资兴建等不同投入主体的管理运行模式。探索农村文化礼堂发展模式,加强文化礼堂与文化企业的合作对接。发挥好文化能人、各类乡贤在农村文化礼堂建设中的重要作用,激发广大农民群众的主体意识和参与性,让台州农村文化礼堂变成文化集聚、生态走廊、故事画卷和生活时尚之地。

创新农村文化礼堂理事会制,成为浙江省文化礼堂的标配;创建资金筹集方法,保障礼堂的持续发展;构建"文化大使驻堂制",成为全国性亮点;组建文化礼堂志愿服务联盟,安排志愿者入驻文化礼堂轮值,每周公布活动预告。在各文化礼堂设置项目实体对接阵地,搭建群众志愿服务需求反映渠道,选取村民最需求的内容和喜闻乐见的形式,每月设定两个周日,在各文化礼堂轮流开展健康、道德、三业(学业、事业、家业)、语言等四方面的培训与讲座。同时,结合"我们的节日"传统佳节,为村民提供高质量的"文化大餐"。

引入专业性团队。针对专业文化人才紧缺的现状,为有效增加文化供给,有计划引入专业性团队制订文化项目实施方案与活动清单,启动社会力量参与文化礼堂运行工作,从机制上保证了文化礼堂的社会化融入。根据群众需求,开展诸如文艺展演、公益培训、讲座、辅导等,比如针对小学生课余辅导,生产、生活知识讲座,政策宣讲,传统礼仪演示,各类文艺演出,将主流价值观渗透到日常生活中,渗透到群众的精神生活中,内化为他们行动的指引。将党和政府的惠民大政治国方略渗透进群众的思想认识中,惠及农村最广大的人民群众。

推行全新管理模式,政府以购买公共文化服务方式,通过市场化运作,使礼堂管理模式焕然一新,社会资源为礼堂所用,汇聚民智、民力,多层次、多角度、全方位地满足群众的精神文化需求,让文化礼堂焕发出生机。

从建设乡村文化礼堂入手,为农民打造精神家园,让其在"身有所栖"后"心有所寄"。

二、坚持分类推进,完善制度

立足实际、因地制宜,通过新建、改建、扩建等多种途径,完成年度和五年建设计划。在此基础上,不断健全农村文化礼堂管理制度,如理事会制度、文化活动安排、资金筹措与使用制度、管理员职责、安全保障制度等,让制度上墙,严格按制度办事,确保文化礼堂天天开门迎客,周周嘉宾盈门,月月喜事连连。做到计划有安排,文化有组织,展陈有更新,场地有管理,活动有成效。全面推进完善农村文化礼堂理事会制度,着力提高群众自我组织、自我管理的水平。推进文化礼堂理事会、基金会、乡贤会等机构建设,吸纳农村"两老"、村干部、乡贤等参与文化礼堂的日常运营维护。

(一)科学设计,引领农村文化礼堂建设

实施分类建设制度,鼓励各地因地制宜进行分类建设,台州市给予分类指导、分类补助,激发各地争先创优的热情,增强财政资金投入的杠杆效应,提高资金使用效率。将农村文化礼堂建设纳入政府为民办实事工程、纳入文明村(社区)考核、纳入美丽乡村建设考核、纳入乡村振兴进程考核,制定分类建设和星级管理实施细则,推广理事会管理制度。

(二)规范管理,提升农村文化礼堂形象

建立一套规范化的管理机制,使农村文化礼堂的各类设施步入管理常态化、长效化的轨道。台州市成立了农村文化礼堂领导小组和农村文化礼堂服务指导中心以及村级文化礼堂理事会。做到有组织、有人员、有制度,正常开展规划设计、业务培训、指导检查等工作。不断完善农村文化礼堂管理制度,

建立了一系列相对完善的管理、使用制度。台州市首创的"村级文化礼堂基金众筹模式""农村文化礼堂理事会"先后入编《浙江省农村文化礼堂操作手册》，并在浙江省推广，荣获"浙江省首批农村文化礼堂建设先进县(市、区)"称号。

（三）拓宽活动，发挥农村文化礼堂作用

依托"慈孝礼堂"公共平台，有效推动公共文化服务进农村文化礼堂。建立了公共文化服务活动进农村文化礼堂的活动前申报审核、活动时信息报道、活动后情况小结的合理化运作机制，推动了各项公共文化活动在文化礼堂的开展。广泛开展宣讲教育、文化文艺、民俗礼仪、志愿服务"四大在礼堂"系列活动，有力促进了农村文化的繁荣发展。先后承办中宣部党建杂志社全国"核心价值观在基层的实践"工作研讨会、浙江省农村文化礼堂建设经验交流会。

（四）以文养文，推动农村文化礼堂长效发展

农村文化礼堂的发展壮大，单靠政府投资是远远不够的。目前，台州市中小企业遍布农村各地，逢年过节企业要举办各种联欢活动，往往缺少场所。已建农村文化礼堂的乡村，就可利用舞台、讲堂等资源，与企业对接，注重引导社会力量广泛参与，实现互惠互利。各文化礼堂积极开展文艺演出、讲座培训、民俗传承、志愿服务等活动，进一步活跃文化氛围。全市 32 个村获"浙江省首届五星级农村文化礼堂"称号。

三、坚持创新为先，补齐短板

文化创造美好，美好需要文化。在人民日益增长的美好生活需要中，丰富的精神食粮不可或缺。文化礼堂文化的量度和质度提升了，强化了社会主义核心价值观引领作用，强化了道德体系的重构，促进乡村群众的情感认同和行为协同，让社会主义核心价值观根植于社会生活沃土，成为社会风尚和时代风采。在坚守价值观的基础上，坚持问题导向，正视问题、补齐短板、创新思路、转变方式，坚持价值观至上、服务创新的发展理念，将其内化为文化建设的新思路，引领文化的新发展。

创新文化礼堂服务方式。以群众需求为导向,在深入了解群众需求、征求群众意见的基础上,整合各类文化资源,精心策划"菜单式"服务活动,设计各种适合群众、针对性强的文化服务项目,创新活动形式,为广大群众送去更多、更高质量的文化服务。鼓励和支持社会力量参与"菜单式"服务活动,不断增加供给能力,使文化资源配置更具科学化、高效化、便民化,推动文化惠民项目与群众文化需求有效对接。政府向社会力量购买的公共文化服务,应坚持党的文化政策导向,适合群众文化需求。同时,根据文化发展现状、群众需求"菜单"及政府工作目标,按照满足需求为要务的原则,完善、优化政府采购目录清单,扩大政府采购范围,最大限度地满足日益增长的群众文化需求。以社会资助、项目运营等多种形式推动公共文化服务社会化专业化发展。

创新文化礼堂服务模式。破解服务定位难题:创新文化礼堂主体培育机制,破解服务主体单一、人才短缺难题;通畅文化供需对接,关注特殊群体维护文化公平,让群众有更多的文化获得感。通过统一招标的方式购买文化类市场服务,建立标准明确、程序规范、评价客观的购买机制,引入专业性机构,签订协议书,明确其需提供的文化服务数量,从日常管理、活动开展、队伍建设、督查评估等多个方面制定系统性的制度,确保有章可循、按章办事。建立起以镇宣传办、社区和村居三方为主体的监督评估机制,将三方对其服务项目的评估结果与合同续订挂钩。同时,制定完善文化礼堂管理的考核评估奖惩制度,以契约的形式确定双方的权利与义务,推动入驻团体不断提升服务质量,实现资源共享、优势互补。

打破新华书店、图书馆、农家书屋之间的数据壁垒,实现阅读物理空间的无限延伸。

打通文化服务"最后一公里",编织、织密公共文化服务网络。

打通文化礼堂服务在资源整合、市场运作和社会共享上的良性循环,提升服务效能。

四、坚持内容为先，优化项目

以设施建设为基础，以内容建设为核心，以项目推进为抓手，将思想教育、文明普化、尚德崇礼、精神熏陶融入文化项目中，建立真正体现群众需求的项目库，并在实践中加以优化，鼓励以文化礼堂为依托开展多样性的文化活动，让文化活动成为接受文明洗礼、丰富心灵世界的载体。实现文化礼堂的功能价值，把价值观引导、道德教化、礼仪培养、新农民养成、乡村治理的作用真正发挥出来，要让文化礼堂"活"起来，做到门常开、人常在、灯常亮。

以服务群众为落脚点，持续深化文化礼堂建设。把群众精神文化需求作为文化礼堂的行动导向，充分整合社会资源，进一步完善政府购买服务和"点单式"服务机制，重点实施"政策进讲堂""礼仪进礼堂""特色进礼堂""传统进礼堂""文化进礼堂"计划。结合"三下乡""文化走亲"等活动，把服务内容和项目源源不断地送进农村文化礼堂，使农村文化礼堂大门常开、活动常态、内容常新。2017年8月17日至18日，浙江省农村文化礼堂建设工作推进会在黄岩召开，会上介绍了台州的经验之一："建立了市、县两级涵盖文艺、宣讲、科技、教育、卫生等内容'大菜单制'，年度服务项目就有近500项，可供农村文化礼堂按需点单。"[1]在文化礼堂广泛开展政策宣讲活动，完善"乡村大使""乡村民嘴"坐堂制，以群众喜闻乐见的形式宣讲党的理论、形势与政策，开展生产生活技能培训、拓展文艺和健康生活知识。

全面推广深化以礼仪为中心的文化活动，以农村文化礼堂为载体，深入探索开展农村礼仪活动的新路径和新方法，路桥区的"乡村十礼"和三门县的"人生十礼"成为传统教育的成功路径，其中路桥区创新建立"乡村十礼"礼仪体系，获得"浙江省宣传思想文化工作创新奖"。

"耕读传家"为文化礼堂的建设注入了灵魂。村志族史、民风民俗都成为文化符号，"乡愁乡音"推动乡村发展。墙会说话，廊能育人，培育礼堂精品文

---

① 朱小兵：《以文化人 泽被乡野》，《台州日报》2017-08-18。

化、丰富礼堂文化内涵,是深化台州农村文化礼堂发展的一大方向。

黄岩用乡音诉乡情,用乡音传乡风,社会贤达、乡村大使与广大村民一道,分享着不同寻常的人生积淀和梦想。

温岭强化主题设置,确保礼堂功能充分发挥。依托"互联网"平台,将传统文化活动开展微信直播。年度直播活动访客达 13.1 万人次,浏览量达 42.3 万人次,点赞超过 1.8 万次。[①]

临海精心打造市级文化礼堂服务菜单,开展图书电影进礼堂、"美丽非遗"进礼堂等系列活动,年度送图书 15000 多册,送电影 600 多场,送非遗展演 53 场。

玉环构筑市、乡、村三级"传统文化联盟"体系,目前已形成 30 多个文化礼堂阵线。

天台以乡音、乡情、乡俗为引子,探索"文化众筹""院企联建"等方式,推进农村文化礼堂、"和合书院"建设,积极探索"和合文化"进农村文化礼堂。

三门每年以"爱在三门、乐在礼堂"为主题,开展农村文化礼堂节庆秀等系列活动,三门创设了"人生十礼"教育活动。

仙居通过科学修缮旧书院,改造废弃祠堂,将当地历史传统与特色文化合理布置,实现了历史原貌和时代特色相融互存并不断完善草根讲师进村坐堂机制,激发农村文化礼堂活动。[②]

　　……

大力培育村落文化品牌,广泛开展"办村晚""唱村歌""讲故事""评模范"等主题活动,开展"全村福"拍摄并张贴上墙,激发村落文化内在活力。加强当地传统民间民俗文化、"非遗"项目的挖掘,打造地方特色文化品牌。组织农村文化礼堂摄影大赛、微电影创作大赛等,开展文艺界走进农村文化礼堂采风等

---

① 陈伟华:《台州文化礼堂激活正能量》,《台州日报》2018-02-13。

② 本页各县市数据均来源于杨滟北:《台州农村的一件事,吸引了浙江省的"兄弟"们来学习!》,《台州日报》2017-08-19。

活动,进一步扩大农村文化礼堂的影响力。

台州以开展"醉美乡村"等农村文化礼堂精品文化十大展赛活动为载体,推动各地礼堂开展形式多样、丰富多彩的文化活动。每年年底,市里将选取各县(市、区)农村文化礼堂"我们的村晚"中的优秀节目来举办台州市"我们的村晚"展演活动,以全面展示礼堂文化。各地在培育礼堂文化中,形成了各自的特色品牌。①

五、坚持彰显特色,增强实效

农村文化礼堂设施建设要与功能相匹配,与环境相协调,体现文化内涵,提升文化品位,强化精品意识。市委宣传部、市文广新局坚持"成熟一个建一个,建设一个成一个"的原则,充分利用各村自然资源,挖掘本村的正能量文化,注重传统与现代的融合创新,注重文化与旅游的融合发展,在建筑风格、空间设计、主题表达、展厅设施、乡土特色、模式机制等方面形成品牌,着力打造"一村一品""一村一韵""一堂一色"。

在"育"字上下功夫。全面推进文明共建,文化共享"结对子、种文化"活动,层层联动,发动机关、学校、企事业单位和社会力量参与农村文化礼堂建设,组织结对活动。

路桥区推进农村文化礼堂"e家工程",完善农村文化礼堂"五Z管理模式"顶层设计,挖掘更多"礼堂＋"的可能性,奋力打造浙江省农村文化礼堂"建、管、用、育"一体化建设的样板。

黄岩区建成外来务工人员文化礼堂——"新黄岩人"文化礼堂,为外来务工人员提供了学习教育、休闲娱乐、体育健身的场所,凸显了对外来务工人员的人文关怀,丰富了外来务工人员的精神文化生活,体现了黄岩精致和谐、大气开放的城市精神,体现了"新""老"黄岩人逐步同城同待遇的目标追求,促进

---

① 杨灿北:《台州农村的一件事,吸引了浙江省的"兄弟"们来学习!》,《台州日报》2017-08-19。

了外来务工人员更好地融入黄岩,增进了外来务工人员对第二故乡的归属感、认同感。

实施文化礼堂"理事会负责制",可在管理上实行广泛的民主。这实际上是基层"民主恳谈"在文化礼堂建设上的延续,实现群众自我组织、自我管理。一方面,文化活动更具针对性,效果上更具有效性,管理上更具规范性;另一方面,整合社会资源,文化人才、成功人士、民间能人、社会贤达、教育工作者、村干部、志愿者等都能发挥作用,促进文化礼堂管理由政府逐渐让渡给社会;最后充分调动农民群众参与的积极性,特别是吸引年青一代逐渐走向文化礼堂,完成文化礼堂的终极使命,从而凸显群众的主体地位,具有积极的意义。这一举措成为文化和旅游部、浙江省委宣传部门全面推广的样板,也成为浙江省文化礼堂的标配。

大力推进培训辅导力度,不断提高农民群众在文体活动等方面的组织、参与能力和鉴赏、表演水平。经常性组织开展农民群众喜闻乐见的文化、志愿服务和"道德模范""最美人物"评选等。重点推进农村文化礼堂育家风活动。注重发挥村规民约、家训家规的规约和村训家风的教化功能,把"家风"作为精神家园建设的着重点,依托农村文化礼堂开展"立"村规(村训)、"晒"家训(家规)、"树"新风活动,培育良好的家风、村风、乡风。

六、坚持保障先行,考核支撑

加强组织保障。宣传文化部门和市农村文化礼堂建设工作联席会议各司其职,密切配合,共同推进;加强经费保障。加强安全保障,牢固树立安全至上的理念,严格落实安全工作责任制,将安全贯穿到农村文化礼堂建设运行的全过程;加强队伍保障,配好配强专(兼)职管理人员,加快基层文化队伍建设;加强审批保障,强化新建型农村文化礼堂的规范化建设。

比如,路桥区财政保障1000万元/年,镇(街道)和村居按照"三三制"设立配套资金,分新建、扩建、改建三种类型分别给予50万元、30万元、20万元补助;黄岩区财政分新建、扩建、改建三种类型分别给予50万元、30万元、20万元补助等;椒江区按照浙江省农村文化礼堂星级评定标准(试行)五星级、四星级、三星级及以下分别给予奖励,保障文化礼堂建设和运行。

强化责任意识,加大考核力度,加强对农村文化礼堂资源的整合、服务内容的统筹和各项活动的组织。重点深化农村文化礼堂"星级管理体系",抓住"管"的重要环节,带动文化礼堂"建好、用好、育好",为推动文化礼堂可持续发展提供有力保障。对照验收标准进行逐项检查礼堂、讲堂、文化长廊、文体活动场所等建设情况,认真严格按照验收标准组织考核验收,根据建设、使用、管理进行综合评定,并推选一批优秀农村文化礼堂,公布浙江省农村文化礼堂星级评定结果。

第二节　协调组合、融合创新

坚持以人为本、功能优先、高效服务的原则,以功能齐备、设施标准、满足需求、经济环保为指导,统筹规划与建设,着力于顶层设计,整合资源,融合创新。农村文化礼堂是打造农村"文化高地、精神家园"的重要载体,是实现文化强市建设的重要基石,也是巩固农村思想文化阵地的重要保障。推进农村文化礼堂建设,除了需要各级党委政府的高度重视,进一步加强组织领导,注重统筹协调推进,狠抓工作落实之外,还要正确处理好五个方面的关系。

一、"点"与"面"布局的合理化

台州市建设农村文化礼堂,不是出点钱修建一个简单的文化活动场所,而是建设符合新农村(美丽乡村)规划的基层公共文化服务平台,建设点面结合,按照实际需求力求空间组织完整、建筑结构优化的乡村公共文化服务综合体,成为农村"文化高地、精神家园"。因此,在文化礼堂的布局上,要非常讲究"点"与"面"布局的合理化。首先,要强化布局的整体意识,从顶层设计入手,从乡村地域特色出发,统筹规划乡村文化资源,勾画"五堂二廊",兼顾便民中心、照料中心、党建、社区管理等,使之成为一个有机整体,发挥文化礼堂平台的综合功能，实现文化资源布局从分散型向集中型转变，其功能从过去的单体化向现在的综合化转变，强化"建、管、用、育"一体化思路，提升文化礼堂的效能。让村里墙、路、公共设施和公共空间有传统文化，让农家门匾、宣传橱窗、路边墙壁、健身公园都成为会说话的场所，成为彰显、展示和传播传统文化的载体，做到礼堂有故事、廊墙会说话、村民房前屋后有文化。其次，统筹规划，协调发挥文化礼堂分区功能。让每个文化功能区发挥应有的作用，"一堂多能、一室多用、灵活多样"，注重与社区活动、照料中心、避灾中心、便民中心等的融合，让每个文化功能场所、每一条文化长廊、每一个资源都充分发挥它们的作用，提高农村文化礼堂的使用效能，从而形成"点"与"面"结合、众星拱月的基层文化阵地格局，使得形成传统文化因为更多载体、更多阵地而得到更加有效的传承和弘扬。

二、"教育性"与"活动型"功能定位的协和

文化礼堂定位是"文化高地、精神家园"，加强对农村文化礼堂建设的指导，注重功能与布局并进行顶层设计，把道德教化、礼仪重建、传承文脉、留得住乡愁、弘扬主流价值观、丰富文体活动等主要功能有机结合起来，把文化礼堂打造成传承优秀传统文化的重要平台，弘扬社会主义核心价值观的有效载体，基层党组织沟通联系农民群众的桥梁纽带，也是彰显台州文化特色的"文化地标"。让文化礼堂成为传播现代文明新窗口、展示新农村建设成就的大展台、乡村礼仪重构的实训室、农民意识形态教育的主阵地。在文化活动设计上，不是只追求面上的热闹、虚假的"繁荣"上，而是追求"质"的提升，把提质扩面作为文化礼堂核心工作内容，通过开展民俗活动、礼仪建构、文娱活动、文艺展演、文化交流等活动，创设群众易于参与、乐于参与的文化平台，并使之逐步渗透到农民的生活细节中，成为他们日常生活密不可分的内容之一，潜移默化地重构农民生命观、价值观。进一步拓展文化礼堂的功能，开展党建活动、道德风尚教育、政策宣讲、生产生活知识、公益文化服务、文化艺术普及和非物质文化遗产保护等。要充分利用农村文化礼堂"文化长廊"及各类展览室如"民俗展示

室"、××(特色)室、展示墙、展示窗等展陈载体,用图片、文字、实物、数字媒体等手段全面展示乡村的发展历史、乡风民俗、历史遗存、改革成就。开展主题系列活动,加大力度宣传农村的模范人物、道德标榜人物、英雄人物、突出贡献者、好家庭、好婆婆、好媳妇、身边的好人好事等,密切党和群众联系沟通,使农村文化礼堂真正成为对农民有凝心聚力和归属感的精神家园。把文化礼堂作为弘扬主流价值的新平台、传承传统文化的新载体的作用发挥到极致。

三、"共性"与"特色化"建设路径的相得益彰

共性有两个内容:一是根据浙江省住房和城乡建设厅、中共浙江省委宣传部《农村文化礼堂建设标准》,《中华人民共和国公共文化服务保障法》,台州市农村文化礼堂建设"设立一套明确的建设标准和要求,包括对文化礼堂、文化学堂和文化配套设施的建设和布置也有一系列比较明确的操作指南。但是,标准和要求这种共性的东西并不是模子,在推进农村文化礼堂建设过程中,要求各县(市、区)既要注重标准要求,更要注重挖掘地方特色。标准提出了农村文化礼堂的关键作用,即在精神上引领村民,坚持建设标准,是推进文化礼堂建设的质量保证"①。二是乡村在民俗、民风、农业生产技术、生活器具等方面,邻近村庄或乡镇都应该是相同的或共有的,为了降低建设成本,在农村文化礼堂建设过程中,针对这些共性文化,建设区域性的博物馆、陈列馆,或者统一组织和集中开展文化活动。特色化指的是村落在历史发展过程中,形成各自独特的文化传统,譬如传统的风土民情,传统村落建筑,传统文化孕育而成的名人贤达、文化成就等,具有鲜明的村落特征。因此,充分挖掘乡土文化特色,着力打造"一镇一品""一村一色""一村一韵""一堂一品",这是浙江省委宣传部推进基层公共文化建设的一条重要实践路径。文化礼堂只有做到"共性"与"特色化"建设的融合发展,才能显示其迷人的风采,才可能具有高效能、可持续的发展动力,形成可复制推广的模式。

---

① 王岭:《农村文化乐园需要处理好五个关系》,《大众文艺》2013年第11期。

四、"建设"与"管理"工作任务的齐头并进

建设上"因地制宜，科学规划"，原则上"为民、利民、便民"，实施路径"政府主导，社会参与、资源整合"，形式是"新建、改建、扩建"；管理上大范围地推广成功经验，利用开展多种形式的有关文化的活动，让更多的人参与到这种活动中来；基础设施建设是文化礼堂开展活动的前提条件，应该加大投入，而设施管理是发挥基础设施作用的支撑，应该加以科学管理。坚持"建、管、用、育"并举，建设是基础，管理是保障，既要坚持政府主导、社会参与的建设原则，科学规划，统筹安排，保质保量地建设文化礼堂，更要管好用好，建立完善各项管理制度，发挥其最佳效益。一要加强人才队伍建设。首先，着力提高村两委班子特别是村书记、村干部的思想认识水平。其次，强化培训工作，通过多层次的培训积极培育文化管理员及文化骨干，着力团队建设，达到提高整体素质的目的。最后，提高文化礼堂的利用率，让文化礼堂用起来、火起来。二要不断研究优化投入机制、管理机制、长效机制、考核机制、评价机制等，保障文化礼堂可持续发展。把传统与现代、古与今、活动和生产、人与人之间的关系处理好，弘扬传统文化，使文化礼堂"建设"与"管理"工作任务齐头并进。

五、"本土"与"外来"力量的融合迸发

农村文化礼堂要为传承乡村传统建功助力，农村文化礼堂要达到建得成、有活力、能持续的目标，既要依靠各级有关部门的财政拨款、结对帮扶，更要发挥乡村两委班子的核心作用，充分调动村民的积极性。要同时依靠本土力量和外来力量。本土力量首先得依靠村两委主要干部的思想认识，目前农村文化礼堂建设，可以用一句较能体现实情的话语来概括，就是村两委的思想高度决定文化礼堂建设的高度。与此同时，以村干部为核心，挖掘以老干部、老党员、退休教师、乡土文化能人和热心参与文化活动推广的积极分子为代表的乡村本土力量熟悉村史乡风民情，认同乡村传统文化，积极参加文化礼堂建设；外来力量主要以党政部门，特别是宣传部门、文化和旅游部门行政支持、社会

贤达、专家学者、大专院校文化骨干为代表的外来力量拥有文化资源,掌握科学方法,具有文化特长。二者融合得以力量迸发,将大大有助于农村文化礼堂建设过程中财政政策支持不足、乡村文化传统资源挖掘不够、本土文化团队培育不足、管理不够到位等诸多难题的破解。

第三节　弘扬价值理念,助力乡村振兴

台州在农村文化礼堂建设上有很多的创新理论与实践,可以提炼为浙江省建设理论和实践的范本。经过多年的建设,文化礼堂在台州市广大乡村已成为一道亮丽的风景线。

一、弘扬社会主义核心价值观

台州农村文化礼堂建设始终以弘扬社会主义核心价值观为要务,具体的做法是:红色文化进礼堂,宣传革命文化;政策宣讲进礼堂,宣传党的方针政策;文明新风进礼堂,推进乡村治理;道德标兵、五好家庭、最美媳妇等评选进礼堂,净化乡风民俗。将"中国文明城市""中国最具幸福感城市"具体化,在系列活动中融入核心价值观,通过转化为具体、有形、可操作的形式,达到弘扬社会主义核心价值观的目的。

概括地说,弘扬社会主义核心价值观,包括弘扬爱国主义文化、构建红色文化空间、传承传统文化、重构乡村礼仪体系、完善乡村民主治理体系、促进"新农民"群体的迅速壮大、展示乡村振兴新成就等方面。

弘扬爱国主义文化。文化礼堂创设党建中心,建立爱国主义教育基地,宣传党的奋斗历史,艰苦创业、不怕牺牲的精神,培养爱党、爱国、爱家的情感,全面弘扬爱国主义精神。依托文化礼堂党建中心和爱国主义教育基地所承载的丰厚历史资源,充分发挥教育功能,引领人民群众永远跟党走。挖掘党建教育资源,寓思想道德教育于日常文化活动中,扩大和深化大陈岛垦荒精神教育的影响力,并为之提供源源不断的文化精神支撑。

　　构建红色文化空间。"红色，是中国共产党的底色，是社会主义核心价值观的底色，是中国梦的底色，是当代文化的底色。"①台州农村文化礼堂从乡村发展整体规划出发，深入挖掘江山岛登陆战、亭旁革命起义、坞根革命游击战等战争年代的红色故事和革命精神，让红色革命文化深入群众生活，融入他们的行为中，重建乡村公共文化体系，加强对红色历史、红色精神、红色教育、红色旅游的宣传与教育，整合乡村文化资源，规划利用，让红色文化弥漫在乡村空间的每个角落。

　　传承传统文化。文化礼堂的价值体现在对传统文化的挖掘和传承上，包括物质文化遗产、非物质文化遗产的传承，以及非遗传承人的培养等，乡村文化遗产是构成乡村传统文化的精华所在。从台州看，深厚的历史文化和非物质文化遗产具有很强的地域性和不可复制性，是先人留下的珍贵财富，尤其是乡村优秀传统民间技艺传承人。确立传承人在民间文化中的主体地位。传承发展的第一要素是传承人，强调非物质文化遗产活态传承、活态发展。农村文化礼堂建设应重在保护乡村历史文化，传承优秀的文化传统，立家、立德、树人，培育文明乡风，让传统文化成为涵养社会主义核心价值观的重要源泉。

　　重构乡村礼仪体系。现代礼仪重构，是文化礼堂承载的重任之一，台州市结合春节、清明、端午、国庆、中秋、重阳等传统节日，在农村文化礼堂开展"乡村十礼""人生十礼"等现代礼仪活动，创新"传统五礼"（吉礼：祭祀之事。凶礼：丧葬之事。军礼：军旅之事。宾礼：宾客之事。嘉礼：冠婚之事）的内涵，以崇礼尚德、人情往来、五好家风、民主协商等为主题，让村民在形式多样的庆典礼仪中感受中华文化的广博，树立文化自信。文化礼堂能够重建礼仪体系，重塑村风民俗，重构行为模式，引领乡风文明的改善。

　　完善乡村民主治理体系。建立完善农村文化礼堂理事会制，成为文化礼

---

　　①　人民网总编辑余清楚在红色文化高端论坛上的发言：《让红色文化弥漫在网络空间的每个角落》，人民网 2017-05-08。

堂的标准配置,在浙江省推广实施。深化"民主恳谈"机制,通过民主协商,促进活动的广泛开展。文化礼堂逐步成为村民聚会议事的重要场所,成为村里举办婚丧喜事,评选道德标兵、模范家庭的聚散地,是群众性文化活动的热闹地。在此,村民议事能力提升,民主意识加强,农村社会矛盾化解,村务公开阳光运行,促进乡村民主健康发展。

展示乡村振兴新成就。台州农村文化礼堂建设被纳入乡村振兴规划,与乡村振兴、美丽乡村建设协同前进,坚持城乡融合发展,坚持人与自然和谐共生,坚持因地制宜、循序渐进。展示新农村新风貌,展示新农民新形象。文化礼堂成为乡村经济社会发展的地标建筑,展示乡村振兴新成就,促进乡村新农业业态产生发展。以文化旅游结合为切入点,打造配套的农家乐、民宿,让到乡村的所有人感受"娱乐有设施、活动有场所、休闲有去处"的新颖乡村生活。

促进"新农民"群体迅速壮大。乡村振兴的目标就是"三新",即新农业、新农村、新农民。台州农村文化礼堂充分发挥"乡村大学堂"的作用,"就地培养更多爱农业、懂技术、善经营的新型职业农民",越来越多的市外大学生、海外留学生选择返乡创业,成为一名新时代的新农民。

正如有学者所说的:"文化基因和精神家园是一个民族安身立命的基础、生存发展的支撑、身份归属的标志,是维系这个民族发展繁荣的最深沉的力量。"①

二、意识形态领域的固守

民间信仰盛于宗教是中国特色,也是中国特有的国情。民间宗教是一种根植于百姓生活的信仰习俗。儒、释、道三教在天台山融通共生,汉斯·孔认为:"自古以来,民间宗教一直是一个民族文化本体性的体现。"②天台山文化

---

① 高长武:《中国优秀传统文化的价值定位》,《光明日报》2016-09-05。
② 汉斯·孔:《中国宗教与基督教》,吴华译,生活·读书·新知三联书店 1990 年版,第 51 页。

作为台州文化的本体,台州民间宗教信仰是天台山文化的外化,和民间习俗相交融,构成一个复杂多元的社会文化现象。"民间宗教是在不断吸收、改造其他观念形态过程中愈加宏富的历史文化体系'普化'于下层民间的缩影。"①在台州,儒家的道德信条,务实求是、和合创新理念;道教的修炼方技,天人合一(形神合一)、性命双修的知行观;佛教的因果报应和"三谛圆融""一念三千"思想,"在民间宗教那里有机地结合在一起。中国传统文化不但通过别处,也通过民间宗教,展示了它海纳百川、有容乃大的品格"。②

林国平解说过:"民间信仰是以祈福禳灾等现实利益为基本诉求,自发在民间流传的、非制度化、非组织化的准宗教。"③张化认为,民间尊崇的民俗神和地方神的形成反映了百姓的精神需求,其信仰形成有长期的历史积淀过程,逐步成为信众心中难以改变的文化符号,其神格往往有独特解释,具有保界、禳灾、繁衍、健康、长寿、丰裕和世代守护一方平安、化解灾难等与百姓日常生活休戚相关的文化功能。④ 据 2016 年统计数据,台州民营剧团数占浙江省的15%左右,浙江省农村戏曲演出超过 21 万场/年,台州 3.5 万场/年;全国农村演出收入 24.24 亿元/年,台州演出收入近 2.4 亿元/年,占全国 10%左右。台州市民间演出市场居全国第一,⑤主要为寺庙"老爷寿日"庆贺的民间戏曲演出十分红火。这与台州民间宗教发达密切相关,也与台州 600 万人口,6000个村落,有约 7000 座寺庙相对应。

华中科技大学董磊明、杨华主持的中国乡村治理研究中心课题组"形势严峻,西方宗教在中国农村的传播现状"课题报告显示:"以基督教为主体的西方

---

①　张君梅:《从民间祠祀的变迁看三教融合的文化影响》,《文学遗产》2011 年第 3 期。

②　张新鹰:《台湾"新兴民间宗教"存在意义片论》,《世界宗教文化》1996 年第 9 期。

③　林国平:《关于中国民间信仰研究的几个问题》,《民俗研究》2007 年第 1 期。

④　转引自俞黎媛:《当前福建"妈祖热"的生态学研究》,《莆田学院学报》2014 年第 2 期。

⑤　参考中国演出行业协会网站公布的《2016 中国演出市场年度报告》和台州市文化和广电旅游体育局的《台州民营剧团调研报告》,台州民营剧团数占浙江省 15%左右,占浙江省农村戏曲年演出场数 15%左右,占全国农村演出收入的 10%左右,台州市农村演出市场全国第一。

宗教在经过近三十年的发展后,已经完全取代传统宗教和民间信仰形式,成为我国农村主导性的宗教并且具有唯一的合法性,这一过程还在加速进行。"虽然报告显示南方受西方宗教冲击较少,北方的外来宗教规模及教众远比南方影响大,但南方受到西方宗教的侵入已是显著事实,特别是在经济发达的沿海地区,这种侵入带来的影响更加明显。在台州,灵江以南县(市、区)的西方宗教教堂数量及信众超过灵江以北县(市、区),传统民间信仰与西方宗教在意识形态领域的争夺日趋激烈。

文化礼堂建设如火如荼,恰给这样的状态注入一针强心剂,以高起点建设农村文化阵地的形式,主推社会主义核心价值观这样全新的意识形态,重构乡村礼仪,开展"五榜""五爱"活动,继续巩固意识形态阵地已经取得显著成效。我们通过五年来文化礼堂建设成果与西方宗教教堂数量及教众数据对比,说明当地政府在意识形态领域的固守上取得了巨大成就。

当然,我们做得还不够,我们可以继续探讨加强以引导民间信仰为核心的农村意识形态教育的有效途径。

(一)加强引导,使之成为有益主体

从现实情况分析,民间信仰基于共同的寺庙、共同的神灵崇拜,这是村落共同的集体记忆与认知。张君梅认为:"民间宗教确实是以三教融合为主流包罗万象的中国传统文化普化于下层民间的缩影,民间祠祀往往与当地民俗联系在一起,具有民俗化的特征。"[①]民众的精神寄托主体——民俗神祇和地方神祇,既是民间信仰的目标沉积,也是民俗生活的核心组成,当信仰成为文化符号时,就成为一种难以改变的习俗,其神格解释往往有独特的民间文化倾向,也就具有保界、禳灾、繁衍、健康、长寿、丰裕等与百姓日常生活休戚相关的文化功能,佛道、神话、传说、戏文中的人物都成为民众崇拜的神道,这些都已经深入民俗生活的每一个细胞中,具有很高的崇信度。民众将传统宗教活动

---

① 张君梅:《从民间祠祀的变迁看三教融合的文化影响》,《文学遗产》2011年第3期。

逐渐演变成富有特色的民间信仰活动,包含进丰富的民生内容。最终使得诸如"老爷"庆寿、城隍信仰活动演变成民众的狂欢节日。在此基础上,他们形成了共同的价值理念——以祈福、保界为主旨的幸福生活追求。这种共同的意识形态指向通常体现为村落普遍的认同感,形成高度共识的价值评判,大大提升了村落归属感、凝聚力和社会团结。在20世纪,政府还未来得及全面顾及村落及其死人事务时,这一切形成都与村落的民间信仰组织的意识形态引导密不可分,民间信仰组织者经常通过庙宇组织的仪式化活动强化共同的价值,同时在日常生活中加以引导。比如,三门杨家祠堂(杨家村文化礼堂)每年举办的"三门祭冬",椒江民间自发组织的"送大暑船"民俗活动等。

过去这种引导依靠民间信仰组织者,政府基本放任不管,现在这种引导必须依靠地方政府以文化礼堂为依托,逐步将其改造为符合时代需要的现代化组织。政府不是仅仅着眼于信仰场所及场所管理者身上,必须真正介入民间信仰的治理结构当中,深入民间信仰组织的内部架构,加强与民间信仰组织的文化活动等各个层面的互动,尤其是加强基层党政社群组织与民间信仰组织的互动,从资金、政策、活动组织、人才培养等方面对他们进行必要的形塑,使其真正成为乡村治理的有益主体,使其不仅仅是农村庙宇文化活动的管理者和组织者,更是农村传统文化的继承者和现代文明的传播者。

(二)加强融合,有效改造

西方宗教在中国传播,其社会背景除了"西学"大举东进这个基础外,主要是三十多年农村社会及其组织结构经历着裂变,传统的乡村社会向现代性迈进,农村出现了诸多道德、礼仪、信仰、人际关系、家庭和社会问题,还都悬而未决。在这个节点上,存在两个角度,一是"传统民间信仰形式在经过中华人民共和国成立前三十年的农村改造和历次运动之后已支离破碎、不成体系"①,

---

① 华中科技大学董磊明、杨华主持的中国乡村治理研究中心课题组的"形势严峻,西方宗教在中国农村的传播现状"课题报告,课题主持人:董磊明,报告执笔人:董磊明、杨华。

农村矛盾丛生、治理出现严重困境、伦理出现危机等,加剧了农村民间信仰的崩塌,无法给予人们应对社会变迁的精神性满足,亦无法对抗话语体系、组织体系更强的西方宗教的信仰形式;二是改革开放初期,基层政权更关注经济改革开放成果,而较忽视社会结构性存在的问题,乡村农民有着强烈的精神需求但无实际内容可以依托。

台州农村是多宗族性村落,在社会制度结构危机中,个体价值独立,主体意识觉醒,民间社会自然萌发和谐追求。这种追求和合生活的愿望,既体现在民俗生活的各个层面中,也重点体现在民间宗教信仰上。三教在天台山融合,民间尊崇"和合二仙",以民俗为依托的信仰在民间具有强大的支撑,民间信仰形式无论是在地上还是转入地下,起码还是暗流涌动,社会内生秩序还能整合村庄,为村庄提供公共服务和道德建构,这就是台州比北方地区受西方宗教影响少的原因,这也是农村文化礼堂建设民间信仰组织作为主体力量建构的优势。在新时期,我们要抓住优势,有效地组织农村社会民间信仰,进一步聚合各方力量,化外在力量为内在力量。

农村现状是大部分农民没有被组织起来,缺少强力的权威和有号召力者,处于一盘散沙的状态,加上我国深度融入全球化进程之中,乡村生活里的个体至上一时成为人们热衷的价值追求,人们纷纷逃离社群共同体,乡村公共性日渐消解,乡村文化失去了传统风范,这是当前农村社会治理的一大困境。现代性社会组织不可能一夜之间成长,在传统社会组织不断消亡的前提下,民间信仰组织是一个不应被忽略的存在。费孝通先生说:"社会问题起源于文化失调。"[1]乡村衰落现象归根结底是乡村文化失调的后果。要推进乡村文化治理,光靠现有的乡村共同体是无法达到目的的,还需借助民间信仰组织。因为民间信仰组织在乡村地位高,获得了更多的社会资本,其组织者个人的信用、名望和认可度也随之提升,从而获得了对村落一定的组织和控制权力。普通

---

① 费孝通:《文化与文化自觉》,群言出版社 2010 年版,第 1 页。

民众参与活动获得神灵庇佑,寻求心灵慰藉,获取文化资本,获取了参与公共事务的机会,村落成为一个被组织起来的村落。政府通过与民间信仰组织的互动,可以重建乡村共同体。乡村共同体重建根本在于系统性调适乡村文化,重构整体性乡村生活方式,便可更好地治理乡村社会。

民间信仰组织管理着乡村寺庙募集和捐助资金,很多寺庙在日常维护和组织民间信仰活动需要耗费一部分资金外,其余资金成为盈余,这些盈余的资金民间信仰组织往往将其作为举办公共文化服务活动。比如出资请戏班演戏让村民欣赏,或投资村落基础设施建设和村落慈善救助等。村庙基金是传统农村社会最主要的公共福利,村庙基金开放性强,依据财力能够广泛服务于村落和村民。如果能对这些有民间信仰的村民进行有效的改造,并吸纳到农村文化礼堂建设当中,使之成为农村文化礼堂建设强大的内部力量,这对当前推进新一轮农村文化礼堂建设意义重大。这种改造设计有两个方面:一是改造组织治理结构;二是改造组织者,最终使得民间信仰组织和组织者成为有号召力,能体现政府思想,能引导村民自觉传承传统文化,做社会主义新农民的新组织。那么,农村文化礼堂建设也就能更快地走向它的终极目标,这或许是一个比较不错的选择。

(三)扩展功能,发挥乡村治理能力

无论从哪个角度看,在村落文化发展上,处在信仰自由的当下,政府不可能限制民间信仰的自由、限制它的功能,但政府能做的是引导农民更多地回归主流文化阵地,以社会主义核心价值观教育影响广大农民。所以,农村文化礼堂的功能之一,也是很少被主流媒体报道的,存在农村意识形态之争。

借助当前农村文化礼堂建设,实施乡村文化治理,可以有效解决意识形态问题。乡村文化治理的实践行动就是将文化,尤其是将乡村文化作为乡村治理的工具和对象,借助于乡村治理网络系统,依靠乡村组织、乡村文化空间以及文化展演等文化组织形态与文化活动形式,吸纳民间信仰组织,对它们加以改造,在传统服务模式上慢慢地扩展出现代的适应乡村发展需求的功能。充

分发挥作为隐性权力的文化所具有的规训与认同等治理机制与功能,最终促进乡村共同体要素成长。主要在民间信仰的基础上,延伸出更多的社会服务功能,促进民间信仰组织功能的多元化,以此推进乡村共同体复兴,实现个体化乡村的社区重建,增加其教育、文化、艺术、医疗、旅游等功能,这样,可以使文化礼堂建设的外部输入与民间信仰组织发展的内部建设相互契合,发挥两者在乡村治理中的作用。

三、椒江区打好"组合拳"以破解农村文化礼堂建设难题①

为贯彻落实浙江省对农村文化礼堂建设"2022 年上规模村全覆盖"和台州市农村文化礼堂建设"百日攻坚"行动方案要求,进一步破解土地规划限制、建房指标紧缺、资金支持不足的农村文化礼堂建设困局,台州椒江区通过优化资源配置、强化联动共建、亮化载体设计,打好盘活存量、整合力量、确保总量的建设组合拳,推进文化礼堂提质扩量、形成品牌。

(一)优化资源配置,盘活建设存量

广泛摸排用地情况,深入挖掘建设资源,构建"底数清、场地活、功能全"的资源配置格局,激活建设内生动力。

一是摸清底数。对辖区镇(街道)开展调研,重点排摸各村拆迁、规划及城中村和社区化情况,全面排查符合规划、人口要求和礼堂建设标准的行政村。结合各地实际,将省市下达的文化礼堂建设任务分解到村、落实到人,确保应建尽建。

二是组合资源。依托非合用且大小适中的村部、陈旧校舍、文体设施、党员活动室等场所,通过"新建、扩建、改建"等形式整合礼堂建设资源,盘活现有集体闲置资产。

三是突出功能。坚持"一堂多能、一室多用、灵活多样、功能齐全"原则,丰富文化礼堂功能布局,指导建成集文体娱乐、乡土文化、思想道德、知识技能普

---

① 此文由台州市椒江区委宣传部提供。

及于一体的综合性"村庄会客厅"，提升设施场所的综合利用率。

(二)强化联动共建，整合建设力量

坚持政府主导、部门配合、社会参与的共建原则，发挥好领导、部门、乡贤的作用，形成齐抓共管的良好局面。

一是领导重视。区委书记专门召开镇(街道)党委书记工作会，亲自专题部署文化礼堂建设工作，要求各镇(街道)书记"负总责、带头抓"，保质保量完成建设任务。分管副区长承诺开辟"绿色通道"，缩短报批时间，加快建设进程。

二是部门联动。建立宣传、组织、文广新、规划、国土、人武等部门协调联动的格局。召开联席部署会和专项协调会，明确各部门联络员、分解部门建设任务，在规划中统筹安排宣传、党建、国防、气象等内容元素，做到"一并部署"。建立"每月一报、每季一查、每年一评"机制，对落实不力的责任单位和个人进行通报批评，对落实到位、特色突出的激励评优，做到"一并督查"。年末组织验收考核，逐一校核建设成果，做到"一并验收"。以资金调动积极性，最低补助20万元、最高补助40万元，补助金额居全市前列，实现"一并给予补助"。

三是乡贤助力。依托乡贤联谊会，组建乡贤顾问团，诚邀乡贤关注家乡文化发展和群众精神需求，推进文化礼堂基础设施建设和文化服务项目落地。充分发挥乡贤的知识、人脉等优势，倡导其参与文化礼堂策划设计。针对村级集体资金较为薄弱的村，发动乡贤出资建设。例如，信质电机出资建设下盃村文化礼堂、前所街道乡贤会出资建设赵家村文化礼堂、阮福德成立基金会建设横塘村和孝文化礼堂。还有乡贤助力挖掘乡土文化，捐赠民间收藏品和书法作品存放于文化礼堂。

(三)亮化载体设计，提升建设总量

紧扣因地制宜导向，计划以"多点分散"形式打造"公园式"的文化礼堂，使礼堂在承载乡愁、展现乡风的同时焕发出新的魅力。

一是因地制宜。多次对各村用地情况进行实地踏勘和深入分析，选择适宜建设地点。特别注重选择乡村当地公园，将文化礼堂建设融入公园，为公园增添浓厚的文化色彩。

二是多点布局。集中资源投入,创新"多点分散"形式,建设"公园式"文化礼堂。计划在公园出入口、中心线、原有设施等多处布局礼堂,活用公园场地。下陈街道牛轭村、椒洋村、合作村、同心村、后邱村因土地权属问题对五村共有的地块未能有效利用,建设多点分散式文化礼堂,能有效解决闲置地块的再利用和文化礼堂建设场地紧缺的难题。

三是创新设计。根据公园地形、风景及各村乡风,在主题设计、色彩搭配、结构堆叠上出新出彩,打造彰显艺术性和功能性的新阵地。分别在公园各处布置新时代农民讲习所、志愿者团队之家、艺术展览室等类型化主题礼堂,使其各有特色又融为一体,丰富群众精神文化生活,展现新时代农村新气象。

第四节　成果展示

作为农村文化礼堂创新范式的样本——台州,取得的成绩是骄人的。自2013年至今,台州市累计建成农村文化礼堂 1495 家,9 个县(市、区)礼堂总部全部建成,98.4%的乡镇建成文化礼堂分部、村文化礼堂理事会实现全覆盖。

取得的荣誉很多,据不完全统计,较为典型的有以下一些成绩。

1. 台州市率先完成文化礼堂理事会制建设,被文化和旅游部作为典范案例,引领全国农村公共文化服务深入开展,是管理范式,成为基层公共文化组织的标配。《中国文化报》2015 年 6 月 16 日以题为《理事会创新农村文化礼堂管理》做专题报道。

2. 央视《焦点访谈》节目专论"路桥文化礼堂"。

3. 2019 年 1 月 5 日新华社《十八届三中全会以来全面深化文化体制改革综述》点赞台州文化礼堂:"坚持'一镇一品''一村一韵',浙江台州因地制宜打造农村文化礼堂,成为乡村文化新地标。"

4. 黄岩区山前村文化礼堂被中宣部、文化和旅游部、国家新闻出版广电总局(国家广播电视总局)评为全国服务农民、服务基层文化建设先进集体,浙江省唯一。

5. "乡村大使"被评为"全国基层理论宣讲先进集体"。

6.《半月谈》2017 年 9 月 14 日刊登《乡贤参与乡村治理的"台州模式"》。

7. 首次创新实施"村级文化基金众筹",《文化报》、人民网、光明网予以报道或转载。

8. 在浙江省评选出的 50 个示范文化新地标中,台州农村文化礼堂有 7 家入选;100 个优秀文化新地标,台州有 16 家入选。

9. 台州农村文化礼堂建设经验得到浙江省委、省政协等部门领导的批示肯定,其中总部管理体系建设、乡村十礼、理事会负责制等做法在浙江省得到推广,先后 4 次承办浙江省农村文化礼堂建设现场会。

10. 在长期实践中创立文化礼堂"五 Z"(政府主导、众筹基金、众创空间、志愿者服务、资本采购)管理模式,首次在全国范围内探索文化礼堂管理模式的建立与创新,获浙江省公共文化服务体系制度设计研究课题立项。

11. 路桥实施"e 家工程" 打造农村文化礼堂新模式浙江样本。

12. 乡村文化大使驻堂制、乡村十礼获浙江省宣传文化思想理论创新奖。

13. 截至 2017 年,台州市创建五星级农村文化礼堂 31 家,浙江省 210 家,台州市领跑地市级,台州市获批四星级农村文化礼堂 58 家;2018 年浙江省评出 293 家五星级农村文化礼堂,其中台州市占 38 家。

14. "理事会轮值联盟""乡贤驻堂制""俱乐部制""总干事负责制""志愿者结对制"花开灿烂。与此同时,各地全面实施广覆盖、多维度、立体式的"星级管理体系",以"一二三""三四五"星级评定、"红黄绿"绩效督查、"点线面"覆盖引领为主抓手,推进文化礼堂常态长效发展。

15. 建立县域文化资源统筹配给机制、建立考评督查机制、"最后一公里"政府服务、各类文体活动在礼堂落地开花。

"文化是'灵魂',是'根',文化礼堂的建设只有深入触摸乡土的温度,'接地气'了,才能引起村民的认同感,触动记忆深处的文化底色,从而保持持久旺盛的生命力。"

延伸案例 1

文化礼堂的临海范①

临海市积极做好农村文化礼堂建设四篇文章:第一篇是文化礼堂建设"增量"文章;第二篇是文化礼堂建设"提质"文章;第三篇是文化礼堂建设"保障"文章;第四篇是文化礼堂建设"效能"文章。注重质量为先,注重价值导向,注重管理利用,更注重服务效能提升。

农村文化礼堂建设"增量"是基础,"提效"是核心,临海以提升文化礼堂的文明和文化内涵为主线,以提高农民群众综合素质为目标。为了让"提效"见成果,努力培育礼堂文化,临海市大力开展文化交流工作,由原来的以"文化下乡"为主的模式转变为"农村献文化"的模式,让农民享受文化。在文化礼堂建设中,临海借助"崇和大舞台"这个平台展示礼堂文化,戏曲、歌舞、绘画、书法、摄影应有尽有,而走上"崇和大舞台"的文化都来自村中的礼堂文化。

文化礼堂建筑给了村民休憩、阅读的空间,不仅如此,丰富多彩的活动更是激活了村民的文艺细胞。"美丽非遗"如列车般穿梭在临海乡村文化礼堂中。活动丰富的文化礼堂,如今正悄然改变着村民的精神生活。每当中华民族传统节日和重要节庆假日来临时,不论是童音绕梁的启蒙礼、深深鞠躬的敬老礼,还是各种科技法律知识讲座等,都会在文化礼堂里尽情展现。

一方水土孕育一方文化,深嵌在这座历史文化名城中的文化细胞正蓬勃发展。

1. 复古范的样本——孔坵村文化礼堂。

孔坵村的文化礼堂,以清道光二十三年(1843)章氏祠堂及相连的民国宝

---

① 金晨、李建兵、卢志成:《浙江台州:千年古城 百般乡愁 文化礼堂的临海范》,《浙江日报》2015-12-08。(该文随后由中共中央宣传部、中央文明办主办的"中国文明网"转载。)

新义塾旧址为基础修建落成。久经风霜的历史建筑,在如今有了新的精神内涵。走进孔坵村文化礼堂,木质风车、白齿头、钉刨……整齐排开,墙上悬挂着民国时期的画作,《陇洲章氏宗谱》中,记录着陇洲章氏一族的历史及变迁,点点滴滴述说着这个古名"陇洲"的村落绵延而悠长的文化内涵。

2.文艺范的样本——大田刘村文化礼堂。

"走过大田,颂过三年",大田历史悠久,群众文化源远流长,特色鲜明。大田刘全村不足 2000 人,但拥有 18 支文体队伍,从事文艺活动的达 600 多人,有大田板龙、骨牌锣鼓、舞狮,还有大田道情、大田山歌、排舞等等。

文化大广场成为村民室外休闲、娱乐、学习的"文化大院"。让富起来的农民,既品尝到传统文化的原汁原味,又饱尝现代文化的时尚新潮,实现从民间文化到高科技文化的跨越。

3.融合范的样本——杜桥镇土城村文化礼堂。

远远看去,土城村的文化礼堂像是静谧深处的一个公园。擎天华表矗立在广场左右,显得格外气派。然而,走近几步,又置身于四合院里,颇有一份古色古香的韵味。土城村文化礼堂是融合四合院、文化礼堂、老年活动中心、农耕文化展示厅等为一体的一个综合公园。每天清晨和傍晚来锻炼、散步的村民络绎不绝。

4.传统范的样本——白水洋镇上游村文化礼堂。

活跃在白水洋镇上游村文化礼堂的"黄沙狮子",已流传近千年,素以高难度的演艺技巧名扬四方,2006 年 6 月被列入首批国家级非物质文化遗产名录。

上游村文化礼堂主要包括一台一场一室一亭两堂两厅:一台一场是演出舞台和篮球场,一室是阅览室,一亭是感恩亭,两堂是上游村文化礼堂、上游讲堂,两厅是黄沙狮子非遗展厅和农耕展厅。这些都是传承和发扬上游村的特色文化。

5.乡土范的样本——江南街道岙底罗村文化礼堂。

在岙底罗这个和谐、宁静、美丽的小山村,耕地总面积 272 亩,山林总面积

10552亩。被青山层层环绕,岙底罗村民多种植茶叶、柑橘,悠久的农耕历史在文化大礼堂里表现得淋漓尽致。

走进民俗陈列室,眼前俨然是个"记忆馆"。斗笠、蓑衣、铁耙、木榔头……各式各样的农耕用具唤醒了村民古老而厚重的记忆。村里老屋遗留的古董都搬了进来,煤油灯、纺线机、精致雕花梳妆台都在这间古色古香的房子里集聚,还原出老一辈生活的模样。

6. 多彩范的样本——古城街道古楼村文化礼堂。

古楼村文化礼堂,活动异彩纷呈,几乎没有间断。迎春座谈会、新兵入伍欢送会、村民入党宣誓、老人过生日、年轻人婚庆、红七月纳凉晚会、大(小)学生升入学祝福会、高跷集训、文艺表演都聚集在这里。古楼村是临海面积较大的城中村,上千平方米的室内文化活动场所里,功能齐全:文化讲堂、书画室、健身房和农家书屋等一应俱全。偌大的场馆究竟谁来管?古楼村建立了专管员、指导员、文化志愿者三支队伍,以"种文化"为抓手,组建了村民高跷队、排舞队、腰鼓队和书画人才队伍,让村民真正成了文化活动的主人翁。

临海市其他各村的礼堂文化活动也开展得如火如荼,累计已有30万人次群众参与。文化礼堂丰富多彩的文化活动正在改变着村民的精神文化生活,有效地提升了群众的文化素养和文明素质,礼堂文化已悄然融入百姓的日常生活。目前,临海文化礼堂已超过120个。从文化礼堂到礼堂文化,临海在建设农村文化礼堂中正迈入新里程、攀登新高度。

千年临海府,满城文化风。如今,随着文化礼堂建设的兴起和礼堂文化的传播,每当传统节日和重要节庆假日来临,各地文化礼堂里优美动听的临海词调、风趣活泼的上盘花鼓、质朴粗犷的大石车灯戏、悠扬悲切的临海山歌《杜鹃鸟》、跌宕起伏的临海道情、铿锵有力的羊岩茶鼓舞、国家级非遗"黄沙狮子"……这些原汁原味、情趣盎然的非遗节目都让村民们沉浸在欢乐、幸福之中。

延伸案例 2

"新黄岩人"文化礼堂服务模式①

(一)背景

随着经济社会的发展,黄岩吸引了越来越多的外来务工人员前来创业就业。据统计,目前黄岩的外来务工人员有 24 万左右。如何给这些"新黄岩人"提供服务,使他们融入当地社会,找到归属感和成就感,始终是一个严峻而现实的问题。而黄岩区北城街道长塘村所在的"新黄岩人"文化礼堂就做了一次令人满意的尝试。

台州市首个建成的外来务工人员文化礼堂——"新黄岩人"文化礼堂,位于黄岩区北城街道长塘村,由安徽籍的务工人员牵头筹建,黄岩区委宣传部、区文广新体局等部门批准成立。最初,创始人徐守魁在调研中发现一些外来务工人员集中的城郊接合部、工业园区、民工公寓,职工文化活动设施严重不足,许多外来务工人员业余时间无处可去,少数外来务工人员还发生打架斗殴、酗酒滋事、赌博偷窃等违法案件,影响了社会治安和职工队伍的稳定。为此,在北城街道长塘村试点建设黄岩区外来务工人员服务中心,为他们提供业余文化活动场所。

"新黄岩人"文化礼堂实行理事会负责制,努力实现自我管理、自我教育、自我服务、自我学习和自我约束。该文化礼堂还成立了多个志愿服务组织,开展文明传递、平安建设、文化科技普及和法制教育,为当地村民和"新黄岩人"提供公益文艺演出、电子阅览、图书借阅等服务,促进新老黄岩人的融合发展。

(二)做法

1."能人"挑头,搭建服务平台。

"能人"是创业的领跑者,是服务平台的缔造者。要充分发挥"能人"的引领与带动作用,掀起服务群众的热潮。2009 年 10 月,"新黄岩人"文化礼堂的主要

---

① 此文由黄岩区文化广电旅游体育局提供。

发起者和负责人徐守魁拿出自己的所有积蓄,租下黄岩区北城街道长塘村1000多平方米的场地,组建起北城街道流动人口文化服务中心,免费对外开放。

文化礼堂活动内容多、开放时间长、功能丰富,仅依靠几个"能人"的力量是远远不够的,还要有一支热心又有责任心的管理队伍。因此,"新黄岩人"文化礼堂还通过志愿服务,组建团队,提升服务效果。区文广新体局、区总工会等政府部门和群众组织创新管理方法,牵头为"新黄岩人"文化礼堂搭建平台,加大宣传,邀请志愿者参与管理服务,建立了志愿者服务队,由志愿者轮流担任管理员,实行民主参与、自治管理。

2."搭台"唱戏,整合文化资源。

文化礼堂建设是黄岩区公共文化服务领域的一大特色亮点,无论是数量还是质量都走在浙江省前列。截至2016年底,全区已高标准建成119家各具特色的文化礼堂。"新黄岩人"文化礼堂就是依托黄岩区的这种平台优势,在文化礼堂原有的宣传教育、文化传承、交流服务功能基础上,加上"新黄岩人"元素,使之成为具备一般农村文化礼堂基本功能的同时,还具有服务"新黄岩人"的特色功能。可以说,"新黄岩人"文化礼堂就是搭了文化礼堂这一"戏台",联袂唱出了兼顾服务当地群众与外来务工人员的一出"好戏"!

在平台的开发运用上,"新黄岩人"文化礼堂创新服务模式,根据农民工实际需要设置服务项目,同时注重差异化需求,照顾到特殊群体的文化需要。在抓好日常服务的基础上,注重节庆活动与常态服务相结合,利用传统节日,筹划举办各类小型农民工文艺演出、展演专场;组建"新黄岩人"文化艺术团,坚持各地文化巡演;每年举办一届"新黄岩人"文化艺术节,春节期间举办慈善年夜饭以及外来务工人员相亲大会;每年暑期,针对外来务工人员子女,文化礼堂与相关政府机构、高校开展共建,打造"小候鸟"托养班,文化阳光工程、春暖行动等平台,为外来务工人员子女提供课业辅导、免费文艺培训等系统化教育服务;针对外来务工人员的实际情况,将维权、调解、技能培训和劳务介绍、爱心超市、敬老助困等内容结合起来,每年帮助外来务工人员处理劳资纠纷、工伤事故、意外伤害等事件多达二三十起。

3.“新老”兼顾，促进文化融合。

“新黄岩人”文化礼堂通过爱心互助行动，改变传统“打工仔”刻板印象，向“老”黄岩人展示了自身全新形象，促进相互了解与交融。例如，2014年5月，“新黄岩人”文化礼堂又组织成立了“新黄岩人”义工协会，成为文化礼堂的一大特色亮点。多年来，协会动员越来越多的外来务工人员加入公益组织，带动大家定期去辖区内的敬老院看望老人，帮助打扫房间卫生；经常去社区清扫垃圾，帮助创建卫生文明城市；去火车站、汽车站等公共场所维持公共秩序。据统计，2016年“新黄岩人”义工协会总共组织大小公益活动93次，共有288名义工参加各类公益活动1300余人次，活动服务时间超过4000小时。这些活动有效展示了“新黄岩人”的良好形象，增进了本地居民与外来务工人员的相互了解。

此外，在文化礼堂自身建设上，做到兼顾双方。文化礼堂的各项服务和各种文化活动，都向当地村民开放。文化礼堂还成立多个志愿者服务组织，开展文明传递、平安建设、文化科技普及和法治教育，为当地村民和“新黄岩人”提供公益文艺演出、电子阅览、图书借阅等服务，同享一片蓝天，共建一个家园，尽可能地照顾本土的“老”黄岩人与外来的“新”黄岩人的共同需求，真正做到“新老”兼顾，不分彼此，融合发展。

4.“内外”齐发，提供发展合力。

“新黄岩人”文化礼堂建设是一项综合性、长期性的系统工程，政府部门支持和社会力量的参与，二者的支持缺一不可。因此，“新黄岩人”文化礼堂建成以后，在政府主导、社会参与、人才队伍培育等方面多措并举，“内引外育”齐下功夫，激发内在运行活力，合力确保文化礼堂服务工作常态化开展和长效化坚持。

在“内”育上，区文广新体局积极争取多方支持，把“新黄岩人”文化礼堂建设纳入黄岩区文化发展总规划中，统筹建设、合力推进。最初，文化礼堂就是在区委宣传部、区文广新体局等部门给予业务指导和相应的资金支持下成立的。截至目前，区总工会、文广新体局、流动人口管理局、民政局、司法局、妇联、文化馆等十几个政府部门、群众团体前后总计 100 余次给予相关领域的业务指导，并在对口的志愿者文化服务中给予资金补助。

在"外"引上，积极吸引社会力量参与，不断拓宽各种社会力量参与文化礼堂建设的渠道，形成政府投入与社会投入相结合的多渠道、多元化的文化投入格局。完善社会捐赠激励机制。通过表彰冠名、业务培训、减免费用等优惠政策吸引投资方和赞助方，引导各种社会力量以不同形式捐赠或赞助文化礼堂的各种活动。例如，2016 年 1 月举办的"新黄岩人"慈善年夜饭活动，就是由微信群"黄岩 K 商家联盟"发起赞助。此外，文化礼堂还整合民间力量资源，民间文化机构帮助承办各种活动、提供咨询等工作。

(三)主要成效

"新黄岩人"文化礼堂创建的运行模式，场地因地制宜，形式不拘一格。创造性地开展服务外来务工人员工作，充分利用社会资源，形成富有特色、可复制推广的创建模式，起到了很好的示范引领作用。在运行机制的创新方面，"新黄岩人"文化礼堂建设一直以来由区委宣传部、区文广新体局、区总工会等十几家单位共同协作，确立了"合力培育、共同扶持"的工作原则。多家单位明确分工，建立沟通机制，定期调研，指导促进"新黄岩人"文化礼堂发展。

"新黄岩人"文化礼堂建设，为外来务工人员提供了学习教育、休闲娱乐、体育健身的场所，凸显了对外来务工人员的人文关怀，丰富了外来务工人员的精神文化生活；体现了黄岩"精致和谐、大气开放"的城市精神，体现了"新""老"黄岩人逐步同城同待遇的目标追求，促进了外来务工人员更好地融入黄岩，增进了外来务工人员对第二故乡的归属感和认同感。

第五章

管理范：文化符号的适切性

管理范式基于实践模式的科学概括与判断，源于创新思维。创新思维是文化礼堂管理创新成为范式的灵魂和先导。浙江省委办公厅、省政府办公厅《关于推进农村文化礼堂建设的意见》《农村文化礼堂建设标准》，浙江省委宣传部、省农村文化礼堂建设工作领导小组办公室《关于印发浙江省农村文化礼堂星级管理办法(试行)的通知》和浙江省农村文化礼堂建设工作领导小组办公室《关于做好 2017 年五星级农村文化礼堂评定工作的通知》，都成为农村文化礼堂管理规范的指导性文件。

2017 年度浙江省验收合格的 219 个五星级农村文化礼堂，台州共有 31 家上榜，总数在浙江省 11 个地市中排名第一。台州文化礼堂的管理逐渐形成范式、形成一种文化符号，其中以"文化礼堂理事会制"为代表，成为浙江省农村文化礼堂的标准配置，被文化和旅游部发文全国推广；"乡村大使"被评为"全国基层理论宣讲先进集体"；在实践中概括出一种行之有效的文化礼堂"五Z管理模式"，成为浙江省创新课题，显示出其与实践活动的适切性。同时，"理事会轮值联盟""乡贤驻堂制""俱乐部制""总干事负责制""志愿者结对制"等都花开灿烂。

第一节　理论引导

美国学者英格尔斯在《人的现代化》一书中论述道:"那些先进的制度要取得成功,取得预期效果必须依赖运用他们的人的现代人格、现代品质。""如果一个国家的人民缺乏一种能赋予这些制度以真实生命力的广泛的现代心理基础,如果执行和运用这些制度的人自身还没有从心理、思想、态度和行为方式上都经历一个向现代化的转变,失败和畸形发展的悲惨结局是不可避免的。"①由此可见,要做好社会主义新农村建设,乡村振兴,关键在人。现代化过程,归根结底是人的现代化,所以要让农业经营有效益,让农业成为朝阳产业,让农民成为体面的职业。无论是生产经营型,还是专业技能型,抑或是社会服务型,这些新型职业农民都需要培养,靠教育、宣传、熏陶,"不仅要提高其适应时代发展所需的素养,更要增强其现代文明意识和文化观念"②。在新时期,这些都将主要落在文化礼堂建设上。

文化礼堂建设任重道远,依靠党和政府,依靠农民的群策群力,借力管理体制的改变,实现快速发展。过去政府中心主义,政府为单一行为主体的管理体制,以纵向层级制原则,形成"强政府—强行政—弱社会"乡村治理格局,政府垄断和标准化供给,刚性供给,过程控制,政策及理论引导未能转化为内化行动。现在逐步向以政府为核心的多元行为主体,形成权力多中心分配格局,"分级治理与合作注重协作、开放、创新、融合、效率与效能相统一"③,形成"强政府—弱行政—强治理"现代政府要求,"强政府—强社会"是符合乡村治理的应然路径。在当下,"强社会"则应在公共社会发育和公共领域成长方面实现

---

① 英格尔斯:《人的现代化》,殷陆军译,四川人民出版社1985年版,第163页。

② 兰惠双:《中国共产党新农村文化建设理论及实践研究》,东北师范大学2015年硕士论文。

③ 刘晓静:《范式重构:西方公共行政学的学科衍化与创新探析》,《领导科学》2018年第1期。

突破。作为顶层设计的"乡政村治"形成治理实践框架，在日渐充实和丰满的过程中，党的政策与思想逐步内化为农民的自觉行动。政府这种管理体制的转向，带来乡村治理模式的改变，文化礼堂的管理也就进入了一个后乡土时期的重构。

文化礼堂空间系统由诸多要素构成，已和国外社区营造形式接近，作为一种政府主导，集体性、共同性的创造，包括了思想、理念、知识、信仰、价值观、生活方式、思维方式、公共礼仪和社会结构层面的结构、时间观念、社会角色、空间关系等，诸多因素混杂在一起，表面看是无序的，但本质上是有序的，文化礼堂作为乡村文化空间的建构发挥着自身的作用，显示出乡村内部的功能多样而齐备，既符合省政府有关文化礼堂的建设标准，又基本上自成体系自给自足。各村文化礼堂的建设与发展，是不同村落百姓的生活方式在台州大地上的显现。由文化礼堂建设引发的公共管理的发展，应以扁平化管埋制为主要特点，强调效率、效能结合的管理机制，要求更广泛的公民主动参与其中并契合当下基层文化发展的特征，以适应现代公共管理演进方向，未来的政府公共管理范式应该呈现出治理主体多元化、多中心和治理结构扁平化、网络化的特征。

把民间资源整合起来，调动民间力量的积极性和主动性，把政府主导的文化礼堂管理逐步向民间力量过渡，实现自我管理自我发展的长效管理模式。

一、理念创新

文化礼堂建设创新理念应更依赖于发挥组织文化的功能，特别是政策、理想、信念、价值观、目标等方面的决定力，在实现科学管理的同时努力实行文化管理。习近平总书记多次强调"创新是引领发展的第一动力"。以理念创新为基础，提升管理创新的动力和管理效能，从而实现可持续性。

(一) 服务大众的理念确立

《中华人民共和国公共文化服务保障法》第三条："公共文化服务应当坚持社会主义先进文化前进方向，坚持以人民为中心，坚持以社会主义核心价值观为引领;应当按照'百花齐放、百家争鸣'的方针,支持优秀公共文化产品的创作生产,丰富公共文化服务内容。"服务是文化礼堂发展的灵魂,坚持内容为魂的理念,提高服务质量是文化礼堂发展的关键。在文化礼堂建设前,西方宗教大举入侵,民间信仰出现危机,信息传播快速,文化产品形式趋同,农民参与文化活动的程度低,这给农村基层公共文化发展造成明显的反向作用;在另一个意义上来说,这实际上在倒闭农村公共文化服务的转型升级。在新农村建设纲领下,文化发展生态环境发生了巨大变化,农民不仅需要品类丰富、质量上乘的文化艺术,更需要能满足需求的高等级文艺活动,政府和文化礼堂提供的文化服务质量越来越被农民所重视,影响农民的满意度评价,文化服务质量既包括优质的服务内容,也包括服务方式、水平和品质等。优质服务是基层公共文化服务取得成效的最大保障,也成为赢得农民支持、巩固农村文化市场的有效武器。政府所推动的都要真正基于"以农民为中心"的理念,文化礼堂建设更要关注农民需求和体验,服务至上,关注转型期社会变革所带来的思想复杂性,切实响应农民基本文化需求,持续提供优质服务,以更接地气的服务超越农民期望。

(二) 推行精细化管理

精细化管理是文化礼堂所有工作环节依靠精细化思想和作风并贯穿其中的一种全面管理模式,这种全新的基层公共文化服务管理模式必须将精细化管理工作引向日常文化活动的深入开展上,向工作态度、工作方式、道德素质、集体意识等深层次方面发展。为此有以下四个层面需要把握。

1.关注细节从"小事"做起,以小见大。要有满腔的热情、爱岗敬业、严谨实诚,把文化礼堂管理好的目标升为为党为民工作的责任心,并付诸日常文化与工作实践,学习"笨鸟先飞"的精神,心细胆大,积极肯干,以异于常人的热情,付出最大努力,取得骄人的成绩。从小事做起,在确定大的工作格局下关注工作细节。让众多细节组成管理工作的生命,在追求实效的当下,文化礼堂的任何事情做起来都必须坚持质量为先,把每一个琐碎工作的细节落到实处,高质量地完成工作。

2.言出令行，加强执行。执行力是在既定的战略和目标的前提下，集中可利用的资源进行综合协调，制订战略性的可行性计划，并通过切实可行的措施去执行，从而实现终极目标、达成愿景的一种组织力量。执行力是工作出成果的最大保证之一，从文化角度看这是一种执行文化。精细化管理注重管理上的缜密，强调执行上的严格，以严谨的操作方法和流程流布于文化礼堂的管理细节上。把复杂的事情想透，把简单的事情做对，既可以复杂问题简单化，也可以简单问题复杂化，解决好"知行合一"。要想文化礼堂建设成功，就要在平凡中做出不平凡的坚持，最终达成愿景，能在自己的平凡岗位上坚守自己的职责，做出不凡的工作业绩。当你选择了坚持做平凡的事，并且能够做好一件平凡简单的事情，也就拥有了成功，也就是不平凡。

3.量化执行力，注重结果。执行力是一个变量，同样的理事会制度在不同的文化礼堂显示出不同的结果，也就有了星级评比的最终结果。执行力会因人应时而变化，考察执行力，管理者往往喜欢将工作内容及制度量化，而我们的理解为既要重视工作管理的量化考核，使工作内容逐步趋向量度执行，也要考察变量因素带来管理上的复杂性，让考核涵盖工作全过程显得更具科学性，以期达到更好的可总结的效果。执行力量化的核心指标是执行率，是指完成工作任务的效率，就是执行者要按照政策、法令、规定、计划等去做，按照一定的标准和比率计算，做到过程和内容细节量化。文化礼堂管理者在安排文化活动时，通常考察过程和结果，以指标的形式量化执行力。

4.激发热情，全民参与。"精细化"是一种上下一心追求极致的大众思维模式。一方面，在多层级、扁平化管理趋势下，管理者要有精细化意识，并推行精细意识；另一方面，培养教育管理员接受、实现精细化。"精细化"落实在文化行动上，就是文化礼堂的全员参与性质，它是在政策压力之下所找到的出路——群体化，"活动大家一起搞""方法大家一起出"。以群众为主体方式激发农民的主观能动性，是实现"全员参与文化活动"的最佳途径。如果做到全员参与,基层公共文化服务才能逐步优化,农村的文化高地才会形成。

(三)培养创新意识

创新意识包括创新动机、创新兴趣、创新情感和创新意志。要树立"问题导向、生产力导向、需求导向"的创新导向,充分发挥农民自身的积极性和创新精神,让文化礼堂围绕农民想到的和能做到的活动,营造一种"家"的温馨,要创设活动平台,提供农民所没有想到的创新举措,织造出一种新鲜感,让他们乐此不疲,在不断创造中固化农民的创造意志。

二、制度创新

制度具有鲜明的激励性、导向性。要实现文化礼堂可持续发展,必须严格执行《浙江省农村文化礼堂管理实施办法(试行)》,制定市、县、乡镇、村四级分级负责,覆盖组织管理、活动开展、设施维护、安全管理等方面的各项管理制度,做到有章可循。以制度创新为核心,建立高效管理机制,制度创新是加强管理、激发创造活力、提高效能的保证。

(一)创新管理制度

当下文化发展的基本特征,就是已由文化供给高速增长阶段转向文化高质量发展阶段。高质量发展应该是适应村民需求、引导需求并提升需求的发展。根据文化礼堂发展需要,在追求文化品类丰富多彩外,还要"把思维创新、组织创新、活动创新、结构创新等制度化、规范化,以体现前瞻性的制度体系引导所有创新活动"①。为村民提供文化活动展示平台,也为优秀文化人才提供施展才华、超越自我的舞台。推进"建、管、用、育"一体化建设,以管理创新促进礼堂的使用,提升效能,健全创新制度,明确创新任务,突出创新重点。成功创设"文化礼堂理事会制",成为文化礼堂的标准配置,实现全覆盖。村民参与式管理文化礼堂理事会制是一种民主决策机制,它探索出村民自主管理文化

---

① 朱正祥:《新形势下企业管理创新的主要途径》,《合作经济与科技》2013 年第 7 期。

礼堂的新模式,基层文化阵地建立法人治理结构,引入社会力量助推农村文化礼堂建设。《文化报》第 105 期简报以题为《浙江台州推广农村文化礼堂创新基层公共文化综合体服务》推广"文化礼堂理事会制":"以农村文化礼堂理事会负责制为代表的基层公共文化综合体法人治理制度在浙江台州基层迅速推开,提升了基层公共文化综合体的服务效能,受到群众欢迎。"健全绩效管理制度,引进第三方专业评价机构,评价考核效率、效能和绩效。健全绩效激励约束机制。

(二)创新决策机制

建立以农村文化礼堂理事会制为核心的村民参与式管理制度,形成基层文化发展民主决策机制,综合其他关联制度,对文化礼堂的人、财、物进行合理配置,对文化活动做出合理安排。做到制度上墙、活动有计划、群体有组织、台账有记录、场地有管理。建立健全民主管理制度,充分发挥群众自我组织自我管理能力,既体现村两委的思维高度,又体现理事会的核心作用,集合村民智慧,让乡村成为推动文化礼堂发展的主体,从而形成乡村文化发展的有形成果。尝试将"民主恳谈"引进农村文化礼堂的管理。村干部与群众开展面对面的对话与交流,公开礼堂事务,商量礼堂发展重大事项,让群众直接讨论、决策文化礼堂发展,这是一种文化礼堂民主管理的新形式。

(三)创新活动机制

首先建立全面的指导制度,明确县市区,乡镇(街道)各部门的责任,按照考核办法对村级文化礼堂的日常运行和活动开展情况进行全方位的指导和评价,鼓励市、县有关部门派出农村文化礼堂建设指导员,并要求各地农村指导员、科技特派员兼任农村文化礼堂建设指导员,联系文化资源,提供文化服务。其次是根据实际需要,招募一名或若干名文化大使(活动组织员)长期驻堂,宣讲理论政策,传播乡风文明,指导文化工作。开设文化礼堂"文化大使工作室""乡村大师""乡村名嘴"等,积极组织建立排舞队、民俗活动队等各地富有地方特色的文艺团队,开展各类文化活动。制定相关管理制度,如"文化大使"驻堂制度、文化活动管理制度、公益讲座制度、财务管理制度等。

三、机制创新

农村文化礼堂建设能发挥教育教化、弘扬传统、鼓励参与、凝聚民心、为民办事、发扬民主的诸多功能，持之以恒的创新行动，能助推乡村管理和文化发展跨入新境界，台州的五年多实践已经形成，如"文化礼堂理事会制""文化礼堂五Z管理模式""星级管理制"等具有鲜明特色的管理制度，以机制创新重点，增强文化礼堂发展软实力。

（一）加强文化建设

大力弘扬"艰苦创业、奋发图强、无私奉献、开拓创新"大陈岛垦荒精神，培育敢于开拓创新、无私奉献的品质，保持更加奋发有为的精神状态，引导村两委、理事会等凝心聚力向发展愿景前进。弘扬"和合文化"，加快和合圣地建设。以大陈岛垦荒精神与和合文化为基础，深入总结文化礼堂建设经验，建设体现有为、高效、普惠、创新内涵的礼堂文化体系，为文化礼堂的发展提供坚实的文化基础，为文化礼堂的长效机制建立贡献力量。加强文化服务特色化建设，树立品牌意识，将创建特色服务品牌纳入工作管理，创新机制。这可从内、外两方面着手，对内而言，深化管理规范，提高管理效能是重中之重，不断组织基层文化管理员、村干部培训，提升管理者服务意识，同时加强制度建设，将服务内容和标准制度化。对外而言，优化服务，为村民提供充足的活动空间，提高文化供给的数量，提升服务质量，满足村民需求，展示务实、开放、惠民、亲民的形象。开展丰富多彩、喜闻乐见的文化娱乐活动、政策宣传活动、主题教育实践及婚丧孝德等文化活动，让农民融在其中、乐在其中，转而成为基层公共文化的积极参与者，真正实现"内化于心、固化于制、外化于行"。

（二）强化柔性管理

柔性管理从本质上说是"以人为中心"的一种对"稳定和变化"进行管理的新方略。相对于依靠组织职权进行的程式化刚性管理而言，柔性管理以"人性化"为标志,根据"组织共同价值观和文化、精神氛围进行的人格化管理"①。柔性管理注重管理者"体贴入微"、平等和尊重,运用理事会民主议事的优势,推动村两委和关键乡贤的主动、卓识、远见在文化礼堂建设中的运用,加速文化礼堂的发展。发挥基层公共文化服务平台的优势,在文化礼堂开辟党建空间,充分发挥党的农村工作政策优势,学、悟、导,形成一致的行动方略,让文化礼堂成为集党建、文化活动、养老、社区服务等为一体的综合性平台,让所有群众能够体会党和政府的人文关怀,发挥基层党组织的桥梁纽带作用,体会文化发展的"温度感",在后"中国最具幸福感城市"年代里,持续不断地提高农民幸福指数,将具有刚性的制度化管理转化成文化礼堂建设者、管理者和村民的自觉行动,以柔性管理激发村民参与文化活动的主动性,让台州人潜在的创新精神在文化礼堂中勃发,实现乡村和谐、社区和合、家庭和美。

四、流程再造

再造管理流程要突出管理制度的落地与实行,突出绩效,培育文化氛围,深入推进文化礼堂星级管理体系建设,搭建"建好、管好、用好"的管理平台,逐步优化内部控制,实现文化礼堂管理的流程再造,提升管理效率。

1.活动流程再造。把工作任务重新组合到首尾一贯的礼堂工作流程中去,形成一个系统化机制。台州市明确市、县、镇、村四级部门职能界限,建立以文化活动流程优化为导向的管理体系,制定与流程改进方案相配套的组织架构、资源配置和文化活动内容及规范等方面的改进计划,形成系统的文化礼堂再造方案。

2.推进流程信息化建设。在文化礼堂管理中,无论是其外部环境变化,还是其内部管理需求,都要求流程管理得到一定程度的优化,由此需确保文化礼堂整体工作效能的提升,并能最大限度地实现文化礼堂的社会效益。而管理流程逐步优化与信息化建设相结合同步进行,不仅使管理流程更加科学化,而

---

① 许炎:《柔性管理:"暖心"更"治心"》,《解放军报》2017-08-17。

且还进一步保证了文化礼堂的良性发展。信息化规范管理是促进基层组织机构管理现代化的常用方法。投入相应的人力物力,加快推进文化礼堂管理信息化建设,加强文化活动模块化与信息化、文化资源管理、活动统计分析、满意度调查、经费收支管理、考核评价等工作的信息化建设,建立业务流程管理平台,实施"e家工程"长效一体化建设,打造农村文化礼堂新模式。

第二节　实践推进

在文化礼堂建设中,台州市始终以理论文化作为乡村综合形象建设的重要部分,其建设旨在传承文脉、活化乡土文化的同时,为人们提供一个可以传播思想,相互交流、活动的平台。

一、重视文化的融合发展

基层公共文化服务在外部联系上,全国各地农村文化的不断交互融合,互相交融成为主流倾向,传统宗法制之下文化的排他性也在渐渐削弱。在媒体高度发达的当下,任何的理论和实践的创新都会迅速成为其他地区学习的榜样。同时,乡土文化在跨文化语境中会融合发展,一是继承中国传统文化;二是兼容并蓄其他优秀文化。古今中外文化之间在乡村实现互相交流、对话、碰撞、融合,形成一种新的文化。这种文化的融合发展体现了极强的创新性特征。在其内部,立足"多元融合"理念,激发文化礼堂功能活力。诸如:加强"礼堂＋服务""礼堂＋祠堂""礼堂＋旅游""礼堂＋非遗""礼堂＋民风民俗""礼堂＋创新创业""礼堂＋养老"等融合,在融合中焕发新的生命。

1.发掘本土文化独特魅力。通过对乡土文化的重构研究,目的是传承和弘扬台州优秀文化,保护本土文化资源。努力发掘民俗文化、天台山文化、大陈岛垦荒精神的独特魅力及其内涵的人文精神,守护台州文化遗存,留住乡愁。同时,加强对社区文化、人文历史、天台山和合文化的研究。使台州市文化发展"十三五"规划的重大项目落地,并注入更丰富的文化内涵,彰显"浙东风格、台州韵味"的城市文化魅力,让乡土文化为台州社会发展提供强大的文化支撑。

2. 留住乡村印记,延续历史文脉。让美丽乡村更有"灵魂",让居民看得见山,望得见水,记得住乡愁。乡村承载着独特的地方文化,乡村文化是"乡愁"基因的重要载体。

农村仍然保存着历史遗留的地域、民族、习俗、礼仪、节庆、建筑等方面不同的风格。正是这些与城市同化发展形成鲜明对比的财富,才让乡村文化显得弥足珍贵。要挖掘农村文脉,坚持以文化人,把丰富农民精神文化生活作为美丽乡村建设的重要内容,大力完善农村基本公共文化服务,大力培育和传播乡贤文化,大力活跃农村群众文化,以美丽乡村建设扮靓美丽中国。建设特色文化,珍视历史传承,呈现乡土特色,守护文化生态,拒绝同质发展,留住美丽乡愁。

3. 推动乡土文化创造性转化、创新性发展。台州文化化育着台州人生活、规范着台州社会生活,同时为台州人提供了高远的理想。台州文化的瑰宝在于它的文化理想与道德理想,在于它的"和而不同"的思想和它的务实性与"此岸性",在于它的自强不息与"苟日新、日日新、又日新"的精神。

台州有着独特的文化、独特的价值体系、独特而悠久的精神世界,能在独立自主的轨道上实现自我革新和发展。我们要实现乡土文化与现代化的对接,实现乡土文化对"当代科学技术新成就的学习吸纳,实现中华民族传统的道德理想、文化理想与现代民主、法治、文明等理念的对接"[①]。培育和弘扬社会主义核心价值观,在快速发展与转型过程中有效引领与整合多样化的文化思潮,正视全面建成小康社会进程中,乡村文化生态的丰富性、多样性、复杂性,细心调查研究、妥善引领提高,包容倾听、规范管理,保持文化生态的健康、

---

①　洪永森、张兴祥:《"中国梦"的世界意义》,《福建论坛》(人文社会科学版)2017年第4期。

活力与平衡。

4. 以文化引领乡村振兴,文化振兴是乡村振兴的核心与灵魂。

一是重构乡村文化。乡村传统文化有多面性的特性:既保存乡土的纯朴、和谐,也承继乡土的封闭、保守,甚至还掺和着愚昧、低劣。在乡村振兴建设进程中,强化以文化引领乡村振兴,把文化振兴作为乡村振兴的核心与灵魂。以此构建新型乡村文化,显得非常重要而迫切。不能单纯依赖其自然演进,而是既重视自然演进,又深入挖掘乡村优秀传统,取其精华、去其糟粕,让乡村文化融合主流价值观,显示传统与乡土特色、现代发展的融合创新,完成乡土文化重构。在此,要重视乡镇政府的桥梁纽带作用,要强化村两委班子的核心作用,以振兴乡村文化推进乡村文化建设。

二是以乡贤文化引领乡村振兴。建设美丽乡村需要人才支持。其中,乡贤是美丽乡村建设的重要力量,他们对家乡的热情让他们能够持之以恒地为家乡建设倾注力量,他们需要施展才能的舞台,让城乡融合更加和谐。乡贤文化是以乡愁为基因、以乡情为纽带、以乡贤为楷模,是优化社会治理结构的有机组成部分,在历史上发挥过积极的作用,成为乡土优秀文化之一。乡贤文化对实现乡村社会稳定、经济发展、和谐相处发挥着重要作用,能够全面促进乡村振兴。所以要发挥新乡贤的示范引领作用,搭建乡贤文化平台,建立乡贤联系机制,畅通乡贤与乡村信息的互联互通机制,激发乡贤参与乡村振兴和乡村建设的积极性。要重视培育和利用好"乡贤"力量,为乡村文化建设贡献力量。

二、培养乡土文化

一个"土"字,形象地概括了乡村社会的众生相,"土"与"洋"是相对应的,从字的本义上分析,"土"是不会流动的,"洋"是水,会流动的。因为不流动,"生于斯,长于斯,死于斯",土生土长,沾染了一身"土"气。从这样满是泥土味的世界里生长的乡土文化,经历几千年的活化沉积,和老百姓的生活浑融在一起,呈现出多样性的韵味,我们可以深味其中的乡情乡音;也可以这样说,乡土文化是一种历史沉淀下来的能够依靠人的情感所能体会到的文化形态,其中核心之一是乡愁文化,它渗透老百姓日常生活的方方面面,是他们在长期的生产实践中慢慢形成的生产经验、民俗生活、情感体验的表达方式,包括地域、环境、历史、传统工艺、技艺、信仰、礼仪、庙会、服饰、器皿、非遗文化、饮食文化等所有这些呈现在大地、河海、山脉、乡村、院落里的景象,都具有实体承载和厚实的文化内涵,是民俗、风土人情等多种人类情感的载体,"这股文脉在乡间闾巷的乡土文化地标上,乡土文化地标记录着一个姓氏的繁衍脉络,牵连着一个家族的成败兴衰,铭刻着一个村庄的迁徙历史,承载着一个族群的共同记忆"①。留住乡愁、乡土记忆,建设一个山清、水碧、田秀、村洁的新环境,让乡村变得更美丽,和村落建筑、天地风云、山水植物共同组成乡土文化景观,一种既具有视觉冲击,又富有文化底蕴的景观,体现现代性和审美性的高度统一。费孝通在《乡土中国》中说:"从基层看去,中国社会是乡土性的。"②乡土,要有土性,要有乡民参与,要在新形势下得到持续再生发展。

在乡村振兴战略进程中,乡村文化振兴是灵魂与核心。

乡村文化振兴是全面建成小康社会、构建现代化公共文化服务体系、保护乡村历史根脉的迫切需要,它的平台就是文化礼堂。实施乡村振兴战略,要抓住文化内涵的牛鼻子,化文化优势为发展优势,坚持文化传承与创新并举,加速培育乡村文旅产业新业态。要依托其原有文化内涵,合力唤醒乡村沉睡的本土文化资源。让乡土文化回归并为乡村振兴提供动力,让农耕文化的优秀精华成为建构生态文明的指南,让乡村成为生态宜居的家园,成为破题的关键所在。没有乡村文化的繁荣,没有遍布城乡的"文化末梢",全面小康便无从谈起。对于关注文化建设的人们来说,重构乡土文化,实现乡村文化振兴,可谓恰逢其时,非常必要。

受诸多因素的影响,当下城乡文化建设的不平衡性依然是不容忽视的事

---

① 周雷:《在乡土文化中探寻乡村振兴的力量》,《光明日报》2018-03-27。

② 费孝通:《乡土中国》,人民出版社 2012 年版。转引自黄爱教:《新乡贤助推乡村振兴的政策空间、阻碍因素及对策》,《理论月刊》2019 年第 1 期。

实。乡村文化建设也存在许多不尽如人意的地方：

一是农村空心化现象使得乡村文化建设陷入两难境地。留守群体的文化素质低得出乎人的意料，文化建设也成为一个非常挠头的事情。留守儿童遭遇逆乡土性的乡村教育，使他们对乡土的情感处于真空状态，随着年龄的增长，少数学习努力或家长境况改善后的儿童离开家乡，外出学习，就不再回来，当然在一些传统节日这些人会回家。但乡愁已经远离他们，乡村将成为离他们遥远的地方。

二是物欲横流下的文化衰落。急功近利的消费社会衍生了诸多不良风气，存在过分追求物质而忽略文化修养现象，快餐式消费的文化结构中，让社会处于一种集体浮躁中，缺少让一个有钱人读书、让读书人有钱的环境和氛围。因此农村文化建设工作中存在着短视现象，立竿见影的体育及娱乐活动快速兴起，优秀文化和道德建设更多地处于一种完成工作层面的应付状态，没有深入其内涵和实效，二者发展是不平衡的，这构成了当下农村文化礼堂发展的一个短板。而肩负着乡村文化发展重任之一的民间社团，其发展也不尽如人意，面临执着追求与负重前行并存的现状。

三是粗线条历史的遗憾。我们所看到的历史都是粗线条的，对于关乎人们生活的微观世界很少记录。微观世界、真实世界、关乎人类切身利益的世界等小历史(乡村记忆、乡愁等)很少成为文化的重点，让这种文化传承下去，就应该是我们的主题。譬如传统文化、民风民俗、乡村史志等。

四是后喻文化的时代冲击。到了信息时代，特别是 AI 智能化时代，老去的一代正在努力适应人工智能化，但很多老人已经无法融入，相对于年轻一代，AI 带给他们无与伦比的生活快感，他们的生活已经被信息与智能绑架。在此语境下，文化的传承不再是上下传承关系，而是变成下上关系。也就是说，是后代向前代传承很多信息化的手段和经验，譬如移动支付、AI 等。今天我们的乡村振兴已经迈进后喻文化时代，在这样的背景下，要着重培养年轻人，组建年轻态"一懂两爱"的干部队伍，让年轻一代带动老一辈适应新农村建设的崭新局面,这是要马上解决的。现在如果还认为光是依靠老一辈的经验积累就可以完成历史赋予我们的重任,显得不符合时宜。

五是文化人才的集聚和使用正在路上。文化专业人才、文化干部、志愿者、新乡贤等如何集聚和高效能运转,目前处于探索阶段。

乡村文化振兴是一项系统工程,涉及文化、民俗、人才、文物与非遗等多个领域,乡村文化振兴作为乡村振兴的必然要求。文化礼堂设置,雷同化现象普遍,"建、管、用、育"一体化长效机制还未建立。新的文化设施投入后,就有可能陷入新一轮的闲置与浪费。需要有一个整体的规划,如何对乡村文化进行重构,是当下急需破题的关键。研究"乡村振兴战略背景下乡村文化的重构"也就成为时代发展赋予地方文化研究者光荣的任务。

三、重视成果体现

建:创新为源,文化礼堂成果丰硕。管:服务为先,坚强后盾多方保障。用:文化为魂,精神家园价值显现。育:活动为媒,礼堂文化"一村一品"。

在文化礼堂建设得如火如荼之际,理论引导,高效管理就显得尤为必要。文化礼堂理事会制、文化礼堂"五 Z 管理模式"、"星级文化礼堂"动态评估管理办法等应运而生,成为基层公共文化管理的特色经验,避免文化礼堂出现"门不常开、人不常见、房内灰尘盖设备"的现象,让文化礼堂"活"起来。文化礼堂的高效管理围绕农民这个主体进行,它充分激发农民的积极性和主动性。"农村文化作为整个社会文化的组成部分,是以农村的经济生产方式为基础,农民作为主体在乡村地区产生的文化,是农民的世界观、价值观、生活方式等的反映。"[1]从发展眼光看,文化礼堂的可持续发展,既体现在文化礼堂建设上,也体现在对文化礼堂的管理上。台州各地根据自身发展状况,提出适合地方经济社会发展的理论和策略,积极摸索新的管理模式。其中较有代表性且已经形成完整体系的,除上述的三大管理机制外,还有多种可圈可点的实践经

---

① 刘豪兴:《农村社会学》,中国人民大学出版社 2004 年版,第282页。

验,如椒江区"区域联盟"机制和"农村文化礼堂星级制"、临海市"市镇村三级联补"和"农村献文艺"、温岭市"农村文化礼堂规范化运行考核"、天台县"天天大舞台"等,这些成功的做法正在局部形成运行和管理机制。"区域联盟"机制不是纯粹的管理模式,更倾向于活动正常开展的保障;"市镇村三级联补"主要是资金保障机制、"农村献文艺"是活动开展的序列方法;"天天大舞台"是文化礼堂高效运转的特色与亮点;"农村文化礼堂星级制""农村文化礼堂规范化运行考核"是考核制度。但这些未形成系统性的管理模式,可以作为"建、管、用、育"一体化推进总策略的互补,揭示一种新的农村公共文化服务扩展的深度、广度及其复杂性。

推行以理事会制为标配的多层级高效管理,例如黄岩区的"星级动态管理制度",温岭市的"星级管理制度",椒江区的"区域联盟制",玉环市的构筑市、乡、村三级"传统文化联盟",仙居县的文化礼堂文艺资源五级联动。

开展形式多样、内容丰富多彩的活动,有天台县的"天天大舞台"、临海市的"美丽非遗"行动、黄岩区的"新黄岩人"家园、温岭市的"美丽乡村,礼堂夏夜"、椒江的"红色传统"、三门县的"五榜、五节"活动等。

筹措资金,保障礼堂运行的常态化,主要通过村级文化基金众筹、市镇村三级联动、文化礼堂基金、乡贤基金等加以保障。

加快人才集聚与培养,助力文化礼堂建设,通过公益培训、志愿者队伍建设、新乡贤、乡村驻堂大使、"两员"制度实施。

建章立制,推动礼堂建设、运营常态化的保障,制定了村规民约、活动规划制度、财务管理制度、村民议事制度、红白礼仪等制度。

四、重构乡村文化

乡村振兴,文化是灵魂。乡愁文化的重构是乡村文化的有机组成,既要有所传承,让乡亲们记得住乡愁,也要与时俱进,焕发乡村文明新气象。乡村振兴,乡风文明是保障。以社会主义核心价值观为引领,在发展乡村经济、增加农民收入的同时,要弘扬正气、抵制歪风、发挥智慧、丰富内涵,把党的政策方针全面贯彻到乡村,依靠文化礼堂,提升乡村文明软实力。现代礼仪是乡村文明的支撑。重构乡村礼仪,让文明乡风、良好家风、淳朴民风在乡村蔚然成风。

乡村文化的重构,具体包括以下几个方面。

1. 乡村文化理念的重构。重构乡村文化是我们的使命。

以"不忘初心、服务三农"为己任,重视文化发展理念,从决胜全面建成小康社会、科学实施乡村振兴战略、实现农业农村现代化的思想高度出发,要在党的制度框架下充分发挥乡村自治组织的作用,村村订立村规民约,成立文化礼堂理事会制、红白理事会、新乡贤理事会、村民议事会等群众自治组织。因为乡村文化振兴要靠制度的保障。

加强对农民乡村文化意识和从业能力的培训和教育,切实以乡村本位为出发点,通过增强农民的主体性,提升农民的主体能力来驱动乡村文化的进一步整合。

2. 乡村文化载体长效机制的重构。文化礼堂建设是乡村文化的载体。

农村文化礼堂建设是乡村文化振兴最重要的载体,让农民在"身有所栖"后"心有所寄"。目前文化礼堂已经集老年日间照料中心、文化广场、文化大讲堂、文化长廊、农家书屋、文艺宣传队和志愿服务队等"八位一体",注重价值引领,丰富农民群众精神世界,提升整体效用,建立"建、管、用、育"一体化长效机制,形成工作合力,实现各类资源统筹整合利用。在乡村振兴战略背景下不断丰富和创新形式,组织群众喜闻乐见的文化活动。推进社区文化建设,着力培育文明乡风、良好家风、淳朴民风,让乡村文化真正"活"起来,构建乡村文化话语体系。

3. 新乡贤文化的重构。乡贤是乡土文化的精灵。

把乡贤文化建设作为新农村建设的抓手,现代乡贤主要由社会贤达、创业成功人士、优秀教育工作者、传统世家名人等,让这些人成为政府决策的参谋、乡村干部的帮手、百姓眼中的能人。在乡村振兴中,一方面通过发挥乡贤文化的凝聚和引发作用,把本村的人和资源组织起来;另一方面,把外来乡贤的智力、信息、资本等要素聚集起来,反哺家乡,回报桑梓,为农村发展注入能量。发挥德治引领作用,弘扬文明风尚。发挥法治保障作用,维护公平正义。提升自治能力水平,激发村级活力,构建乡村生活共同体。

借助于乡贤会,建设乡贤文化。尊重本土文化的地域性、人本性和现实性,起到了较好的教化乡里、涵育乡风文明的重要作用。

4. 文化乡愁的重构。乡愁能重新认识乡土的价值。

文化自信,首先是中华优秀传统文化自信。传统文化自信离不开在当代社会的成功重构。传统文化重构不是要抛弃传统文化,而是要通过对传统文化的再加工再创造,促进传统文化结构重组和功能创新,实现创新性继承和适应性发展,这是更好地传承和弘扬中华优秀传统文化的基石,是人们对传统文化产生自信的根本。乡愁是一种文化现象,表征着一种历史情愫,更寄寓一种文化表达。一是挖掘整理乡村文化中优秀的家训、家风、家教,那是乡村中文化的精华。二是文化礼堂中设立乡村特色文化展览馆,用实物、视频和图文将建筑、村史、民俗等散落在民间碎片化的乡村文化串联起来,留住乡村记忆。三是修志书,做好村志、村史和族谱(家谱)等修撰工作。四是加大传统村落民居、历史文化名村名镇和非遗项目保护力度,制订保护发展规划,不断推进美丽乡村建设,注重保存乡村发展精神标志、文化烙印和思想传承。实施历史文化展示工程,系统梳理农村文化资源,让民间艺术、传统技艺、民风民俗、文化遗迹等沉睡的乡村文化资源通过挖掘、整理、展示等,让这些文化重新焕发生命力。提升乡村振兴的内在品质和文化气质,让这些资源成为村民们永远守望的精神家园。

5. 乡土教育的重构。乡村教育能促进其可持续发展。

乡村急需的就是现代教育支撑,没有良好的教育就没有良好的素质。优质教育资源逐渐向城区集聚,农村教育非常值得重新思考,优秀小孩大多数都到城镇去读书了,失去乡土教育的思想再造,造成教育的逆乡土性,所以重构乡土教育推进城乡一体均衡教育就显得非常必要。为此应做到以下几个方面：一是激活社会、家庭、社区三位一体的联动效应，重建文化情境，引领乡土教育的重构。二是村民自治：国家与农民关系的再建构。三是借助教育信息化让乡村学校真受益。四是"聚焦学校发展(乡村教育)内生力建设、学校课程建设、学生校园生活建设三大关键领域开展行动研究，以促进其可持续发展"①。

文化礼堂建设思想先行，从"增量"到"提质"，以乡土文化打造和传播乡村形象为中心，使文化礼堂成为农村精神文明建设与文化传承的新载体、新平台，所以建构乡村文化承载体系的同时，乡村文化也能够自我更新，自我充实，自我完善，实现乡村文明的快速发展，形塑台州山、水、田、村、城融为一体的田园式乡村。

第三节　创新模式

对应文化礼堂模式创新，应该从无到有、从有到优、重新定义、重新组合，如果上述四种模式组合形成一体、形成合力，将成为最佳的创新模式。在模式创新过程中，路桥区文化礼堂在实践中概括提炼的"五 Z 管理模式"，黄岩区文化礼堂"理事会制"成为模式创新的典范。其中文化礼堂"五 Z 管理模式"获浙江省公共文化服务体系制度设计研究课题立项，文化礼堂"理事会制"成为浙江省文化礼堂的标配，在全国得到推广。

一、路桥区："五 Z 模式"

(一)政府主导，协和组织

文化礼堂"五 Z (政府主导、众筹基金、众创空间、志愿者服务、资本采购)管理模式"，其理论体系由路桥区提出，在县市一级实施的农村文化礼堂系统

---

① 杨朝晖：《面向未来：农村学校的困境与突围》，《中小学管理》2019 年第 2 期。

管理模式,并进行成功的实践探索后,形成系统的理论体系,在全国范围内具有创新意义。

文化繁荣发展必须坚持以政府为主导。政府作为文化发展的主体与主导力量,通过制定相关政策措施与发展战略,实施资金扶持等政策措施,加快公共文化服务推进,促使文化高速发展。相比于市场主导型模式,这一模式有明显的目的性和战略性特征。长期以来,台州的文化发展关键靠政府主导。政府主导、社会参与是台州市文化发展的最大特色,也突出了政府和社会在文化发展中的位置。实践证明,没有政府主导,文化发展工作就可能是"一盘散沙"。特别是台州在创建国家公共文化服务体系示范区过程中,经过各方的共同努力,逐渐形成了"政府主导有力、社会参与踊跃、发展活力倍增、人民群众满意"的良好局面,公共文化服务社会化成为创建工作的亮点和特色。实现公共文化服务的惠民性,推进公共文化活动的多样性,拓展公共文化主体的多元性,提升公共文化网络的立体性,使公共文化服务满足不同群体、不同层次和不同区域民众的不同需求。

文化繁荣发展需要社会力量广泛参与。社会力量参与文化建设是激发全社会文化创造活力、推动文化繁荣发展的重要途径。在台州,参与文化建设的社会力量包括国有企业、民营企业、事业单位、社会团体、非营利机构、社区组织、公民个人等。他们积极参与,逐步成为文化建设的重要力量,发展态势令人欣喜。民办教育、民营剧团、公私合营书城、民办博物馆、百分一文化计划等引领时代潮流,台州民办文化不断创造出特色、亮色,多项创新实践成为全国样本。社会力量既解决文化建设的资金问题,又可以突破一些体制机制的约束,使文化市场充满活力,文化产品更加丰富多彩。

积极推进公共文化社会化建设,使公共文化社会化建设畅通体制内部门之间、政府与市场之间、官与民之间沟通和交流渠道,成为创建国家公共文化服务体系示范区的特色和亮点。

(二)众筹模式,创新保障

2015 年,台州市路桥区为解决文化礼堂运行资金匮乏的状况,尝试一种全新运营模式的探索。在下梁村成立了村级文化基金会,通过广泛宣传,向村民、企业、民间团体和政府筹资,实施文化礼堂"一元捐"基金众筹,一元起捐,共募集 8.92 万元。在此基础上,开展丰富多彩的文化活动,在活动广场设立募捐箱,继续自由捐,到 2016 年 3 月,基金规模已超过 11.5 万元。

筹集的基金交由文化礼堂理事会专款专用,作为农村文化活动的专项资金,用于文化礼堂活动开展、设施建设、人才扶持等方面。

1. 村级文化基金众筹有五大创新点。

(1)变商业模式为公共文化服务模式。利用台州民资丰厚的特点,把当前流行的融资众筹模式,创造性地引到文化礼堂的资金筹集使用上,变商业模式为公共文化服务模式,筹集的资金交给理事会专款专用,形成共建共享的格局。

(2)凸显基层党组织的作用。金清镇下梁村共有 9 个党支部,遍及驻村企业。在众筹宣传发动阶段,依靠 9 个基层党支部,进行广泛宣传,发动所在支部党员积极参与,最后使众筹模式达至民意认同,完成募捐。下梁村村级文化资金众筹模式的成功实施,离不开党组织的领导示范作用,是基层党组织参与农村文化礼堂管理并发挥关键作用的典范。

(3)引入现代管理制度,推进基层民主协商机制的完善。引入现代管理制度后,使得村文化礼堂每晚开门迎客,周周有活动,常年活跃着三支文化活动队伍,有效地提升了服务效能,推动农村文化礼堂的可持续发展。基金的管理和礼堂的后续运营,使得理事会、基金会、村两委、企业党组织等成为紧密合作的伙伴,有想法就提,大家来讨论,共同决策、欢迎参与,这种基层协商民主的模式在众筹模式实施中得到较为充分的体现,下梁村的创新还将基层的协商民主在农村文化建设中推向一个新的高度,这无疑是现代乡村治理的一个成功案例。

(4)村民的主人翁意识得到加强。一元钱虽少,但让村民转变了角色意

101

识,人人捐钱、人人有份、人人参与,共建共享。通过众筹,大大提高了村民文化活动参与意识,从政府服务的被动消费者变为文化礼堂的主动参与者,成为文化礼堂的主人,改变了以往政府当主角、群众当观众,"一头热,一头冷"的现象。村民的参与意识与主人翁意识开始全面形成。

(5)年轻人参与机制逐步形成。村级文化基金众筹实施以后,活动越加丰富多彩。随着民俗村活动(外来人口的本土民俗展示)、村民卡拉OK大奖赛、驻村企业厂庆、迎新活动等有序展开,吸引了越来越多的企业和年轻人参与。青年人参与机制开始形成。这一做法不仅缓解了文化礼堂自有资金不足的压力,更突显了群众的主体作用,符合党的十八届五中全会提出的"人人参与、人人尽力、人人享有"的要求,使广大群众在共建共享发展中有更多获得感,增强了群众参与文化建设的积极性和主动性。

2.推广方案。

下梁村农村文化基金众筹模式来自实践,自现有的公开资料考察,该做法属于全国首创。从一年多来的运行效果来看,非常适用于村民收入水平相对较高的村居以筹集文化礼堂的运行资金,切实保障文化活动的常年开展。在现有的模式下,应选择在村企业较为发达的10个村居,以下梁村为模板推广,文广新体局出台指导性文件,重点研究制度设计、众筹基金的管理办法等,由镇、村党政负责实施。在此基础上,深入研究巩固线下众筹经验,拓展资金新的筹集方式,探索众筹基金线上筹集,如支付宝、微信红包等,设立众筹公众微信平台,发布活动预告,吸引广大群众特别是年轻人参与众筹和文化活动。

该做法已入选浙江省职业技术学院培训教材案例。

(三)众创模式,扎根管理

新桥镇金大田村的文化礼堂建设,结合古村落保护和田园式生态公园建设,打造了耕读堂、文化长廊、乡村记忆馆等特色设施,使文化礼堂成为远近闻名的文化地标和村民寄托情感的精神家园。整体统一规划,从发展文化创意角度出发,重点建设花田市集手作区、柴窑田园馆、民宿体验馆、百花园、拓展训练基地等,探索一条礼堂文化与文化产业融合发展之路。

到目前为止,已经陆续进驻东篱陶艺、扶雅书院、如故手作、白纸储物、凤梨砂艺、香草手工皂、三石居、明澈裁缝、花田电影工作室等,集销售、制作、展卖、体验于一体的产品设计、原创设计的艺术家个人工作室,现已着手建设串联花田市集文化生活的柴窑田园艺术馆。

新的管理模式促使一批产业及人才入驻,进一步活跃文化氛围和创业环境。

1. 创新意义。

(1)文化礼堂和文化产业的有机融合。金大田村文化礼堂将培育礼堂文化和发展文化产业进行有机嫁接融合,通过引入文化产业项目,文化礼堂和文化产业达到有机融合。

(2)以创新创业为主旨拓展文化礼堂功能。推进各种设施建设、项目推广、活动开展,不断积聚人气,营造良好的创业氛围,使文化礼堂作为一个良好的平台和载体,进一步发挥作用。产品设计、原创设计的艺术家个人工作室、田园艺术馆等纷纷涌现,文化功能大大拓展。

(3)强化文化礼堂创意服务平台建设,以利用促保护。在金大田村以文化礼堂为核心,建设花田市集文化创意服务平台,立足于传统工艺的传承与保护,不断创新手工艺,加强艺术设计中保护和创新的相互渗透,立足本土原创力量,做好服务,切实填补现有文化创意产业的空缺,切实推动园区和各入驻匠人与工艺的发展。

(4)培育新人,打造未来。具备多方位的文化创意与手工艺田园生活体验的全方位覆盖,不管是对周边群众还是对路桥乃至台州都是不容小觑的一支创新力量。花田市集的手工艺人和手工艺技术都在同业拔尖,虽然是一个年轻的团体,但是发展潜力无限,是台州未来艺术家的摇篮。

2. 推广。

传统技艺较为发达的村居可以以金大田村为模板,引进民间文化创意机构扎根文化礼堂开展各项文化服务。各村文化礼堂可以尝试引进新华书店分店开展农家书屋服务、非遗传承人的传承活动、提供工作室引进文创人员、手工创作、艺术培训等培训活动,逐渐扩展、完善众创模式。

从更为宽阔的眼光看,应当鼓励民间资本进军农村文化礼堂,兴办文化产业。

(四)志愿者管理模式,助推文化繁荣

台州市 116 家文化礼堂,村情各异,文艺人才总体匮乏。发展志愿者服务是解决文化活动单一、效能不高的重要举措。以区文化志愿者联合会为核心,广泛联合大中专院校和社会热心人,成立志愿者队伍,开展文化礼堂结对承包服务。

1.具体做法。

由文化志愿者组队承包 1 个或若干个文化礼堂结对开展文化服务。

(1)完善文化志愿服务体系。

(2)组织社会各界力量广泛参与农村文化志愿者队伍当中。

2.推广。

健全机构、完善制度,实现管理的网格化、规范化。按照"全域志愿"的理念,健全全市文化志愿者联合会的组织机构。

(1)成立文化志愿者协会联盟。

(2)与大中专学生志愿者建立战略合作关系,提升活动的品质。

(3)在文化志愿者队伍建设过程中,应逐步制定并完善各项配套制度。

(4)扶持引导,建立积极的资金制度,实现文化志愿者队伍保障多样化。

(五)资本采购管理模式,社会力量助推文化发展

引入社会力量,加快文化礼堂管理的升级。通过企业与文化"联姻",改革市场规制,促进有效竞争,实现公共服务供给主体多元化,在实践的基础上力争形成具有台州特色和推广价值的长效管理模式。

以区艺术团为基础新组建一家文化公司,对有经济实力的村文化礼堂实施统一招标开展市场化服务,或邀请区内外有实力又热心于公共文化事业的演艺公司加盟,形成多元主体。更重要的是,拓宽文化礼堂管理的途径。

积极鼓励社会力量参与公共文化服务,形成政府、企业、高校、社会组织之间的有机互动,反哺乡村文化礼堂建设,取得成效。

一是资本反哺,打造"产业型"文化礼堂。形成资本与文化的深度融合,在资金、土地、文化设施等方面共融共通,实现"园中有堂,堂中有园"的有机体。

二是政校合作,打造"创意型"文化礼堂。共建文化基地,借助台州本土高校的资源优势,从规划选址、建筑设计、人才培养、活动策划等方面指导文化礼堂建设,力求做到"一村一品""一村一韵"。

三是村企联建,打造"交流型"文化礼堂。选择优强企业与文化礼堂建设村"联姻",开展"文化下乡""文化进车间"双向交流活动,实现资源共享、优势互补、互帮互助。

四是村会共建,打造"参事型"文化礼堂。创新实施"理事会""乡贤参事会"制度,调动文化热心人、企业家、乡村"五老"等体制外人员的积极性。

二、黄岩区:文化礼堂"理事会制"①

2013 年 8 月,浙江省首家文化礼堂理事会在黄岩区院桥镇繁荣村挂牌。首先,作为理事会制度的发源地,主要缘于历史上该村集体企业比较发达,企业生活的传统孕育了村民组织化生活的基因;其次,此前的农民学习会馆会员制开了农村文化组织管理创新之先河,为文化礼堂理事会制度的推出做了必要准备。理事会制度的实行改变了由村两委直接管理文化礼堂的局面,探索出村民自己管理文化礼堂的新模式。在各方合力推动下,理事会制度逐渐成为黄岩区农村文化礼堂的标准配置,实现了全覆盖。

在选举层面,理事会成员经过民主公推直选产生,整合了社会力量,使文化志愿者、乡村大使、社工及其他社会资源和社会力量广泛参与到基层文化礼堂管理和运行之中。在体制层面,理事会设理事长和常务副理事长各一名,常务副理事长由副理事长按季轮值,让百姓参与活动有了比较,而轮值的常务副

---

①　此文根据黄岩区委宣传部提供的材料整理。

理事长有了压力和动力,不断提升文化活动水平。在管理层面,设立乡村大使驻堂制度,理事会招募若干名乡村大使长期驻守在文化礼堂,并在条件成熟的文化礼堂开设"乡村文化大使工作室",发挥乡村大使作为理论政策宣讲员、社情民意收集员、社会舆论引导员、乡风文明传播员和文化活动指导员的作用。在制度层面,订立了一套符合基层实际的管理制度,有理事会章程、工作职责、组织机构、乡村文化大使驻堂制度等。

目前,理事会负责制主要有两种类型:一是群众文化群众办;二是引入社会资本办文化。台州市正积极推广基层公共文化综合体法人治理制度,加大指导、提升力度,充分发挥群众主体和社会参与作用,使文化礼堂真正成为农村公共文化服务的主阵地。

通过设立民办非企业单位的方式,解决文化礼堂的法人身份问题,在浙江省尚属首例。

(一)多种类型、标本模式

根据黄岩区东西部经济差异大,外来人口众多,农业工业商业纵横交错,农村城镇化进程不一的特点,黄岩区在引导农村文化礼堂建立理事会时,鼓励各村结合自身实际探索适应本村文化礼堂发展需要的理事会制度,目前呈现出四种比较成熟的类型。

1.村两委主导型。村两委成员往往在这些文化礼堂的理事会中占据重要位置。即便书记或村委会主任不担任理事长,人选也由村两委决定委任。

2.志愿者主导型。以热心文化公益事业的志愿者作为理事会的骨干。他们多为原籍本村的回乡退休公务人员或文艺活动积极分子。如岭下村文化礼堂是留守妇女当家,她们成了理事会的主体。但也有例外,如新黄岩人文化礼堂主要是为外来人口服务的场所,其执行理事长就是来自安徽的新黄岩人。

3.社会合作型。村和企业及社会各界人士共同主导。如布袋坑村文化礼堂由村两委和旅游公司合作,村主要负责人和旅游公司负责人分别担任理事会的正、副理事长。

4.政府主导型。这往往出现在多村共享的文化礼堂中,它需要政府委派具有威信的理事居中协调。如宁溪镇政府以老区公所作为文化礼堂所在地,以服务周围六个村居为主旨,兼具区域中心礼堂的特质,并聘请了一名老区长作为理事会领导者。

除此之外,繁荣村的文化礼堂理事会制度还实现了以上几种类型的融合,政府、村两委、积极分子、流动人口、周围企业等各方都能在理事会中找到自己的定位并发挥作用。新黄岩人文化礼堂由于兼具服务本地村民的功能,因此吸收了村民代表进入理事会,促进了本地村民和流动人口的融通和谐。而澄江街道的村村合作、乡镇文化员联系制也表现出综合型的特点。这些成为理事会制的标本模式,在浙江省范围内推广。

(二)"四民"原则,孵化民主

1."民选产生"。除了少量委派理事,理事会成员必须通过公推直接选举、公推间接选举或公开招募通过的方式产生。公推直接选举理事经由民众酝酿推荐产生候选人,交由全体村民投票选举产生。公推间接选举理事经由民众酝酿推荐产生候选人,交由村民代表大会选举产生。公开招募理事经由特定领域内的人自愿报名,交由村民代表大会讨论通过(过半数)后产生。

2."民需导向"。理事会讨论文化礼堂发展规划和活动计划时必须充分考虑到老百姓的现实需求。通过调查研究、面对面询问、网络征求意见、来信来电反映等多种途径,深入了解群众精神文化发展中存在的问题及需求所在,策划贴近当地实际、贴近农民需求、贴近主流价值的系列活动,以提升群众文化意识,增强群众文化自觉,提高群众自觉参与、组织活动的积极性。

3."民主决策"。理事会运作时的民主原则,表现在主要议题充分辩论和协商的基础上进行投票表决。理事会要实现健康运行,必须坚持民主集中制原则和必要的程序。一般而言,文化礼堂一般性事务由理事会成员共同商议决定,而重大议题还需交由村民代表大会通过。会议讨论和表决要存有记录。

4."民众监督"。理事会议召开后必须以堂务公开的方式,将重大决策和决议、工作计划和报告、经费收支情况等告知村民,接受监督。理事会决定开展的活动也应接受群众监督和评议,方式包括网上征询、设立意见箱、召开座谈会。此外还设立监事会,作为民众监督的延伸和补充。

以理事会运作为契机涵养村民的理性民主。

(三)理事搭台,多方引资

当前,农村文化礼堂的运作资金主要来自村集体经济、区财政专项资金以及乡镇街道的配套资金。随着活动数量的增加以及活动品质的提升,文化礼堂对资金保障提出了更高要求。而理事会作为村里权威、社会贤达、文化骨干等先进分子的集聚地,掌握着很多的社会资源,这些社会资源可以为文化礼堂创造很多引入社会资金的机会。

1. 借助企业界理事或企业团体理事单位开展堂企合作。理事会主动与周边企业接洽,吸纳其作为团体理事单位。企业作为团体理事可以在文化礼堂布置广告,其员工也可以享受公共文化设施和公共文化服务。作为回报,企业定期或不定期地赞助公益演出,并为礼堂提供更多的活动资金。

2. 通过政府委派理事的联系管道,获得政府对口部门的补助。如新黄岩人文化礼堂理事会吸收了黄岩区流动人口服务管理局、黄岩区司法局、黄岩区慈善总会、黄岩区工会的委派理事,有助于加强其与相关职能部门的联系,并在组织对口文化服务的活动中获得相应的补助。

3. 发动普通理事积极自筹资金。这往往发生在经费比较紧缺的文化礼堂。

4. 以理事会架构强化文化礼堂建设的项目化合作。在社会合作型的文化礼堂中,理事会往往是由村两委和第三方共同主导的。以布袋坑村文化礼堂为例,村两委与旅游开发公司共同主导了该村文化礼堂的建设,实现了旅游资源和文化资源、礼堂场地和公司场地的共享。村里的旅游公司为文化礼堂的开办提供了场地,而文化礼堂的建设又丰富了旅游的项目和内容,有效地实现了双赢,并为文化礼堂的建设和日常运行节省了大量成本。

理事会制开拓了文化礼堂资金筹措的多元渠道。

（四）四个层面,开拓创新

理事会制是在政府指导下,农民自发形成的。在选举层面,理事会成员经过民主公推直选产生,文化志愿者、乡村大使、社工及其他社会资源和社会力量得以广泛参与到基层文化礼堂管理和运行之中,文化礼堂日常管理民主规范,群众主体性鲜明突出。在体制层面,理事会设理事长一名,下设常务副理事长一名,常务副理事长由副理事长按季轮值。按季轮值让百姓参与活动有了比较,而轮值的常务副理事长有了压力,这就让压力变为动力,使得整个文化活动处于合力推进之中。在管理层面,理事会负责招募一名或若干名"乡村大使"长期驻守在文化礼堂,即"乡村大使"驻堂制度,并在条件成熟的文化礼堂开设"乡村文化大使工作室",发挥"乡村大使"作为理论政策宣讲员、社情民意收集员、社会舆论引导员、乡风文明传播员和文化活动指导员作用。在制度层面,订立一套符合基层实际的管理制度,包括理事会章程、理事会工作职责、理事会工作制度、理事会组织机构、乡村文化驻堂制度、理事会工作评价等。

理事会负责制目前主要有两种类型:一类是带有群众文化群众办的自治性质;另一类是引入社会资本办文化。

（五）持续建设,稳步推广

1.顶层设计,科学谋划。

（1）为文化礼堂的理事会制度推广提供多元样本。黄岩文化礼堂根据村里的经济发展状况、人口构成、文化特点,因地制宜,采取了不同的理事会组成方式和运行机制,使理事会制度更具适应性,为浙江省推广理事会制度提供了样本。

（2）为文化礼堂的可持续发展提供组织保障。它有助于厘清村两委和文化礼堂的边界,使得文化礼堂的发展不因村两委的变动而波动。

（3）为文化礼堂的经费保障提供条件。特别是经过法人化治理后,它就有条件接受社会资助,也便于经费管理。

（4）有助于理性民主的发育。文化礼堂越少利益的羁绊,就越有可能推行民主治理的方式,从而为"村民自治"提供一种新的实现方式。

2.稳步推进文化礼堂法人化改造的试点工作。

推动公共文化机构组建理事会是党的十八届三中全会提出的一项重点任务。黄岩区文化礼堂理事会制度的实践,为文化礼堂的法人化改造积累了相当多的经验。但法人化改造仍须遵循循序渐进的原则,可以分三步进行。

第一步,选择若干具有典型意义的文化礼堂进行试点。这些试点单位应满足两个条件:一是能体现不同类型的特色;二是理事会制度运行比较规范。非试点的其他礼堂则积极探索非法人治理结构下的理事会制度的多样实现方式。

第二步,边做边完善,不断总结理事会制度的成功经验。鼓励试点单位大胆创新,经常开展试点单位之间的交流活动,并组织非试点单位进行观摩学习。如果个别非试点文化礼堂条件成熟且又有意愿,可以动态增加试点单位。同时也要总结非试点单位的理事会制度运行的新经验。

第三步,从便民性、利民性和管理水平诸方面全面评估试点工作的成效。如果认为切实可行,则在其他文化礼堂全面推开这项工作。如果效果并无显著优势,不应强制对其他礼堂进行法人化改造。

3.进一步强化村民自主管理权,完善社会参与合作机制。

理事会制度是保障文化礼堂村民自主权、扩大文化礼堂社会参与的制度基础。理事会制度的发展应更多地体现基础民意,并将各种社会力量凝聚在一起,共同做好文化礼堂的建设工作。

(1)要扩大"民选"产生理事会的范围和程度。要逐步扩大直接选举理事的比重。条件成熟的文化礼堂可以逐步尝试理事或理事长直接选举,凸显其作为农村文化治理组织的独立性。理事直选要与村委会选举有所区别和侧重,创制出一种让各方都能接受的方式,以避免扰民和打破原有农村的政治生态,引发礼堂自治和村民自治间的矛盾。

(2)要处理好文化礼堂理事会的外部联系。进一步理顺文化礼堂理事会与政府、村两委、社会贤达、企业和其他社会组织的关系,明确主管关系、指导关系、伙伴关系或者合约关系的权责边界。

(3)要建立文化礼堂理事长联席会。推进文化礼堂法人治理结构规范化建设,促进理事会决策科学化;共建"文化礼堂基金会",要有物质文明助力精神文明、城市反哺农村的整体视野,实现活动资金在不同文化礼堂间的调配;设立区域文化名人库,更好地推动文化资源的共享和文化走亲的开展。

4.继续推进文化礼堂的制度建设。

要围绕可持续发展这一主题,以修订完善文化礼堂章程为核心,从运行机制、保障机制、监督机制和考核机制等入手,进一步制定或完善理事会各项规章制度,为文化礼堂发展保驾护航。

鉴于资金保障问题的普遍性,尤其要出台比较完整的经费管理制度。在经费来源方面,明确政府的建设资金和扶持奖励向欠发达的农村倾斜的规则,明确文化礼堂服务创收的项目和形式,明确村集体经济收入用于文化礼堂建设的细则,明确社会赞助的制度等。在经费的管理和使用上,设立文化礼堂独立账户,来自不同渠道的资金都应划入该账户,实现专款专用,统一管理。在此基础上,赋予理事会对文化礼堂经费的自主支配权,以规避村两委对经费使用的不当干预或挪作他用。同时,还应建立和健全文化礼堂的财会和审计制度。

第四节 花开灿烂,管理机制的多层级化

管理机制多层级化可能更趋向于管理的扁平化。文化管理的多层级不仅是一种时尚,还是一个大的发展趋势。管理机制多层级化作为一种较为新型的基层组织结构,在文化礼堂建设上遇到了极好的成长机遇。它涉及市县乡村内部纵向关系、内部横向关系以及与群众关系的重大调整,这种四级体制结构在基层文化建设中形成新的政府组织形态。

一、玉环市:新村文化融合十条①

为发挥农村文化礼堂在行政村规模调整中的积极作用,玉环市推出"新村文化融合十条",大大提高了群众对新村的认同感。其主要做法有以下几点。

一个原则,增强新村凝聚力。行政村规模调整后,让群众尽快建立起对新村的归属感非常重要。"文化融合十条"以调整后的新村为基础,以文化、文明建设为纽带,通过"礼堂建设、制度建设、队伍建设、内容建设、文明建设"等方面加强新村群众之间,特别是调整前属于不同村落群众之间的文化交流互动,进一步促进新村融合,推动人心融合。

两项保障,提高新村向心力。一是经费保障不减。新村建立后,对一村有两个或两个以上文化礼堂的,除确立一个礼堂为打造重点外,原有的运行经费按照星级评定保持不变。二是人才保障有力。吸收一批有文化、有意愿的退职村干部加入新村文化礼堂理事会,进一步调整优化理事会成员结构。既强化了理事会的管理能力,又能解决部分退职村干部的"出路"问题,达到双赢的目的。

三大抓手,提升新村内生力。一是以新时代文明实践中心建设为抓手。优先将新村纳入"文明村"创建。开展新村"好家风好家训""好邻里"等评选活动。组建党员志愿者队伍。二是以文化活动为抓手。举办"新村融合故事汇",宣传新村的优秀人文事迹和融合先进典型。组织开展"百场纳凉晚会下基层"活动,进一步宣传行政村调整优惠政策和优秀成果。三是以乡村德治为抓手。实施新一轮村规民约修订,引导农民自我管理、自我教育、自我服务、自我提高。推广普及"乡村十礼",培育、展示、宣传新村优良文化传统。

"新村文化融合十条"的推出,明确了在行政村规模调整中农村文化礼堂的定位和作用,通过文化手段有效促进了新村融合,使农村文化礼堂这个行政村规模调整中的最大"变量"成了最大"增量"。同时,"文化融合十条"在政策、

---

① 此文由玉环市委宣传部提供。

活动等多方面为礼堂后续发展指明了方向,有利于农村文化礼堂的长远发展。

二、临海市:"三三"工作法推进农村文化礼堂建设[①]

(一)积极搭建三级管理体系

一是做好总分部管理体系标准建设。制定出台了《关于推进全市农村文化礼堂总部管理体系建设的通知》《临海市农村文化礼堂"云家园"制度概览》《临海市文化礼堂总(分)部建设标准》等规范标准,对文化礼堂总、分部建设提出具体要求。二是做好文化礼堂总、分部体系硬件建设。完成农村文化礼堂总部管理体系硬件设施建设,形成了市文化礼堂总部—镇(街道)文化礼堂分部—村文化礼堂理事会三级管理服务系统,市文化礼堂总部位于新时代文明中心内,19个镇(街道)的文化礼堂分部已全部建成。三是做好文化礼堂总、分部体系软件建设。开发临海礼堂"云家园"App,并在已建成的文化礼堂中推广使用,结合礼堂星级管理考评机制,构建一套文化礼堂实时动态管理考评系统,分部专职管理员和各礼堂管理员都建有专门的工作交流群。

(二)及时壮大三支工作队伍

一是加强管理员队伍建设。在市级建立常委、宣传部部长和分管文化副市长领衔的文化礼堂总部领导小组;乡镇分部由党委宣传部部长负主责,文化站长为业务主管;要求各家礼堂都安排热爱礼堂工作、能熟练应用手机、电脑的人担任专职管理员。二是加强文化员队伍建设。依托文化站专业文化队伍,为基层提供专业指导,培训文化礼堂文化队伍近500支、文艺骨干超2000人;通过"崇和大舞台""文化走亲大联欢"等活动,发掘培养"夕阳红"合唱队、"红草莓"排舞队、橘乡歌舞队等50多支乡村文化团队。三是加强宣讲员队伍建设。整合"我是宣讲人"宣讲团、"兼职"理论讲师团等13支示范宣讲队伍力量,组成临海市乡土"民"星宣讲团,举办"堂前宣讲"推进会暨乡土"民"星宣讲

---

① 此文由临海市委宣传部提供。

团培训班,赴礼堂常态化开展"堂前宣讲、千人宣传"活动,同时依托理论云学堂打造网上讲堂,实现文化礼堂宣讲活动线上线下同步进行。

(三)充分发挥三个方面作用

一是助推基层公共文化服务,整合多方资源打造市镇两级文化礼堂服务"大菜单"。2019年以来,共组织开展"我们的家园——万家农村文化礼堂庆丰收""乐在礼堂、福满乡村"系列文化活动、"府城文化百花园"文化巡演、"舞动新时代·醉美乡村"台州市农村文化礼堂排舞大赛等礼堂精品文化活动1800多场,惠及基层群众12万多人次。二是助推乡风文明建设,将文化礼堂作为培育文明乡风的主阵地,通过村民道德评议会、最美系列评选、家庭和合文化驿站等道德实践活动,和"新春祈福礼""儿童启蒙礼""重阳敬老礼""新兵壮行礼"等文明礼仪或民俗活动,培育文明乡风、良好家风、淳朴民风。三是助推文化礼堂全覆盖工作,镇、街道文化礼堂分部发挥好统筹、指导督促作用,协调宣传、文化、国土、城建等部门联席办公,统筹解决规划、用地指标等问题,有效推进礼堂创建工作。截至2018年年底,共建成305家农村文化礼堂,建成数居台州市第一。

三、路桥区:村级文化基金众筹模式的创新研究

在农村文化礼堂建成后普遍存在运营较为困难的情况下,路桥区金清镇下梁村尝试一种全新运营模式"文化礼堂一元捐众筹基金",为文化礼堂筹措资金成功探索出一条新路子。

(一)村级文化基金众筹模式的实施

1.众筹基金的创设与实施。

农村文化礼堂如雨后春笋般勃发,五年时间路桥区已建成170家。不过,建"文化阵地"容易,如何管好、用好这阵地,实现文化事业在新常态下的可持续发展,这可是一个普遍性的难题。

当全国各地都在为如何高效管理文化礼堂而绞尽脑汁时,台州路桥区已成功探索出管理的长效机制,使得文化礼堂天天开门迎客,活动丰富多彩。现

在,金清镇下梁村绝对算得上乡村文化活跃村,周周有活动。参加这些活动都是零门槛,灯光球场、广场、舞台、电影、K歌几乎从不缺人。

然而,每年花10万多元办文化活动,虽然达到了寓教于乐的目的,但这总归是一笔不小的投入。在财政后续扶持资金匮乏的当下,一般村的集体经济很难负担,资金是横亘在文化礼堂管理面前的一座山,要想让文化礼堂真正成为农民文化之家,就必须翻越这座山。

为解决文化礼堂运行资金匮乏的状况,区文广新体局通过广泛调研、集体讨论,形成众筹方案与实施意见,选择下梁村尝试一种全新的运营模式,"文化礼堂一元捐众筹基金"慢慢浮出水面。本着"不论多寡,人人参与"的理念,金清镇党委政府、下梁村村两委经过周密部署,成立了村级文化基金会,通过广泛宣传,向村民、企业、民间团体和政府筹资。2015年11月25日下午,一元捐众筹基金启动,来自社会各界的捐款人士有的代表村民小组捐赠,有的代表"新下梁人"捐赠,有的企业家捐赠,有的个体户捐赠,还有一些社会团体人士等,你一元我一元,一个下午的时间,企业、社会团体、全体村民、新下梁人的捐款金额达89200元。区文广新体局局长潘方地认为:"众筹基金将'众筹'概念引入公共文化服务中,既是一项创新之举,又是一项惠民之策,促进农村文化礼堂建设,具有十分重要的现实意义。"

在此基础上,下梁村开展丰富多彩的文化活动,在活动广场设立募捐箱,继续自由捐。到2016年4月,募捐基金规模已超过115000元。

2.众筹基金的规范使用。

众筹基金以发展乡村文化事业为己任,从现有公开的资料看,这种模式是国内首创,尚属起步探索阶段,没有可借鉴的经验,需要在实践中逐步完善。

募集的基金全部交给文化礼堂理事会,由文化礼堂理事会统一管理使用。为规范基金的使用,路桥区相继出台了《关于加强全区农村文化礼堂建设的意见》《文化礼堂理事会章程》《村级文化基金管理办法》,下梁村公布了《一元捐众筹基金管理办法》《一元捐众筹基金理事会组成人员名单》。同时,为进一步规范下梁村文化礼堂一元捐众筹基金的财务行为,制定了《下梁村文化礼堂一元捐众筹基金财务管理办法》,规定不得出借,专款专用并编制年度财务报告,报众筹基金会会长会议审查,后报会员大会审议,必要时或委托中介机构审计等,保证基金的安全、完整和效能。

3.众筹基金的功能及展望。

筹集的基金交由文化礼堂理事会,专款专用,作为农村文化活动的专项资金,用于文化礼堂活动开展、设施建设、文化人才扶持等方面。

路桥区文广新体局借助互联网融资的众筹模式,创造性地运用到文化礼堂的使用上,成功实施了国内首例村级文化基金众筹。这一做法不仅缓解了文化礼堂自有资金不足的压力,更突显了群众的主体作用,符合党的十八届五中全会提出的"人人参与、人人尽力、人人享有"的要求,使广大群众在共建共享发展中有更多获得感,增强了群众参与文化建设的积极性和主动性。众筹的模式可以在全区范围进行推广。路桥区文广新体局表示,将牵头出台规范众筹基金的实施意见,加强制度设计和研究,指导目标村结合本村实际,设立众筹基金会,倡导更多的群众参与其中,为文化礼堂的发展贡献一分力量。

作为一种全新的农村文化建设的运营模式,同时也作为浙江省文化礼堂建设的创新项目,下梁村建设上的成功做法得到多方的重视。承办了浙江省农村文化礼堂建设工作现场会、荣获浙江省首批农村文化礼堂建设先进县(市、区)称号;《台州日报》多次报道这一经验,浙江省文化厅《文化简报》也刊登长篇报道,央视《焦点访谈》专题报道路桥区农村文化礼堂建设工作,路桥区因为实践创新而构架起独特的农村文化礼堂建设管理模式。

(二)村级文化基金众筹的创新

当下,政府提供的文化服务与农村群众实际需求脱节严重的情况普遍存在。在这种文化语境下,就要充分发挥政府的主导作用和重要职责,下梁村文化基金众筹活动是在政府主导下推动的。在农村文化活动还处于起步阶段,财政还不能满足文化礼堂需求时,采取政府主导型的策略,无疑是最为正确的选择。公共文化服务不能只满足于政府"送文化",要注重培育文化市场,营造良好的文化环境,筑好文化活动资金保障关,把政府主导和社会参与有机结合起来。在各乡镇布局"15分钟文化圈",逐步打造全方位、多层次、广覆盖的公共文化服务体系。

政府主导下新模式的诞生与成熟,必然伴随着创新创造,下梁村实施的村级文化基金众筹模式有鲜明的创新点。

1. 变商业模式为公共文化服务模式。下梁村在路桥甚至台州内是经济实力较强的村,外来人口达到2000多人,有个体企业、私营企业100多家,其中规模以上企业就有20多家。2015年全村工农业产值2.5亿元,第三产业收入上亿元。强大的经济基础和藏富于民的实际,使得文化基金来源多元化和多方参与村文化建设成为可能。因此以村两委为"火花塞",创新村级文化礼堂后续资金筹集模式,改变政府为单一投入主体的现状,利用台州民资丰厚的特点,把当前流行的融资众筹模式,创造性地引到文化礼堂的资金筹集使用上,变商业模式为公共文化服务模式,筹集的资金交给理事会专款专用,形成共建共享的格局。开辟一条文化礼堂后续管理使用方面无公共财政保障却能得到有效保障的新路。

2. 凸显基层党组织的作用。基层党组织在文化礼堂日常管理中的核心作用往往被忽视,而下梁村却以党组织为核心,参与文化礼堂的管理。村里共有9个党支部,遍及驻村企业,村委书记梁妙德任"联合党委"书记,在众筹宣传发动阶段,依靠9个基层党支部进行广泛宣传,募捐时不仅带头认捐,还发动所在支部党员积极参与,最后使众筹模式达至民意认同,完成募捐,创设众筹基金会。下梁村村级文化资金众筹模式的成功实施,离不开党组织的领导示范作用,是基层党组织参与农村文化礼堂管理并发挥关键作用的典范。在未来,基层党组织和文化礼堂的紧密连接,让基层党组织发挥最大的能量,这是一个值得研究的课题。

3. 引入现代管理制度,推进基层民主协商机制的完善。众筹基金在互联网商业上成功推广,很大程度解决了有"工匠精神"的创业者和有情怀文艺工作创业的资金渠道问题。而下梁村成功创设众筹基金会,为的是破解当下农村文化礼堂运行资金缺乏的瓶颈,拓宽资金来源渠道,引导社会资金广泛参与。引入现代管理制度后,使得村文化礼堂每晚开门迎客,周周有活动,常年活跃着三支文化活动队伍,有效提升了服务效能,推动农村文化礼堂的可持续发展。基金的管理和礼堂的后续运营,使得理事会、基金会、村两委、企业党组织等成为紧密合作的伙伴,有想法就提,大家来讨论,共同决策、欢迎参与,这种基层协商民主的模式在众筹模式实施中得到较为充分的体现。下梁村的创新还将基层的协商民主在农村文化建设中推向一个新的高度,这无疑是现代乡村治理的一个成功案例。

4.村民的主人翁意识得到加强。自愿捐助,人人参与,角色转换,基金众筹在村联合党委发动下,分13个村民小组,由村民自捐。一元起捐,人人参加,该倡议很快得到群众响应,捐一元的有,捐几十几百元的也有,当地企业、政府也纷纷参与募捐,一次募集89200元。一元钱虽少,但让村民转变了角色意识,人人捐钱、人人有份、人人参与,共建共享。通过众筹,大大提高了村民文化活动参与意识,从政府服务的被动消费者变为文化礼堂的主动参与者,成为文化礼堂的主人,改变了以往政府当主角、群众当观众,"一头热,一头冷"的现象。并通过礼堂活动的自由捐,进一步募集资金。一元捐后的半年时间里,前来参加文化活动的村民随意捐献又达2.5万元,参与意识与主人意识全面形成。

5.年轻人参与机制逐步形成。乡村文化是文化的源头,能吸引村(社区)青年人参与就等于找到了文化的源头活水。当前文化礼堂"建、管、用"不管是硬件建设还是软件服务上都更倾向于中老年群体,青年群体参与不足。村级文化基金众筹实施以后,活动越加丰富多彩,多方参与的积极性推动参与群体逐渐向多年龄段发展。随着民俗村活动(外来人口的本土民俗展示)、村民卡拉OK大奖赛、驻村企业厂庆、迎新活动等有序展开,都吸引企业和村里的年轻人参与,青年人参与机制开始形成。让更多年轻人逐渐回归村级文化活动,这是当下新农村文化建设者的愿景,这一愿景在下梁村慢慢地拉开了帷幕,精彩的表演已经开始。

(三)村级文化基金众筹模式存在的问题

下梁村的村级文化基金众筹模式是全国首创,文广新体局也在摸着石子过河,在探索中发现问题,不断地克服困难,纠正偏差。

1.理事会结构不够合理。

一是理事会成员结构代表性不够强。农村文化礼堂理事会制是台州的创新项目,文化基金交给理事会管理是实现资金使用公开、公平、公正的最佳途径之一。但是下梁村理事会结构不够合理,成员代表性不够强。文化基金理事会理事7人,村两委占3席,企业代表占4席,理事长由村委书记担任,无村民代表席位,村两委在资金的使用方面具有一票否决权。这样的理事会结构虽然在文化活动内容和资金使用的决策上具有较高效率,能保证文化内容健康、向上、正能量。但是其代表的广泛性不够,农村文化基金取之于民,也须用之于民,而文化相较于其他服务来说,村民个人参与的意愿决定了文化服务是否有效。尽管在众筹基金设立伊始,通过村民一人一元钱筹集的资金比例不及村中企业捐助,但公共文化基金会的治理结构和决策不能仅仅取决于资金募集的份额比例,在理事会中设立村民代表席位体现村民对于文化活动的主体性和资金使用的民主决策作用非常有必要,能够体现文化活动的主体性、能动性和广泛性,以及决策的民主性、科学性。

二是理事会成员年龄结构不合理。基金理事会中成员年龄结构存在偏大的问题,基金理事会的成员以村两委成员和村中本地知名企业家担任,年龄都在四十岁以上,理事们平时事务繁忙,日常工作主要是村两委负责,村中年轻人与外来务工人员的声音无法体现。目前农村文化活动的短板正是缺少年轻人主动参与,且无法通过文化活动打破新台州人和本土台州人之间的隔阂,使得文化礼堂的活动变成当地村民中中老年人的自娱自乐,青年人与新台州人不能有效覆盖到文化活动中,文化礼堂的功能和公共文化服务的作用也就大打折扣。

2. 文化众筹基金的宣传平台有待进一步加强。

下梁村村级文化基金众筹的宣传限于村民的口口相传、村中广播、平面媒体,外界报道和宣传也是以杂志、报纸等平面传统媒体为主,互联网等新兴传媒工具所用甚少。在当下几乎百分之百的互联网覆盖和智能手机使用普及化来看,通过互联网传媒工具增加文化众筹基金的影响力、公信力和美誉度非常有必要。缺乏互联网+文化的支持,文化众筹模式很难撬动青年人参与的积极性和广泛推广的意愿;并且无法通过例如微信红包、支付宝支付等新兴移动互联网支付工具,更好更便利地从青年群体中募集资金。

3. 推广平台还未建立。

半年多的实践,路桥下梁村村级文化基金众筹模式已经逐步成熟,但该模式适用于经济较为发达、村民收入水平相对较高的村庄,经济发展水平中等及偏下的村(社区)的推广还没有形成有效的方法。况且,线下的募捐有很大的局限性,未能发挥众筹的最大功能,如何探索线上众筹,借助于微信支付、红包、支付宝等移动支付的优势,让更多年轻人参与,仍然是一个正在进行的课题。这也从下梁村后面没能迅速产生第二个第三个"下梁村"可以看出其中原因,整体推广平台还处在前期准备阶段。

(四)村级文化基金众筹模式发展的对策和推广

文化礼堂不是一次性建成的摆设,而是政府为民办实事工程的一个标杆,是一个发挥长效作用的文化阵地。然而建阵地易,守阵地难,后续的资金支持和制度保障,是农村文化建设做好、做精,让村民有深切文化获得感的关键。不断创新资金筹集机制,打造出集思想道德、文体娱乐、知识普及于一体的农村文化综合体,成为村民真正的精神乐园及高地,实现可持续发展的文化礼堂路桥模式,这是当前路桥区农村文化建设的头等大事。

村级文化基金众筹模式要推广,要考虑到推广区域内的村民收入情况、驻村企业的发展状况、外来人口结构和农村文化的参与性情况,不能搞一刀切。在后续的完善和推广中,以下几个方面应有所考虑。

1. 要以制度完善为根本。继续发挥文广新体局在文化礼堂理事会和村文化建设中的核心作用,依托镇党委政府和村两委在具体工作中的主导性,建立一套完备的工作制度。目前,浙江乡村(社区)实行"村治为核,社区为辅"的组织治理架构。村民委员会是基层纵向自治性组织,而社区组织是功能性组织,主要采用社区公共服务站或社区服务中心的方式进入,负担的是政府在农村社区的公共服务职能。农村文化礼堂主要是村两委负责,现在的农村文化活动建设还停留在物质和组织制度层面,文化营造还处于起步阶段,全面有效地开展文化礼堂的群众性文化活动,弥补农村地区文化与精神缺失,这是未来五年农村文化礼堂建设的首要任务。因此农村文化礼堂的服务内容更多是传承传统文化、日常生活习俗,以及传播社会主义核心价值观或国家意识形态。因此在文化基金众筹模式运营和文化建设的主导权上,村党委应该发挥主导作用,完善理事会的组织架构,使其具有广泛的代表性,并通过协商式民主解决文化活动组织、认同、参与、获得等,规范众筹资金的管理、使用以及可持续性等问题。

2. 要以互联网＋思维为突破口。2015 年开始李克强总理大力提倡传统行业互联网＋的概念,作为以文化宣传为主要工作的农村文化建设,互联网＋的思路也可以借鉴并在实践中应用。从目前的硬件情况来看,45 岁以下的村民和外来人口智能手机的使用率已经超过 97%,农村宽带网络的普及也已解决。因此无论从网络到终端,农村文化建设以及村级文化基金众筹模式的运营和推广中加入互联网＋文化的思维都是合适的且势在必行。以互联网＋文化思路推广和完善农村文化基金的众筹模式有以下好处。

一是吸引广大农村青年和新台州青年人参与。移动互联网深刻影响了当代青年人。年轻人对于文化艺术的爱好,在互联网环境下城乡差异逐渐缩小,下梁村作为沿海发达城区的周边村庄与城市差异就更少了。在村级文化活动中,弘扬传统文化,突出文化习惯、民俗艺术都成为核心要素,青年群体的参与成为政府农村工作的首要目标之一,互联网作为年轻人广为接受的载体,是文化礼堂可确定的优先使用的资源。

二是资金的募集方式优化。移动互联网＋文化的方便性,同样集中体现在终端支付和资金筹集上。小众民间艺术家在相关平台上募集到资金成就文化产业的成功案例已经很多,其在文化产品开发上精益求精的"工匠精神"也出现在 2015 年的政府工作报告中。除了相关资金募集平台,内镶在移动自媒体平台内的支付工具让资金的支付和募集变得更容易——微信红包、支付宝转账等方式越来越多地改变传统的支付习惯。因此在农村文化基金众筹模式的后续完善和推广中,要加入移动自媒体端的支付和募集渠道,"一人一元钱"可能会在类似春节等特殊节日变成"一人一红包",使得基金的来源更加多样化。同时利用移动自媒体客户端让募集资金的使用更透明,文化活动的互动性更好。

三是农村文化活动建设和宣传的深度与广度可以进一步提升。2015 年年底的中国互联网报告称中国网民超 8 亿,手机已成为第一上网终端,因此利用好手机终端平台,特别是利用好用户众多的微信、微博、淘宝旺旺等移动自媒体公众平台,在宣传、包装、传播农村文化建设的成果和众筹基金模式推广上的巨大促进作用,并以符合现代青年信息接收习惯的"碎片化"和"娱乐化"形式把众筹基金这一形式向青年广而告之,推广的广度和深度会更好。移动互联网,特别是移动自媒体,显著的特点是分享和交互,本身就与村级文化众筹基金推广和倡导的"人人参与"文化活动初衷不谋而合。

3. 模式推广以协商民主为保证。农村文化基金众筹模式要真正地推广,除了村两委要有强力推动的意愿和互联网＋强大的宣传和辅助之外,真正要让村民愿意参与、愿意募捐、愿意为了互动内容进行协商是关键所在。发源于台州的基层协商式民主或称恳谈式民主,是破解各种质疑和冷漠的"暖宝宝"。在推广中,真正要让各年龄段的常住村民和新台州人群体觉得我有参与、我有喜欢、我们有分享、我们有融合、我们有获得是推广的关键。因此在文化众筹基金的推广中，理事会参与人员的构成比例要与当地的人口年龄结构和外来人员比例等相适宜。要以群众接受、群众自愿、群众乐意为基点，切不可为了做而做。有了群众参与和群众协商之后，群众的声音更多为村两委和众筹基金理事会所采纳和考虑。并辅之以广泛宣传，提升各个年龄段成员参与农村文化活动的热情。

4. 模式的推广和复制应该因地制宜。下梁村的众筹基金模式在实践中得到发展与其相对发达的村办经济、相对较高的可支配收入和村两委较高的群众威信有密切关系。但并非意味着此模式的推广都需要相同经济水平，钱多自有钱多的募集办法，钱少如果集思广益，文化活动并非不能开展，但该模式的推广，目前看来，在贫困村是不大可行的，村两委在群众中的威信较低的乡村也不可复制。农村文化基金众筹模式，意在一个"众"字，泰山不让土壤，能集小钱办农村文化活动的大事；海水不让涓流，能汇群众的信任提高新农村的软实力。该模式的推广，关键是人的因素，关键是信誉的因素，借助于互联网＋文化的广泛宣传和资金账目公开公正使用，众筹模式进一步的推广和逐步深入人心那是大概率事件，但具体在什么村用什么样的方式获得村民以及其企业组织的信任，必须因地制宜。"到什么山头唱什么歌"，需要调动村两委以及众筹基金理事会成员的积极性和聪明才智，积极拓展村级文化众筹基金和文化活动在群众当中的影响力。

综上所述，下梁村村级文化基金众筹模式是在农村文化建设工作实践中发展而来的，并在不断完善，这种模式符合台州市以及长三角地区有类似经济状况、海洋风俗的农村实施。在现有的模式下，应选择村企业较为发达的 10 个村居先行推广，文广新体局出台指导性文件，重点研究制度设计、众筹基金的管理办法等，镇村党政负责落实与实施。在此基础上，深入研究巩固线下众筹经验，拓展资金新的筹集方式；探索众筹基金线上筹集，如支付宝、微信红包等。同时，设立众筹公众微信平台，发布活动预告，吸引广大群众特别是年轻人参与众筹和文化活动。要因地制宜,成一个推一个。在理事会治理制度、互联网+宣传、协商民主工作方式等层面不断加强,并将该模式在更广泛的空间推向更广阔的发展,为社会主义新农村的文化建设开辟一条新路。

延伸案例 1

依托云管理平台全面提升农村礼堂管理服务效能①

(一)案例背景

党的十九大指出,要着力完善公共文化服务体系,以基本公共文化服务标准化均等化为抓手,以基层和农村为重点,健全设施网络,创新运行方式,提高服务水平。近年来,浙江省民生实事工程之一的农村文化礼堂建设,围绕"文化地标、精神家园"的功能定位,打造集思想道德教育、文体礼仪活动、科学知识普及、综合素养提升于一体的农村文化综合体,不断满足人民群众的精神文化需求,公共文化服务体系进一步完善。

截至目前,三门县已建成农村文化礼堂 143 家,计划于 2020 年完成全县行政村文化礼堂全覆盖,随着礼堂数量的不断增加,礼堂的管理难度也逐步增大,服务效能有待进一步提升。为切实响应省委宣传部提出的用互联网手段来提高对文化礼堂的统筹和信息化管理的号召,提升农村文化礼堂的管理服务效能,三门县联合云朵网络科技股份有限公司(浙江省文化礼堂战略合作伙伴),结合当地文化礼堂建设开展情况,开发设计"三门县文化礼堂管理云平台"App,主要采取"一个中心、二级管理、三点支撑"的模式,以自动化、现代化的管理流程,实现农村文化礼堂管理无地域限制、全天候在线,进一步提升农村文化礼堂管理服务效能。

(二)主要做法

1.以一个软件平台,构筑管理网络。建立礼堂云管理平台。构筑移动端和 PC 端双向管理系统。移动端"礼堂云"App 主要是多角度呈现全县文化礼

---

① 此文由三门县文化广电旅游体育局提供。

堂风貌、展示礼堂日常运行情况、发布省市县三级农村文化礼堂相关文件,让全县所有农村文化礼堂都了解相关政策。PC 端管理主要是处理各类礼堂申报文件、统计上传各类图片数据,同时收集整理好农民群众针对农村文化礼堂建设管理等方面提出的建议意见,提交县农村文化礼堂领导小组办公室,为农村文化礼堂的后期建设提供决策依据。依托县农村文化礼堂管理总部,在县农村文化礼堂总部设立"礼堂云"管理平台中心,配备管理人员,利用"礼堂云"管理系统,实时掌握文化礼堂维护、开放及管理员在岗情况,切实解决农村文化礼堂管理中人员有限、数据失真、约束失效等问题。

2. 以二级管理体系,理顺管理职责。在设立县礼堂云管理平台的基础上,设立乡镇(街道)、村两级管理体系。在"礼堂云"管理系统中,对乡镇(街道)、村二级管理员权限都做出明确划分。乡镇(街道)管理员主要负责督促村级管理员做好礼堂相关活动信息上报工作,负责农村文化礼堂各项活动的组织策划,编辑整理礼堂活动展示视频资料录入上传,以及"礼堂云"App 信息的初审;村级管理员主要做好农村文化礼堂的日常维护、活动的组织和礼堂活动信息的及时上传。在完善体系的基础上,对全县的镇村两级文化礼堂管理员进行专题培训,规范系统操作和信息报送流程,并将"礼堂云"管理系统中相关信息数据的报送情况,纳入对相关管理人员的年终考核。

3. 以三项保障支撑,夯实管理根基。在"礼堂云"手机 App 展示中,单独设立活动点单模块。该模块包含两方面内容:一方面,我们要求通过部门联动的形式,集合全县各部门全年对文化礼堂输出的文化活动内容,整理成"爱在三门 乐在礼堂"活动清单,由礼堂管理人员自行点单选取,当某单一节目需求超过年提供量,通过 App 反馈给提供单位,由他们统筹安排。此项内容纳入县对部门的意识形态考核工作;另一方面,在该模块中开通节目预告板块,每个文化礼堂有活动要开展的都可以事先在这里进行预告,需要其他礼堂提供一些活动资源帮助的,也可以在这提出申请。在现有的农村文化礼堂管理员的基础上,积极发挥乡镇(街道)礼堂分部的作用。将乡镇(街道)礼堂分部作为"礼堂云"平台的分部,由乡镇(街道)文化站人员兼任"礼堂云"平台的管理人员,积极发挥他们"联络员""指导员""调度员"的作用,着力在礼堂建设、文艺团队培育、活动开展等方面下功夫,不断充实礼堂活动内容,规范礼堂活动秩序,提升礼堂管理效能。对年终考核优秀的文化礼堂和礼堂管理员给予一定的资金奖励。在"礼堂云"管理系统中,对村级文化礼堂管理员的工作都提出了明确的要求,包括每天在 App 上的签到、每月的工作小结、不定期的活动信息上报、意见建议留言等,这些都是村级礼堂管理员的考核指标。最终我们会根据考核结果,对礼堂和礼堂管理员进行适当奖励。

(三)实施成效

1. 文化礼堂服务效能进一步提高。通过"礼堂云"App,文化礼堂管理员把日常管理中收集到的群众需求建议及时上报,礼堂总部在收集到管理员的相关需求后,对服务供给做相应调整,让那些需要的群众获得希望获得的文化服务。最大限度地利用现有文体资源,推动解决基本公共文化服务供给不平衡不充分的问题,满足群众的文化消费需求。有效提高政府的公共文化服务能力,提升公共文化服务的品质。在推进文化礼堂服务过程中,要坚持从实际出发,挖掘当地富有地域特色的文化资源,结合三门县"一村一品,一镇一韵",比如,蛇蟠、浦坝港养殖户想了解渔业养殖知识,花桥群众想多知道农耕知识,横渡群众想学习旅游文化,等等,出台县对部门意识形态考核,考核中明确县级各单位,将在各联系乡镇中选择 1 到 2 家农村文化礼堂,开展结对共建工程,帮助礼堂丰富活动内容,提升活动品质,增强礼堂活力。对资源整合后进行合理分配,更好地满足群众的文化需求。

2. 文化礼堂管理水平进一步提升。"礼堂云"App 充分整合、综合提升文化礼堂设施资源,文化礼堂管理员通过"礼堂云"App 及时上报礼堂日常运行中产生的活动人数统计以及群众反馈、评论、意见建议等,淘汰群众反馈较差的活动或节目。同时,将农村文化礼堂活动开展的活跃度,作为乡镇(街道)分部管理员和农村文化礼堂管理员的重要考核指标。管理部门可利用平台产生的大数据,进行相关政策调整,提高文化决策的科学化水平。同时"礼堂云"精准对接群众需求,接地气、聚人气;"礼堂云"上线以来全县所有礼堂总计开展各类文化活动 800 余场次,公共文化服务供给效率大幅提高。

3.文化礼堂社会功能进一步强化。"礼堂云"App 的开设,起到了凝聚人心、树立良好社会风气的作用,在农村精神文明建设、弘扬社会主义核心价值观中起到了积极作用。文化礼堂管理员通过在"礼堂云"了解政策信息后自发向群众宣传环保政策、健康知识,帮助做好各种政群矛盾尖锐的工作,群众通过参加"礼堂云"推介的活动,用丰富的时代内涵和传统特色文化的文化产品和服务,使广大农民群众积极参与文化活动,帮助群众找到精神寄托,使得群众心情更加愉悦,生活更加幸福。努力实现"文化发展为了人民、文化发展依靠人民、文化成果由人民共享"的美好愿景。

(四)经验启示

1.必须履行好政府职责。开展文化礼堂公共文化服务是党委政府的重要职责,运行好"礼堂云"App 要构建运行制度体系,明确责任分工、运行模式、文化资源整合、财政支持、人员配备等方面的内容,建立起由县委宣传部牵头、文化部门、乡镇(街道)组织实施、相关部门配合协助的推进工作机制。同时,"礼堂云"的建设、管理员培训、志愿者招募等费用应由政府埋单,每年列支专项资金。党委政府的统筹谋划和大力支持,才能保障"礼堂云"的可持续运行。

2.必须对接社会需求。文化礼堂提供的公共文化服务要对接社会需求,提高服务质量。"礼堂云"App 的反馈功能助推政府提供多样化多层次公共文化服务,满足多样化个性化的文化消费需求。将原先单一的越剧下乡、培训讲座的"政府端菜"模式变为面向群众提供文化礼堂"文化菜单"的"百姓点单"模式。根据群众需求、点单情况,要有针对性地开展文化服务采购,更加精准地满足群众文化生活需求。提前发布文化活动信息,让群众自由选择,做好安排,保证文化大餐不浪费。只有把公益性放在首位,加大人力财力物力的投入,公共文化服务才能有保障、有延续。为满足人民群众过上美好生活的新期待提供有力的支撑。

3. 必须加强人才队伍建设。要在通过"礼堂云"App 组织文艺活动过程中，发现一批活跃在基层和人民群众中的文化人才，进一步加强文化人才队伍建设，从部分群众自发活动开始，加以引导和组织，充分发挥群众文艺骨干的带头作用，建立由文化礼堂理事会为核心成员的农村文化礼堂志愿者队伍，协助农村文化礼堂管理员做好文化礼堂的日常运行维护工作；使礼堂文化活动更加正常地开展，吸引群众广泛参与到活动中来。

延伸案例 2

农村文化礼堂理事会负责制[①]

作为东海之滨的改革开放先发之地，早在 20 世纪 90 年代，黄岩就进入全国百强县行列。21 世纪以来，全区掀起了一场文化建设热潮。但与热闹的城区群众文化形成反差，农村文化一直不温不火。文化设施陈旧老化，阵地建设相对滞后，让农民对健康、有益的文化活动缺乏热情，看电视、打扑克还是主流。从 2009 年开始，黄岩全面开展农民学习会馆的创建工作，讲堂、书屋、活动室、健身园等应运而生，橘乡大地的 126 个中心村实现了全覆盖，培育新型农民的摇篮呼之欲出。在创建农民学习会馆期间，黄岩区就如何管理会馆制度进行了探索，建立了会馆管理理事会制度的雏形。农民学习会馆会员制开了农村文化组织村民自我管理之先河。

2013 年，浙江省推广创建农村文化礼堂，黄岩区在原有会馆的基础上，进行了功能拓展和规划提升。文化长廊里，乡风民俗、特色物产展示起来了，文明榜、孝贤榜、功德榜、能人榜贴起来了；讲堂中，"最美黄岩人""道德模范""好邻居""好媳妇"等评选一一登场；广场上，春节祈福、元宵抬阁、重阳敬老和七岁开蒙礼、十八岁成人礼等活动接二连三。文化综合体的群落渐渐形成，礼堂成为农民的心灵家园。在量的扩张达到一定程度后，开始注重质的提升。黄

---

① 此文由黄岩区文化和广电旅游体育局提供。

岩区"农村文化礼堂理事会负责制",就是在充分利用农民学习会馆会员制的基础上成立的。2013 年 8 月,首家文化礼堂理事会在黄岩区的院桥镇繁荣村挂牌。2015 年 6 月,院桥镇繁荣村文化礼堂召开理事会选举大会,选举产生理事长、副理事长、理事、监事会成员等,申办法人登记,成为首家具有独立法人资格的文化礼堂。在各方合力推动下,理事会制度逐渐成为黄岩区所有文化礼堂的标准配置,实现全覆盖。

实施农村文化礼堂"理事会负责制",对确保农村文化礼堂实现群众自我组织、自我管理,在活动开展上更具统筹性,管理工作上更具规范性;对整合社会各方力量,发挥好热心人士、创业成功人士、文化能人、村干部、志愿者等作用,促进文化礼堂管理社会化;对充分调动农民群众参与礼堂活动的积极性,更加凸显群众主体地位,让文化礼堂成为群众唱主角的舞台等方面,具有积极的意义。具体做法有以下几个方面。

(一)规范理事会运行模式与结构模式

文化礼堂理事会坚持民主集中制的议事原则,对文化礼堂规章制定、经费收支、队伍管理、场馆维护、活动组织等事项进行"一事一议",由理事会讨论协商后投票表决,其中对重大事务先由理事会提出意见,交村民代表大会决议。

农村文化礼堂理事会结构模式分为"四型":一是村委成员主体型,理事会以村两委成员为主体。二是政府部门引导型,理事会与政府相关部门结对共建。三是志愿义工引领型,理事会与社工组织结对共建。四是社会贤达合作型,理事会与本地企业和乡贤能人结对共建。

(二)推进文化礼堂法人化改造

至 2016 年底,黄岩区共建成 119 家文化礼堂,所有文化礼堂都成立了理事会。但是文化礼堂理事会并不是真正意义上的法人治理结构。因此,条件具备的文化礼堂申办法人登记,使之成为具有相对独立的民事主体。目前已完成院桥镇繁荣村、宁溪镇岭下村等 11 家文化礼堂的民办非企业单位法人登记,还有 5 家文化礼堂正在申办中。

(三)成立理事会轮值联盟

2016年11月,黄岩区文广新体局组织具有法人资格的11家文化礼堂理事成立了文化礼堂理事会轮值联盟。其宗旨是交流文化礼堂管理经验,开展"文化走亲"形式的文化交流,更好地发挥文化礼堂"精神家园"的作用。轮值联盟每季度召开一次会议,并在成员单位举办一次文艺活动。联盟成立以来,举办了多场以联盟为主体的文艺活动。

(四)开展农村文化礼堂星级评定工作

为进一步规范文化礼堂运行,有效发挥农村文化礼堂在思想引导、道德教化、礼仪培养、文化熏陶等方面的作用,实现规范化管理和长效化运行,黄岩区制定了《黄岩区文化礼堂规范化运行考核办法》,按考核分值高低确定为一星、二星、三星、黄牌警告、不合格等五个级别。按考评结果给予相应的奖罚。

(五)建立乡村大使驻堂制

乡村大使是黄岩区一支独有特色的文艺宣传群体,他们来自基层、扎根基层,是"草根"艺术人才。理事会负责招募一名或若干名乡村大使长期驻堂,并在条件成熟的文化礼堂开设"乡村大使工作室"。发挥乡村大使作为理论政策宣讲员、社情民意收集员、社会舆论引导员、乡风文明传播员和文化活动指导员的作用,由其运用所擅长的三句半、顺口溜、快板、小品等群众喜闻乐见的乡土文化形式,每周开展一次以上的主题宣讲,并引导村民在传统节日和重要节庆期间开展各类仪俗活动。截至目前,黄岩区共有315名乡村大使,全部在已建文化礼堂开展驻堂工作,并成立乡村大使工作室13家,工作室已逐渐成为乡村大使施展特长的平台和培养优秀人才的基地。

(六)引领农村社会新风尚

为发挥文化礼堂文化育人的作用,引领农村社会新风尚,黄岩区在文化礼堂推行十大活动:1.推行"乡村好声音梦想大舞台"系列活动。2.推行"乡村十礼"进礼堂活动。3.推行"育家风树新风"系列活动。4.推行"送种赛"进礼堂活动。5.推行"我们的"系列活动。6.开展"最美人物"培树宣传活动。7.推行乡贤进礼堂活动。8.推行宣讲进礼堂活动。9.推行"春泥计划"进礼堂活动。10.推行"社工进礼堂"活动。

　(七)出台指导性文件

为保证理事会制度的有序实施,黄岩区出台了《建立健全农村文化礼堂"建管用"一体推进机制的指导意见》《进一步规范文化礼堂理事会负责制的意见》,制订《黄岩区文化礼堂规范化运行考核标准》和《黄岩区文化礼堂规范化运行考核办法》,量化考核文化礼堂组织建设、设施维护、队伍建设、内容建设、文化培育、群众评价等。其主要成效有以下几点。

1.探索出村民自主管理文化礼堂的新模式

理事会制度的实行一改由村两委直接管理文化礼堂的局面,探索出村民自己管理文化礼堂的新模式。充分发挥农民的自主意识,使文化礼堂有章理事、有人管事、有钱办事,让群众真正成为文化活动的主人翁。早在2009年,黄岩区院桥镇繁荣村文化礼堂的前身是农民学习会馆。一开始,由村两委直接管理,但村里事情多,村干部忙不过来。2013年8月成立了理事会,让农民自己管理。每年的资金用于哪些文化项目,都由理事们开会决定。"我们理事会共有22人,都是由群众推荐的有文艺特长、愿意站出来为大伙服务的热心人,其中只有3人是村两委班子成员。"繁荣村党总支副书记、文化礼堂理事会理事长何振世说。在繁荣村,每位理事手中都有一支少则几十人、多则上百人的文化队伍,可以说一呼百应。

2.基层文化阵地建立法人治理结构

党的十八届三中全会提出建立法人治理结构,推动公共图书馆、博物馆、文化馆、科技馆等组建理事会,吸纳有关方面代表、专业人士、各界群众参与管理。顶层制度设计已转换为基层具体实践,温州、义乌等地图书馆已先行先试,成立了以理事会为核心的法人治理结构。但在基层文化阵地,特别是农村,如何引入社会利益相关方参与公共文化服务的治理还缺少尝试,而黄岩区农村文化礼堂理事会制度的探索为此提供了新的思路。

文化礼堂理事会并不是真正意义上的法人治理结构,与其他作为事业法人单位的公共文化机构不同,并不属于传统意义上的法人范畴。为了解决这一问题,通过设立社团法人的方式解决了文化礼堂的身份。2015 年 8 月 14 日,黄岩区院桥镇繁荣村召开文化礼堂第一届理事会选举大会,大会通过了繁荣村文化礼堂理事章程,选举产生了全市首家文化礼堂理事会组织机构。随后,繁荣村文化礼堂理事会经黄岩区民政部门批准设立,取得社会团体法人登记证书,以繁荣村文化礼堂为依托,理事会是由从事社会公益与文化事业的各界代表组成的联合性社会团体,是公益性非营利性社会组织。通过设立民办非企业单位的方式,解决文化礼堂的法人身份问题。

3. 引入社会力量助推农村文化礼堂建设

当前,农村文化礼堂的运作资金主要来自村集体经济、区财政专项资金以及乡镇(街道)的配套资金。随着活动数量的增加以及活动品质的提升,文化礼堂对资金保障提出了更高的要求。而理事会作为村里权威、社会贤达、文化骨干等先进分子的集聚地,掌握着很多的社会资源,这些社会资源可以为文化礼堂创造很多引入社会资金的机会。

一是借助企业界理事或企业团体理事单位开展堂企合作。理事会主动与周边企业接洽,吸纳其作为团体理事单位。企业作为团体理事可以在文化礼堂所在场所布置广告,其员工也可以享受公共文化设施和公共文化服务。作为回报,企业定期或不定期地赞助公益演出,并为礼堂提供更多的活动资金。

二是通过政府委派理事的联系管道获得政府对口部门的补助。如新黄岩人文化礼堂理事会吸收了黄岩区流动人口服务管理局、黄岩区司法局、黄岩区慈善总会、黄岩区工会的委派理事,有助于加强其与相关职能部门的联系,并在组织对口文化服务的活动中获得相应的补助。

三是发动普通理事积极自筹资金。这往往发生在经费比较紧缺的文化礼堂。

四是以理事会架构强化文化礼堂建设的项目化合作。在社会合作型的文化礼堂中,理事会往往是由村两委和第三方共同主导的。以布袋坑村文化礼堂为例,村两委与旅游开发公司共同主导了该村文化礼堂的建设,实现了旅游资源和文化资源、礼堂场地和公司场地的共享。村里的旅游公司为文化礼堂的开办提供了场地,而文化礼堂的建设又丰富了旅游的项目和内容,有效地实现了双赢,并为文化礼堂的建设和日常运行节省了大量的成本。

第六章

内容范：文本式的生命空间

　　文化礼堂空间的生命集中体现为对基层文化发展认知范式的沿革与嬗变，时间和空间观念深刻影响着现代公共文化发展模式，在短时间内依靠政府的推动和乡村群众的参与，文化礼堂建设取得极为瞩目的成就。在此过程中，文化礼堂建设的时间逻辑与现代乡村观念中隐含的非时间化空间逻辑之间的张力日益凸显。开启了一个崭新的认知范式，即从历时性模式向共时性模式的转化，强调客观真实及与客观世界对应关系的现实主义文艺作品和文化活动时注重转喻原则。而推崇文化获得感主观感觉及内心真实的浪漫主义则倚重隐喻原则，囿于活动模式与现实生活之间的融合与歧异，作为一种对抗线性时间的努力，文化礼堂所构建的空间实体是一种真实存在，它让农民的生命在此焕发，社会主义核心价值观在此得到体现，这种提供给广大农民的生命空间呈现的文本特色明显，对文化礼堂的语言叙述最终不会归于沉默。然而，作为一种生命文本，文化礼堂亦揭示出乡村农民生命的普遍形态和意义。

　　对于文化礼堂，中国曲协主席姜昆曾说："你离人民有多近，人民对你有多亲。"说明文化礼堂要坚守与人民同呼吸共命运的价值立场。

第一节　文化礼堂活动概述

　　农村文化礼堂培育多元文化。通过举办各种形式活动,吸引更多群众自觉参与,达到弘扬、传承传统文化的目的。文化礼堂活动的日常生活化丰富了群众文化生活,改变了群众的生活习惯,为建设农村文化高地、推进文化建设和社会主义新农村建设提供了更多保障。

　　文化礼堂育文化,礼堂文化润人心。不同的村庄依赖不同的村落文脉,依据内容为魂、服务为王的宗旨,因地制宜地打造出具有鲜明个性的文化礼堂。在台州,文化礼堂有标配,更彰显个性。具体有:主题呈现多样性,有草根文化礼堂、古村文化礼堂、红色文化礼堂、生态文化礼堂、企业文化礼堂等多种主题;内容上独具特色,各县(市、区)各擅胜场,风姿尽展,依照省定标准,在对标基础上,不断创新,富有台州特色的内容体系正在形成。

　　成立市、县、乡镇、村四级领导小组和市(县、市、区)文化礼堂建设专家指导组,组织成立文化志愿者协会,派遣专家和志愿者队伍,指导农村挖掘农村文化资源,打造以大陈岛垦荒精神、革命老区为中心的"红色文化礼堂",展示海洋文化的"蓝色文化礼堂"、农业风情的"绿色文化礼堂",弘扬和合文化的"和合文化礼堂",陈列地方文化发展特色的"翻簧竹雕、彩石镶嵌、中医药文化、大奏鼓、花灯、中华老字号、草编、根雕、灰雕、木雕……文化礼堂"等。组织高素质文化礼堂管理队伍,由镇村宣传文化员任一把手,带领一批懂文化、善组织、有热情的专、兼职人员,负责礼堂的日常管理和活动策划,全面开展文化活动。

一、丰富多彩是底色

　　文化礼堂的创设,使之逐渐成为文化乐民、育民与富民的"实践平台"。不断拓展和延伸服务功能,发挥文化乐民、富民与育民的巨大正能量。台州市"农民文化艺术节""乡村春晚""天天大舞台"等以文化礼堂为平台,将台州乡村、台州农民、台州习俗三个重要民生要素融合在一起,在政府主导下构建乡村公共文化服务体系、中国乡村民俗文化保护与话语表达体系"三位一体"的乡村文化发展与振兴之路。台州市依托农村文化礼堂,搭建起"知识与价值、文化与教育互哺"平台,让党的方针政策融入知识、理论的宣讲中,让农村学生特别是留守儿童放学后有地方延续教育,推动文化礼堂活动持续开展。

整合各地各部门资源,结合文艺"三下乡""文化进万家"等活动,实行"菜单式"文化服务配送机制,输送文化服务项目。比如,政策宣讲进礼堂活动常态化开展,台州市黄岩区将民间宣传文艺人才进行整合提升,倾力打造"乡村大使"宣教队伍,通过"群众宣传群众、群众教育群众、群众引导群众"的方式,致力于宣讲形势政策、大力弘扬社会主义核心价值观、繁荣农村文化、传播乡风文明、收集社情民意、促进精神富有,有效补齐了基层宣教力量薄弱的"短板",打通了基层宣教服务群众的"最后一纳米",为新形势下加强基层宣传文化兼职队伍建设提供了新视角和新思路。2016 年 10 月,黄岩区民间选"民星",315 名群众当"大使"。"乡村大使"被评为"全国基层理论宣讲先进集体"。

开展形式多样、内容丰富多彩的活动。路桥区的"乡村十礼",天台县的"天天大舞台",临海市的"美丽非遗"行动,黄岩区的"乡村大使"文化志愿服务、"新黄岩人"家园,温岭市的"美丽乡村,礼堂夏夜",椒江的"红色传统",三门县的"五榜、五节"活动、演出项目化,仙居的文化礼堂文艺资源五级联动。2017 年全市开展的"醉美乡村"文化礼堂十大精品展赛活动和"乐在礼堂、福满乡村"迎春系列群众性文化活动,共组织群众性文艺展赛近千场,共举办"我们的村晚"378 场,每年超过 10 万多人次参与。2017 年全市共开展各类礼仪活动 2000 多场,参与活动人次达万人次以上。

鼓励各单位通过文艺表演、科普宣传、政策咨询等方式,把工作触觉延伸到农村。文艺爱好者参与到文化礼堂的活动中来,实现天天有活动、月月有展演、年年有春晚。组建农民文化表演团队,充分利用乡村大舞台、戏曲大联盟等平台,激发村落文化内在活力。与传统节日习俗相结合,举办庆元宵、端午龙舟飞渡、"启蒙礼"、"清明崇先礼"等礼俗活动,强化传统文化的传承与弘扬。加强对"三门祭冬""台州乱弹""黄沙狮子""扛抬阁闹元宵"等民俗文化的挖掘,打造地方特色文化品牌。

开展"五榜"评选入礼堂、"五节"礼仪聚礼堂等评比教育活动,培养良好乡风家风。开辟用于展开各类听证会、协调会、评议会以及纠纷调解会的交流中心。

组织剪纸比赛、摄影摄像创作大赛、文艺家礼堂采风等活动,扩大礼堂影响力。举办民俗活动、传统工艺、养生、生活生产知识等各类讲座,传播文化知识;将公益培训引到文化礼堂,举办少年儿童书法、象棋、舞蹈、音乐以及经典诵读等,并逐渐成为文化礼堂的常态活动,让乡村居民与文化礼堂紧紧连接在一起,全面提升认同感与参与度。

加大对文艺人才、成功人士自强模范等的宣传,为弱势群体树立榜样典范,强化标杆作用,激发乡村文化的凝聚力。通过举办文化礼堂假日夏夜、非遗进礼堂、文化艺术周等活动,以大项目活动提升人气;开设各类文体活动,如交谊舞、排舞、卡拉 OK、乒乓球赛、篮球赛等,灯谜、猜谜、亲子游园、电影活动等小项目为乡村所有群众提供所需的平台,增强活动能力。文化礼堂通过关注需求,为弱势群体提供对路服务。社区通过文化礼堂举办各种培训活动,让残疾人、低保户学得一技之长,重新获得生活、工作的能力。

全面推进"文明共建,文化共享"活动,包括鼓励民间生活力量结对礼堂的"文化特派员进礼堂"项目,推动省内各县(市、区)间礼堂交流互动的"文化走亲"活动,提高农民群众组织文体活动的能力,促进礼堂活动开展常态化的文化礼堂"星期日活动"。

做好以政府投入为主导,积极利用社会资源、民间资本共同参与文化礼堂建设。围绕文化礼堂建设配套乡村休闲旅游景点设施,辅之与民宿、农家乐、乡土特产集散等,推出民俗文化游、地方风情游等,使文化与旅游成为一个整体;在文旅结合的大背景下,加强文化体验活动,在景区中尝试引入诸如景区非遗文化体验点、工艺美术学习点等,并在礼堂文化中推出乡土精品文化展陈,满足游客对区域特色的乡土文化体验需求,在具备相当的旅游资源后,可以尝试引入优质的旅游团队,开发文化游项目。做到大门常开、活动常办,让每天到文化礼堂看看戏、跳跳舞,到学堂看看书、听听课,成为农民的生活常态,坚决摒弃那种注重外表装饰、忽视功能发挥的做法,坚决避免平时"礼堂关门"、上级检查"门庭若市"的情况。让文化礼堂逐渐成为健康活泼、惠民便民的新农村特色生活圈。

天台县"天天大舞台"、临海的"美丽非遗"行动、黄岩的"新黄岩人"家园、温岭的"美丽乡村,礼堂夏夜"、椒江的"红色传统"、三门的"五榜、五节"活动、演出项目化、"戏曲展演"、"文化礼堂艺术节"、"农民文化节"等一批有特色的活动形式脱颖而出。

二、推行十大活动

台州大力实施文化惠民工程,送文化下乡、送戏下乡、送图书下乡;建设基层综合性文化服务中心、农家书屋、图书馆分馆;开展群众文艺展演活动等群众文化活动和惠民举措,在文化礼堂推行十大行动,让全市群众的业余生活更加丰富多彩,变得有滋有味。

1. 推行"乡村好声音梦想大舞台"系列活动。在文化礼堂深入开展"卡拉OK大家唱+村歌嘹亮"、戏迷联盟、经典诵读、方言故事会等具有本地特色、内容健康的群众文化活动,让一批能说会道、能唱会奏、敢于表现自我的村民在舞台上发出自己的声音,展现一技之长,实现自己的梦想。

2. 推行"乡村十礼"进礼堂活动。在文化礼堂全面推广"乡村十礼",普及庆国庆升国旗、春节祈福迎新、村干部就职、儿童开蒙、成人仪式、重阳敬老等礼仪礼节活动,每个农村文化礼堂每年举办礼仪活动2次以上,使农村文化礼堂成为弘扬社会主义核心价值观和文明新风的重要载体。在各文化礼堂创设种类丰富、主题突出、风格独特、创意新颖的现代礼仪活动。

3. 推行"育家风树新风"系列活动。每年开展"创文明家庭、树文明新风、做文明村民"等主题教育实践活动,促进乡风文明,移风易俗。在文化礼堂中开展"说村训、晒家规"等活动,鼓励有条件的农村文化礼堂建立家风馆,培育良好的家风村风乡风。开展"向陋习宣战　与文明同行"主题实践活动,提升村民的文明素质,培养文明的生活习惯。

4. 推行"送、种、育"进礼堂活动。开展"送文化""种文化""育文化"活动,以"育文化"为核心,在丰富多彩的活动中播种子、送服务、建队伍、育项目。区文化礼堂建设领导小组成员单位要根据工作职责,提供各自领域的内容,让农民群众自己选、自己点。各乡镇街道文化站开展好形式多样的"送、种、赛(文化)"活动。

5. 开展"我们的"系列活动。深入开展系列活动,让所有活动都有浓浓的乡土味,利用春节、元宵、清明、端午、国庆、中秋、重阳等传统节日,每个农村文化礼堂全年至少举办 2 次具有乡土风情的民俗文化活动。同时充分挖掘当地特色民俗活动,保护好、传承好、弘扬好地域文化。

6. 开展"最美人物"培树宣传活动。各乡镇街道和行政村要依托农村文化礼堂,广泛开展好人好事、道德模范、好婆婆好媳妇、好家庭等"最美"系列培树活动,并在农村文化礼堂中展示和宣传,充分发挥先进典型的激励作用,将"最美精神"发扬光大。

7. 推行乡贤进礼堂活动。规范设置"乡贤榜""文化长廊""乡村记忆馆"等展陈载体,展示乡贤先进事迹。各地要开展"举乡贤、颂乡贤、学乡贤"系列活动,发挥乡贤在扶贫济困、慈善捐助等方面的作用,加大对乡贤先进事迹的宣传展示,培育良好的村风民风。有条件的农村文化礼堂,可建立乡贤馆。

8. 推行宣讲进礼堂活动。每个农村文化礼堂都要发挥阵地教化作用,组织各类专家和草根宣讲大使,围绕时事政治、中心工作、社会热点等,开展时事政策宣讲活动,每年组织宣讲活动 4 场以上。文广新体、农林、司法、金融等与群众生产、生活密切相关的部门和企事业单位,要发挥职能作用,组建各类主题宣讲团,宣讲传统文化,普及实用知识、致富技能。

9. 推行"春泥计划"进礼堂活动。将文化礼堂作为"春泥计划"活动的主阵地,组织未成年人开展学雷锋、"争当美德少年(小道德模范)"、"我的中国梦"、文明旅游、感恩教育、日行一善、优秀童谣传唱等活动,通过故事、游戏、体育、娱乐、农作、手工、歌舞、绘画等形式,帮助未成年人树立正确的世界观、人生观、价值观。

10. 推行"社工进礼堂"活动。搭建社工和文化礼堂"一对一"共享平台,将社工组织的服务触角直接深入文化礼堂,与市慈善义工协会、市环保志愿者协会等社工组织签订服务项目协议书,明确其服务项目、权利义务、违约责任,根据礼堂实际需求,每月定期将宣讲培训、文明礼仪、文化艺术、慈善活动等四大类活动送进礼堂。

三、"农民文化艺术节"是载体

一年一度的"农民文化艺术节"是农村公共文化活动的一个盛典,它由一个平台、两项保障、三点要素组成。

一个平台,集中展示乡土特色文化。为全市文化礼堂提供的节目表演、农村文艺作品展示搭建了新平台。在这个开放的平台上,各县(市、区)农村文化礼堂均可自荐节目,自编自导展示各自文艺精品,举办乡村艺术节区县专场展演活动。每个区县至少进行1场专场演出,组织乡村文艺团体选送优秀节目进行集中展演,同时对参演节目进行评选。可以是"我们的村晚""天天大舞台""守候在夏夜"等,每年9个县(市、区)推选出约30个节目参加演出,"农民文化艺术节"以其形式多样、表意新颖、特色鲜明、有创意而深受群众欢迎。以此为契机,各县(市、区)开展丰富多彩的文化活动,如温岭的"文化礼堂艺术节"、临海的春泥非遗魅力。

两项保障,夯实群众文化生活。一是节目来源有保障。从最后会演集成的"艺术节"参演节目全部从各县(市、区)文化礼堂的各类文艺节目中挑选,强调自编、自导、自演,要具有浓郁的乡土味,地方戏、村歌、腰鼓、段子、相声等等,有效保障文化礼堂文艺队伍的演出机会,让乡土演员能够一展身手,增强他们的自豪感。二是演出场地有保障。所有演出都在文化礼堂举办,礼堂作为农民文化艺术节展演的平台,既提供演出场所,又提高文化礼堂吸引力。

三点要素,提供高品质的节目质量。一是平等意识真正得以体现。节目内容关注乡村农民的生存生活状态,积极平等地关注农民的喜怒哀乐,关注从事不同职业、不同区域农民的精神需求,为农民提供足够的文化活动载体和信息,让他们有身临其境的感受和亲身参与的乐趣快感。二是演出有新意。新构架、新思维、新模式缔造全新农民文化饕餮盛宴,艺术节将突破传统的单一文化会演和宣传展示的活动格局,将邀请部分演艺界明星参加本次活动并走进乡村与农民互动,重点鼓励农村文艺作品创作,重点鼓励新创作的优秀节目,并规定参演节目只能参加当年度文化礼堂精品节目,不能重复演出,激发民间巨大的创作热情和创作力,为文艺展演注入生命力。三是活动有主题。每年艺术节,都结合形势需要确立活动主题,如"乡音乡情 百姓之乐""和合之夜"。借力声势浩大的文化风暴,利用广泛的口碑传播渗透力和媒体效应以及深度的文化震撼力。

第二节 实践出成效

农村文化礼堂把文明实践的内容融合到传承中华优秀传统文化主题系列活动中,进一步发扬台州特色文化,弘扬中华优秀传统文化,将文明新风润物细无声地传播到千家万户。

一、天台县"天天大舞台"乡村文艺展演创新研究

2015年下半年,为弘扬天台本土文化,激发群众文化创造活力,丰富和活跃群众文化生活,天台县推出和打造"天天大舞台"这个群众文化品牌活动,构建群众文化由"蹲在台下看"到"站到台上演"的生动格局。

"天天大舞台"乡村文艺展演是由天台县委宣传部、天台县文广新体局主办的群众性文艺活动,是天台县创建基层公共文化服务体系的新模式,通过搭建县、乡、村三级"大舞台",深度挖掘农村文化资源,让老百姓演村事、唱村歌、

说发展,展示一组组优秀的民间文艺和农村系列文艺节目,成功探索出一条"政府投入少、社会影响大、百姓参与广、群众得实惠"的文化惠民新路子。

"天天大舞台",是一个展现百姓风采的大舞台,是一个乡村魅力绽放的百姓大舞台。从 2015 年 7 月开始全县 15 个乡镇 300 多个村、400 多支文艺队伍参加,月展演 6 场,季展演 2 场,总决赛 1 场,1 届农民春晚,共投入 60 多万元;2016 年共进行 30 场乡镇(街道)初选,12 场月展演,4 场季展演,3 场系列活动,1 场总决赛。共有 500 多个村、700 多支农民艺术团队参加,演出总人数达到 8300 人,有音乐、舞蹈、曲艺、武术、词调和民俗表演等六大类;同时扶持建立了农民表演团队 2051 支,包括腰鼓队、洋鼓队、舞蹈队、坐唱队、舞狮舞龙队、民间艺术表演队等,团队总人数达到 52852 人,共投入近 70 万元,现场观众 80000 多人。累计演出 50 多场,节目 750 多个,其中包括演唱、小品、舞蹈、相声、花鼓、词调、坐唱、地方戏等。这些系列活动的演出,彰显"天天大舞台,百姓展风采"的主题,让优秀的农村文艺节目、传统民间艺术得到全面的展示,进一步推进农村"文化礼堂"建设,用地方特色文化助推美丽天台,提升天台山文化内涵,共享美丽和谐生活。

文化展演让优秀的农村文艺节目、传统民间艺术得到集中全面的展示,让民间艺术能更广泛地传播开来,同时也极大地丰富了村民们的文化生活。

"天天大舞台"乡村文艺展演是政府主导下的群众性文艺活动,借助文化礼堂载体,以乡村民间文艺团体为主体的群众主动参与的农村文化活动盛事。

(一)特点

1.政府主导。

目前,政府提供的文化服务与农村群众实际需求严重脱节的情况普遍存在。在这种文化语境下,就要充分发挥政府的主导作用。"天天大舞台"主办单位:中共天台县委宣传部、县文广新体局;承办单位:全县 15 个乡镇街道、县文化馆,活动经费全部由县文广新体局提供,说明其活动是在政府主导下推动的。在农村文化活动还处于起步阶段,采取政府主导型的策略,无疑是最为正确的选择。

2.目标明确。

"天天大舞台"乡村文艺展演活动,旨在全面挖掘、梳理整合农村文艺资源,让优秀的农村文艺节目、传统民间艺术得到集中的全面展示,进一步推进农村"文化礼堂"建设,发挥天台县农民艺术团作用,让这种源于民间、生发于民间的艺术得到广泛的传播,从而又回归、服务于农村,为宣传天台文化、为主推旅游经济的发展服务。

这里给我们提供四个信息:(1)天台民间文艺资源比较丰富,这是活动开展的先决条件;(2)活动载体为农村文化礼堂,这是对三年来国家大力发展文化礼堂的最好注脚;(3)民间文化相互交流、碰撞、融合,逐渐形成具有鲜明地方特色的文化样式,回馈于社会,服务于农村,为新农村建设做出巨大贡献;(4)在活动中不断总结提升,形成农村文化活动"天台范",使天台文化能够攻城略地走出县域,走向全中国。

3.以文化礼堂作为载体。

作为天台县目前范围最大、参与人数最多、影响最为广泛的乡村群众文化活动,以农村文化礼堂为载体,打造新的农村文化活动形式,推进文化礼堂"建、管、用、育"的水平。三年来,政府投入巨资建成 107 家文化礼堂,目的就是成为农村"实现精神富有、打造精神家园"的载体,成为农村"文化殿堂、精神家园","天天大舞台"对此做了成功的探索。

活动月赛初选时间为十天,全县各村农民艺术团自行组织表演推选,选出优秀节目上报当地乡镇(街道),由当地文化站进行初选参加月展演的优秀节目名录,报送县文化馆。"天天大舞台",既是政府组织的,又是群众自发参与的。大舞台的基础就是乡镇选拔赛,是各村群众性文艺团体的自发重新集结全面亮相展示文艺水平的一次集中展示,没有群众性活动的自主积极参与这个基础,其后的月展演、季展演、年度展演都是空中楼阁。

(二)创新特点

1. 政府引导有力。

为了调动村民参与文化活动的激情，天台县费了不少心思、下了不少功夫。2015年以来，先后投入130多万元，在全县范围内举行"天天大舞台"文艺展演活动，使农村文化艺术水平普遍得到提升，有力地支持了乡村文化活动的开展。文化馆把工作的重点放在业务指导上，指派专业人员指导参加展演复赛的文艺团队，并邀请省歌舞团高等级专业老师对参加决赛的文艺团体加以指导培训；并出台多个指导性文件，指导、规范乡村文化活动。

2. 月季联动。

"天天大舞台"乡村文艺展演分季实施，旨在全面挖掘、梳理、整合、提升农村文艺资源，让优秀的农村文艺节目、传统民间艺术得到全面集中的展示。项目分季实施，包括初选、月展演、季展演、总展演，并且在年底举行农民春晚。2016年度，已经完成"天天大舞台"乡镇展演30场，县级展演12场，季展演4场，系列活动3场，总展演1场，形成"月月有活动，季季有演出，人人都参与"的喜人局面。

3. 草根勃发。

通过开展"天天大舞台"文化展演，为广大农村文化积极分子提供了展示才华的平台，增加了他们提高文化才能的压力和动力。天台县依托"天天大舞台"文艺展演发展天台县农民艺术团，全县15个乡镇(街道)共成立了42支农民艺术团，参加文化活动总人数达到了1300人，类别有音乐、舞蹈、词调、书法、美术等五大类；扶持建立了农民表演团队2051支，包括音乐、舞蹈、腰鼓队、洋鼓队、舞蹈队、坐唱队、舞狮舞龙队、民间艺术表演队等，团队总人数达到52852人。特别是参加季展演的文艺团体，经过文化馆专业辅导和省艺术团专业帮扶和提升，民间的草根艺术得到全面勃发。

4. 作品创新。

"天天大舞台"犹如星星之火，点燃了广大农民的文化自信和激情，农村

(社区)涌现了一批创作型人才,他们创作的一批批具有浓郁天台特色的小品、村歌、曲谱、字画等文艺精品受到群众的热烈欢迎。2015 年在台州市举办的农村题材小品、小戏、曲艺作品征集中,天台县本土创作的作品获得了二等奖3 个、三等奖 2 个;2016 年,参加市里组织的新农村题材歌词大赛,获得一等奖2 个、二等奖 2 个、三等奖 5 个、优秀奖 14 个;参加台州市首届"群星杯"古筝分级大赛获金奖 3 个、银奖 5 个;参加台州市广场舞大赛,天台县始丰街道溪林春天社区、平桥镇后村参加比赛,都获得了铜奖;2016 年"群星璀璨"台州市第四届美术书法优秀作品展,天台县获金奖 3 个、银奖 3 个、铜奖 3 个、优秀奖5 个;新创排舞"小济公"参加浙江省第十届排舞大赛,获金奖;参加浙江省原生态声乐大赛,天台县选送道情比赛,获创作·演出铜奖;徐阳阳演唱的《黄河渔娘》参加浙江省群众声乐大赛,获演唱银奖。目前,天台县编撰了《天台县文化明星作品选》(第一辑),收录了包括曲艺类、歌词类、戏剧类等共计 26 篇优秀作品。这些作品语言风趣幽默、贴近生活,其中部分作品教育意义巨大,部分作品已搬上"天天大舞台"。天台县民间艺术团体整体创作力走在了全市前列。

5. 常态运行。

天台县在推进"天天大舞台"项目中,坚持政府主导、部门主办、社会参与,积极对接社会资源,激发群众参与文化活动的积极性。一方面,不断完善政府向社会力量购买公共文化服务机制,支持艺术表演团体提供公益性演出,同时采取一场演出补贴 1.5 万元的方式量化文化服务,推进活动广泛开展,积极打造文艺精品。鼓励其中"自办",通过政府搭建平台,积极培育民间文艺市场,多方位提供发展空间。另一方面,通过文企联办、民办公助、冠名赞助等多种方式,加快社会资金投入公共文化服务发展的进程,促进农村文化活动的社会化和常态化。

(三)创新作用

1. 地方文艺得到全面挖掘和整理。

全县的乡村文艺"民星"欢聚一堂、交流切磋,在这个以"农民为主角"的百姓舞台上载歌载舞,尽情演绎自己的才华,展示新时代农民多姿多彩的文化生活。台上演员舞姿绰约,裙袂翩飞,台下观众群情激昂,目不转睛。从"天天大舞台"乡村文艺展演月赛、季赛到年度总决赛,站在亮丽的舞台上成为主角,武术、小品、表演唱、舞蹈、越剧轮番登场,相互比拼,角逐最高奖项,奉献了一场富有乡村气息、农味十足的好戏。

"天天大舞台",是一个展现百姓风采的大舞台,是一个乡村魅力绽放的百姓大舞台,也是展现乡村文艺的大舞台。2015 年起,天台县成功举办了"天天大舞台"乡村文艺展演,全县 15 个乡镇 300 多个村、400 多支文艺队伍报名参加。一年来,县委宣传部、县文广新体局共同组织 12 场月展演,4 场季展演,1场年度总决赛,让群众文化由"蹲在台下看"到"站到台上演",彰显"天天大舞台,百姓展风采"的主题。在展演中,武术、相声、小品、表演唱、民俗、舞蹈、地方戏、越剧等地方文艺得到全面挖掘和整理。

2.民间文艺团体的艺术水平得到提升。

根据"天天大舞台"实施方案,进入季展演和总展演的节目要求进一步完善和提升。在文化馆业务干部辅导基础上,县文化旅游部门将根据"天台县农村文化礼堂多元体"战略共建合作框架,再安排省歌舞剧院老师(专家)对进入总展演节目逐一进行指导,在原有的基础上再上一个档次;打造地方风情浓郁、乡村味十足、土生土长具有一定水准的一台综艺节目,并通过评委(专家)的评审,评出创作、表演金奖、银奖、铜奖若干名,并颁发证书和奖金。

经过专业指导,以弘扬本土文化为核心的"天天大舞台",充分激发群众文化创造活力,让优秀的农村文艺节目、传统民间艺术在得到全面展示的同时,民间艺术表演团体艺术水平经过实践—指导—再实践这样循环往复的过程得到快速提升。进一步推进农村"文化礼堂"建设,用地方特色文化助推美丽天台,提升天台山文化内涵,共享美丽和谐生活。

每年还从获金银奖节目中评选一批节目参加天台县农民春晚。有着春晚情结的农民,对于参加春晚的节目尽心尽力,演员团队经过几轮锤炼,自身艺术水平有了极大的提高。

3.农民参与意识觉醒。

"天天大舞台"让村民转变了角色意识,文艺展演、人人有份、人人参与,共演共享。通过"天天大舞台",村民文化活动参与意识大大提高了,从政府服务的被动消费者变为文化活动的主动参与者,成为文化礼堂的主人,改变了以往政府当主角、群众当观众、"一头热,一头冷"的现象。参与意识与主人意识开始全面形成。

同时,年轻人参与机制逐步形成。"天天大舞台"活动丰富多彩,多方参与的积极性推动参与群体逐渐向多年龄段发展。随着展演中武术、相声、小品、表演唱、民俗、舞蹈等有序展开,吸引了村里的部分年轻人参与展演和观看,本来绝少年轻人参加的农村文化活动在"天天大舞台"这个舞台上有了展示机会,年轻人对此投入大量热情和心血,作为参与者打通了文化礼堂年龄的界限,青年人参与机制开始形成。让更多年轻人逐渐回归村级文化活动,这是当下新农村文化建设者的愿景,这一愿景在天台县慢慢地拉开了帷幕,精彩的表演已经开始。

4.公共文化活动的氛围逐步形成。

"天天大舞台"以人民为中心,重在不断满足人民群众基本文化需求。以人民为中心,构建现代公共文化服务体系是关键。全县 500 个村 700 支队伍参与的"天天大舞台",其气势、规模、深度都无与伦比,群众性文化活动的广泛开展,文化礼堂由冷转为热,标志着农村全面参与公共文化活动的氛围开始形成,并随着活动不断走向深入。

5.农村文化阵地逐步形成。

群体文化活动的兴起并逐步繁荣,以奖代补(物质\精神),以有限资金撬动群众性文化活动的整体开展。天台县积极做好文化礼堂建设三篇文章:一是"增量";二是"提质";三是"保障"。注重质量为先,注重价值导向,注重管理利用。"增量"是基础,"提质"是核心。

在文化礼堂建设中,除了"建",还要"用",把握好"建、管、用、育"的四字"真经",真正发挥它的价值。天台借助"天天大舞台"这个平台展示礼堂文化这个文化主阵地的功能,检验其成效。展演中,舞龙舞狮、戏曲、歌舞、相声、说唱、民间文艺等竞相绽放,而登上"天天大舞台"的节目都来自礼堂文化。农村文化高地渐次显现,阵地逐步形成。

(四)创新价值

1. 农村文化活动获得丰硕成果。

全县 500 个村 700 支队伍,上万人参与的"天天大舞台"拉开天台县群众性文化活动的大幕。30 场乡镇(街道)初选,12 场"月展演",4 场"季展演",1 场"总展演",共同打造成地方风情浓郁、乡村味十足、土生土长具有一定水准的一台综艺节目。即便是在村文化礼堂举行初选月赛,都奉献了具有相当欣赏价值的乡土作品,如白鹤镇月赛,由村歌《西演茅之歌》拉开了演出的序幕,小品《安科美女话新村》更是别出心裁地反串表演,把安科的变化融进了诙谐幽默的逗乐中;表演唱《农耕颂》新意十足,村民"自创自编、自导自演"五水共治新农村。已经结束的 2015 年、2016 年,在年度总决赛中,经过激烈角逐,越剧表演唱《百岁挂帅》、天台坐唱《开弓解和》、传统武术《奚家拳》、歌舞《家和万事兴》、小品《捻藤碰着齐主任》、民俗舞《老来俏》获得金奖,反映出天台县民间文艺的代表水平,浙江省文化厅网站、浙江省文化馆、浙江艺术网、《台州日报》、《台州晚报》等多次报道该活动的开展和取得的成绩,农村文化活动取得了丰硕成果。

2. 全民参与的意识得到培养。

为扭转文化活动的角色,天台县启动政府购买服务来推进农村文化建设,增加文化供给,通过"民俗村""农村献文艺""天天大舞台""农民春晚"等各类文艺活动激发群众参与积极性,促使群众由文化活动的被动参加者变为主动参与者,成为行动和实践的主体。

村级"文化礼堂"要真正成为精神家园,是一个长期系统建设高水平、可持续、更完善的基层公共文化服务体系的工作。"文化礼堂"建成只是基础,后续

的运营才是关键所在。提供开展广泛群众性文化活动,加强对"文化礼堂"的
管理,确保"文化礼堂"高效运营。

3.打造农民自己的精神家园。

将建设农村文化礼堂作为天台农村精神文明建设和文化建设的一个重要
举措,须做到三个"坚持":坚持从"精神家园"这一核心目标出发,做到有内涵
见实效;坚持以区域文化为根基,重视地方特色;坚持以政府部门为主导,逐步
完善长效运行机制。

具体而言,彰显各地文化风俗,搭建多元化文化礼堂;礼仪为先,文化礼堂
让群众浸润"礼"文化;活动为主,群众性文化活动常态化;注重价值引领,丰富
农民群众精神世界;变参加者为参与者,高扬文化活动的主人公姿态。"天天
大舞台"的文化创意结合本县实际,因地制宜建设,亮点纷呈,充分凸显了天台
县"文化创意"内涵和活动的深度广度,在台州市新农村建设中起到了很好的示
范带动作用。"天天大舞台"让这个涵盖农村群众思想道德建设、文体娱乐活动、
科技知识普及等内容的农村文化综合体,已经成为新时期农民的精神家园。

(五)完善与推广

1.完善资金保障。

县文广新体局给予举办月展演的乡镇(街道)每场补助 1.5 万元,参加季
展演的演员(包括 1 人领队)每人补助 100 元,表演人数在 10 人以上的团队每
队再补助 1000 元;演出所需的车费、餐费由各乡镇(街道)自行负责。给予参
加年度总展演的演员(包括 1 人领队)每人补助 100 元,表演人数在 10 人以上
的团队每队再补助 2000 元;演员所需的车费、餐费由各乡镇(街道)负责。活
动资金需要 60 万—70 万元,基本上由政府包办。随着规模的扩大,有两个层
面问题需要解决:一是加大资金财政扶持力度。首先,增加财政投入;其次,对
村文艺团队给予成本补偿,鼓励他们参加政府举办的各类文艺活动。二是鼓
励社会力量参与公共文化活动。首先,完善"文化礼堂基金"。天台县将"文化
礼堂基金"巧做"无米之炊"这一创新举措,计划在全县各镇村推开,其中在文

化礼堂基金的来源上，以乡贤无偿捐助、无息借款等形式筹集，成立基金会，将利息收益补充文化礼堂运行专项资金。但基金总数无法确定，存银行还是进行激进投资未能定论，按照目前的固有思维，存银行是大概率事件，但银行利息太低，利息收入能不能支撑文化礼堂及群众性文化活动尚不明了。其次，在多方筹集活动资金的背景下，还可以拓展思维，运用当下流行的众筹模式，选择经济较为发达村实施村级文化基金众筹，党员及组织带头，镇、村、企业、村民共捐，村民 5 元起捐，并开通支付宝、微信支付、发红包等，鼓励年轻人参与，最后达到人人认捐、人人参与、人人享受的局面；也可以学习临海市"市、镇、村三级联动机制"，保障文化礼堂的活动资金。

"文化礼堂基金"能够引导社会力量通过捐资、认捐、无息借款等形式广泛参与，从而使文化礼堂有钱建、有钱管、有钱用，实现从"无钱办事"到"有钱活用"，真正让文化礼堂成为百姓的精神家园。

2. 完善人才培养机制。

当前农村文化活动存在的另一个核心问题是人才匮乏：一是农村乡镇文化专干基本不"专"。乡镇文化站站长及其专业技术人员本是专门从事文化工作的干部。然而，文化专干一年四季基本不"专"。乡镇文化站都是属于文化局和当地乡政府双重管理的单位，一般一个站就只有一个人。一个人做几个人的工作，在乡镇还要负责挂村工作和政府其他中心工作，很多还兼任其他工作岗位，明显满足不了农村文化需要。二是乡村文艺人才缺乏，主要是源于人才机制不够完善，农村的文艺人才没有进入政府人才政策的视野，这些土生土长的文艺人才长期处于自生自灭状态而得不到培训提升。

农村文化活动的开展，离不开农村业余文艺队伍。农村业余文艺队伍是基层文化建设与和谐社会建设的生力军，社会要实现文化大发展大繁荣，它的作用不可低估。其建设发展，对破除农村各种陋习有积极矫正作用；同时，对传承发展濒危的非物质文化遗产、捍卫民族的血脉、实现多元民族文化的借鉴融合及博采众长意义重大。为此应该做好以下几点。

(1)抓人才资源库建设。农村文艺人才队伍是农村文化建设的根本。通过走访调查摸底,对全县民间艺术家、民间乐队从业人员的姓名、地址、电话、特长等基本信息登记入档,全面了解和掌握全县农村文艺人才的数量、年龄、文化、特长和知识结构。

(2)抓农村文艺人才的培训。首先,全面、系统地开展各类培训,在文化礼堂开展说唱、小品创作、相声、舞蹈、广场舞;文化管理员职能、职责等方面培训。通过培训,文化积极分子、文化管理员及其他成员掌握了各种文艺知识,提升开展基层公共文化服务的基本素质,培养一批基层文艺人才。其次,由文广新体局牵头,采取"请进来""走出去"和"互动交流"的方式,开展文艺讲座、文艺参观学习和开展文艺交流学习活动,抓村文艺骨干的挖掘和培养,抓文艺队伍骨干的培训,加强对草根团队的组织者和文艺骨干的技术辅导,使其演出技巧和水平得到提高,不断提升农村文艺人才的整体水平。

(3)抓文化队伍活动的质量。支持各类业余文艺团队建设,进一步完善公共文化服务业余队伍网络。质量是活动生命的保障,有意识地引导文化活动量升从质提进程,以质量提升为抓手,把基层公共文化活动的自娱自乐性倾向逐渐过渡到兼具艺术性、观赏性方向发展,形成独有的乡土文化品牌,不断提高活动质量和品位。

二、椒江区创新打造"和合讲堂"激活基层农村文化礼堂内生动力[①]

为响应农村文化礼堂标准化、品牌化建设新要求,椒江区创新打造"和合讲堂",推进"百场和合讲堂进文化礼堂"和"和合讲堂之枫山故事会",让基层文化事业焕发新颜。

1.创设载体、深挖内容,大胆践行"以文养文"。围绕"打造特色、凸显品相"目标,深挖椒江海防、古章安历史、近现代红色文化等本土历史资源,及贵和尚中、亲仁善邻、和而不同等中华传统文化底蕴,推动"和合讲堂"进文化礼堂,激活

---

① 此文由椒江区委宣传部提供。

文化礼堂的宣传教化功能。自讲堂开设以来,共举办涵盖海门卫城历史、椒江地名文化、台州刺绣史话等各类主题讲座 20 余场,累计听众超 8000 人次。

2.开门纳贤、精准服务,鲜明突出"群众主角"。在师资选择上,挖掘和吸纳社会专家学者、文人乡贤,特别注重发掘基层的草根文化达人,组建讲师团 30 余人,并与道台里文创园创始人朱鹏签约长期合作,为群众带来和合文化大餐。为讲堂粉丝建立"铁杆听众"微信群,在群内直接促成讲师与群众的课后交流探讨,以群众的反响来评判讲堂质量。邀请群众参与讲堂选题、专家推荐,精准服务群众需求。

3.强化管理、健全机制,有效保障"常态在线"。推进"政府埋单、社会受益"运作机制,将"和合讲堂"活动的讲师宣讲费用等经费纳入财政统筹,强化资金保障。依托全国社会科学普及基地枫山书院,开设"和合讲堂之枫山故事会",使讲堂以子栏目形式固定下来。每月至少送 5 场"和合讲堂"进农村文化礼堂,让和合之声在基层蔚然成风。

4.立体推介、做优品牌,强势打造"文化地标"。在"e 椒江"移动客户端、椒江发布微信号、椒江新闻网站等新媒体平台开辟"和合讲堂"专栏,通过微信图文直播、客户端平台视频点播、专题报道等方式开展宣传。每期讲堂推出前,采用海报张贴、媒体网站公布、微信短信推送等形式广泛告知,活动期间全程录像,吸引大批市民热情参与,有效扩大知晓率和影响力。目前,"和合讲堂"已成为基层文化礼堂的重要品牌项目。

三、临海市文化礼堂"五抓促五育"建设[①]

1.案例背景。

农村文化礼堂"建、管、用、育"一体化建设,做好"育"字文章最为紧要。"育"既是礼堂的主要功能,也是体现其价值的关键所在。2013 年以来,临海市按照台州市的总体部署,共建成礼堂 306 家,2015 年获浙江省农村文化礼

---

① 此文由临海市文化和广电旅游体育局提供。

堂先进集体荣誉称号。在建设过程中,临海市结合各村的资源和条件,围绕"精神家园、哺育基地"的工作目标,以"五抓促五育",不断丰富礼堂的精神内涵,彰显礼堂的特有魅力。

2.主要做法。

——抓慈孝美德的弘扬,促进核心价值的养育。

我们把大力弘扬社会主义核心价值观贯穿于礼堂建设的全过程。在礼堂中,以展览展示、文明礼仪、主题教育等活动宣传主流价值;通过举办评优选贤活动,宣传展示美丽家庭、善行义举、乡贤人物,传递社会正能量;编写《道德光辉》等书籍,开展好家风、好村风、好乡风的培养,推进核心价值观的落细落小落实。

传承和弘扬传统美德,也是礼堂德育建设的重要内容。古城街道七里村等一批礼堂,推行启蒙礼、敬老礼等礼仪之风,强化村民知礼、崇礼、行礼的自觉性。上盘镇翻身村、大田街道横街村等礼堂,开办乡风讲堂或道德讲堂,有计划、有步骤地培养良好道德生态环境。

东塍镇东溪单村礼堂突出慈孝美德的颂扬和实践,已经成为礼堂建设的成功范例。多年来,东溪单村礼堂立足培养村民"慈爱、孝义、为善、有信"为核心的价值观念,从推进文明建设、顺应群众需求、改善居家养老入手,整合政府、社会、党员、乡贤、群众和爱心人士的力量,设立慈孝基金,评选慈孝明星,开展慈孝公演、慰问、奖学等活动,在慈孝文化挖掘、价值理念传播、民众道德践行、运行机制保障等方面进行实践探索,取得可喜成绩。东溪单村礼堂的建设经验,经有识人士的倡导,已经走出临海,并走出了台州。

——抓红色文化的传播,促进家国情怀的培育。

我们以礼堂为基地,广泛开展政治思想教育、理论政策宣传、乡音党课、"中国梦"主题宣讲和教唱国歌、教唱"红歌"等活动。提倡各村礼堂发掘和颂扬当地自然美景、名特名产、乡贤能人、创业名人、勤奋学子的典型实例,提高民众爱祖国、爱家乡的热忱。

东塍镇岭根村礼堂配合创建历史文化名村工作,整合当地资源,礼堂展览分为古今人物、史迹寻踪、文博集萃、民俗文化、经济特产等专题,内容丰富多彩。在此基础上,还编写出版了45万字的《历史文化名村——岭根》一书。河头镇岩坑村是土地革命时期的革命根据地和早期中共地下组织所在地。该村礼堂就以红色史料为基础,建成爱国主义教育基地,广泛传播红色文化。这些礼堂既增强了民众的凝聚力,也扩大了当地的知名度和美誉度。河头镇姚宅村则在文化礼堂基础上建设革命纪念馆,以丰富翔实的史料讲述我党临海基层革命历史,让更多的人感受革命初心,继续行走在社会主义康庄大道上。

——抓乡愁印记的传承,促进文明根脉的抚育。

临海作为国家历史文化名城,历史悠久,底蕴深厚。随着文化礼堂建设的兴起,文化根脉的传承和抚育绵延到乡村的角角落落。2016年12月8日,《浙江日报》以"千年古城,百般乡愁,农村文化礼堂的临海范"为题,专版报道了台州市礼堂复古范、文艺范、融合范、传统范、乡土范和多彩范等六个建设样本。

最近,永丰镇下塘园村礼堂,增设拥有1200平方米的四合院,建成永丰农耕文化博物馆,系统陈列耕作器具、生活用具、鞋帽服饰等展品近1000件。这些离日常生活逐渐远去的器物,吸引着络绎不绝的观众,唤醒了人们悠远而厚重的乡愁记忆。

——抓娱乐活动的开展,促进文化品牌的孕育。

我们以礼堂为依托,普遍开展综艺节目、美丽非遗进礼堂的"送文化";文明共建、文化共建的"种文化";让村民自编自导自演村晚、乡村文化节的"秀文化"等系列活动。从2013年开始,我们设立崇和大舞台,让礼堂组织联系的文艺团队和文化骨干,经过层层选拔,最后到城里"秀"歌喉、"秀"舞姿。各地结合"一镇一节、一村一品"、传统民俗节庆和好村歌评选,孕育了一批农村文化品牌。丰富多样的文化活动,正悄然改变着村民们的精神文化生活。

白水洋镇上官村的"桃花节"、永丰镇茶辽村的"红枫节"等已成为部分文化礼堂的每年"标配"活动,邵家渡街道大路章村的"红草莓"舞蹈队、江南街道沿岙村排舞队等在崇和大舞台上脱颖而出,成为农村妇女走上舞台的草根明星。

——抓村民服务的拓展,促进主体队伍的训育。

文化礼堂是为村民服务的,活动的主体也是当地的村民。我们市级部门有针对性地开展法律、科技、农技、卫生、体育、文化等服务工作,训练、辅导、培养村民群众的骨干人员,引导村民自我服务、自我参与、自我发展。古城街道古楼村礼堂,建立了专管员、指导员、文化志愿者3支服务队伍,辅导和培养了村民高跷队、腰鼓队、书画队等16支活动队伍,常年活动异彩纷呈,几乎没有间断,让村民真正成为礼堂的主人。目前,全市共有文艺团队2000余支,民营剧团100多家,文艺骨干上万人,全年各类文艺演出5000多场次。

3.实施成效。

农村文化礼堂远远不止是一个单纯的文化活动场所,也是村民的"精神家园、哺育基地"。临海市文化礼堂建设"五抓促五育",认真做好礼堂育人、育风气、育文化工作,充分发挥礼堂在推进农村精神文明建设、践行社会主义核心价值观中的积极作用。

4.经验启示。

把大力弘扬社会主义核心价值观贯穿于礼堂建设的全过程,广泛开展政治思想教育、理论政策宣传、乡音党课、"中国梦"主题宣讲和教唱国歌、教唱"红歌"、农民丰收节等活动,普遍开展综艺节目、美丽非遗进礼堂的"送文化",文明共建、文化共建的"种文化",让村民自编自导自演村晚、乡村文化节的"秀文化"等系列活动,有针对性地开展法律、科技、农技、卫生、体育、文化等服务工作,训练、辅导、培养村民群众的骨干人员,引导村民自我服务、自我参与、自我发展,让村民真正成为礼堂的主人。

四、温岭市"文化礼堂艺术节",注入文化活泉[①]

1.案例背景。

文化是一个国家、一个民族的灵魂。文化自信是一个国家、一个民族发展

---

① 此文由温岭市文化和广电旅游体育局提供。

中最基本、最深沉、最持久的力量。党的十九大报告指出,我国的社会主要矛盾已经转化为人民日益增长的美好生活需要和不平衡不充分的发展之间的矛盾。乡村振兴,文化先行,践行文化创造、实现文化进步,满足城乡居民多样化、多层次的精神文化需求已迫在眉睫。

近年来,顺应台州创建国家公共文化服务体系示范区的宝贵机遇,温岭公共文化建设投入逐年加大,公共文化服务机制不断创新,公共文化设施建设逐步递增,公共文化活动遍地开花,公共文化服务体系建设取得了阶段性的成果。截至2018年8月,台州市共建有农村文化礼堂311家,全年预计举办各类文化活动近6000场。但是基层文化活动低、小、散、乱现象仍旧十分突出,量大质低、形式单一、缺乏创新,成了台州市公共文化活动的弱点和难点。为了引导基层公共文化活动走上规范化、持续化和品质化的发展道路,2019年台州市积极贯彻落实乡村振兴战略实施方针,以"提质扩面、常态长效"为目标,以"建美丽乡村、谱文明新韵"为主题,首创举办农村文化礼堂艺术节。

2. 主要做法。

以16个乡镇(街道)综合文化站为业务支撑,以全市311家文化礼堂为活动前沿阵地,落实市级资金补助200万元,为全面开展活动提供保障。通过村居自办、市镇联办、文化走亲、文化下乡等形式,每月一主题,全市联动,贯穿全年,举办一系列主题鲜明、形式多样、内容丰富的群众文化活动,串联基层散乱的文化活动,激发村居活动举办热情,打造全市文化活动特色品牌,实现全市文化活动整体化、有序化、高质化发展,切实增强群众文化获得感和幸福感。同时推进"月竞赛"活动,联合市委宣传部每月对各村文化礼堂举办的活动开展评选,根据评选结果分别给予相应的经费补助;并根据每月参与情况,进行年底考核评比,评出艺术节二十佳文化礼堂,给予资金奖励。

(1)整合资源,活动数量与质量并重。一是联动共办协作。联合市委宣传部统一策划部署,做精做细活动方案,主动增强图书馆服务功能,创新建立文化礼堂图书分馆,率先成功构建四级阅读服务体系;协助推进部门结对共建农村文化礼堂活动,59个市级部门对接全市农村文化礼堂,截至2017年底建成的219家农村文化礼堂开展送资源、送服务、送活动等服务;推进"订单式"服务,推出各个领域的惠民活动项目394项,配套推出镇级"服务菜单",在点单的基础上开展送单工作,丰富了礼堂活动"菜篮子",走出"妈妈式"服务新途径。二是推动交流联谊。依托礼堂场地及周边配套设施文化广场、文化公园等硬件设施,开创礼堂文化走亲、镇村联合、文化礼堂联谊等多形式活动,搭建文化交流平台,促进村域之间文化沟通,推动互赏互鉴,学习先进经验,提升文化自信。三是引入社会力量广泛参与。全面实行文化礼堂理事会制度,充分发挥群众自我组织、自我管理的作用,引导广大村民积极参与文化礼堂建设工作。面向社会由专业的文化人士组建文化指导员、文化大使队伍,深入文化礼堂开展技能培训、文艺团队培育、文艺活动策划等工作。以影响力突出的地方乡贤为领衔人,发挥其文化引领和示范带动作用,逐步引导全民参与,促进文化活动从政府组织参与到各类社会力量、文艺团体主动参与的转变。

(2)挖掘特色,送文化与种文化并举。一是文化产品配送进文化礼堂,满足群众文化需求。越剧、综艺、电影下乡等公共文化产品配送项目重点向文化礼堂倾斜,组织文艺团队、宣讲小分队、文艺巡演、阅读推广、优秀作品展览等走进文化礼堂,全面丰富文化礼堂活动。二是文艺人才骨干进文化礼堂,激发群众创作潜力。鼓励具备一定表演水平的文艺团队、文化人才到文化礼堂开展戏曲角、文艺演出、文艺培训等活动,并结合本村居文化亮点,开展集中性和有针对性培训辅导,引导全市群众进行文艺创作、参与表现自我,实现市级优秀资源下沉,城乡文化资源共享,开启镇村文化多元发展新格局。三是数字服务进文化礼堂,赋予文化时代活力。目前,已实现全市已建文化礼堂无线网络全覆盖,依托市图书馆、文化馆等单位共享工程、数字资源建设等工作,建立数字资源讲师团与推广团队深入全市文化礼堂,持续推进文化礼堂手机图书馆、数字电影放映、群众数字阅读等工作,提高群众数字化使用能力。

(3)多方宣传,影响力与满意度并进。一是壮大主流媒体舆论阵地。与温岭电视台合作开设文化专栏《岭上明月》，重点介绍市域内的文化设施、文化活动、历史故事等，生动展示台州市农村文化礼堂建设取得的丰硕成果，营造"文化引领幸福生活"的祥和氛围，展现文化礼堂艺术风采。与《温岭日报》等官方媒体深度融合，重点报道文化礼堂艺术节开展情况及取得成果，推动文化觉醒，实现红色引领。二是发挥自媒体中坚力量。牢固依托温岭发布、温岭文化等广关注度、高阅读数的公众微信号，发布活动信息，阐述惠民政策，听取群众声音，打造没有边界的文化共享服务。三是推进"互联网＋礼堂服务"。充分发挥微信直播线上线下互动作用，以全年重大节庆"集中活动日"为节点，全面开展、全市联动，让基层群众了解文化礼堂艺术节的活动情况及活动信息，提高参与文化可能性与积极性，让活动走出礼堂，走进朋友圈，扩大文化礼堂艺术节的覆盖面和影响力。同时听取群众心声，针对群众需求，丰富文化产品，改进供给方式，实现供需对接，提高群众满意度。

(4)夯实基础，规范化与常态化并驱。一是培育文化礼堂内生力量。推行文化礼堂规范运行补助制度，推进专职管理员队伍年轻化建设，每年常规化开展文化礼堂管理员培训班等，确保文化礼堂专人管理、管理得当。大力培育礼堂文体团队，目前全市共建有文体团队2982支，覆盖排舞、乐器、戏曲等群众基础良好的文体活动50多项，保障礼堂日常活动常态化。培育志愿者队伍，目前全市9879名文化志愿者，融入文化活动组织和保障、图书阅读推广、边远地区电影放映等文化礼堂服务工作，积极推进志愿服务结对文化礼堂制度，针对留守儿童、空巢老人等弱势群体开展保障特殊群体活动。二是融合资源合力推进。发挥全市各文艺协会的专业力量，促进文学、美术、书法、摄影、音乐、舞蹈、戏曲等活动在文化礼堂艺术节中全面开花，组织全市非物质文化遗产精品项目和传承人开展巡演、巡讲、巡展，将在礼堂活动中讲好温岭文化故事，激发群众热爱本土文化的热情。组建一批擅长组织、策划、编排活动的文化人才深入基层，确保文化礼堂艺术节规范化、常态化，形成全市文化活动特色品牌和良好氛围。三是挖掘特色打造文化活动金名片。举办文化礼堂村歌大赛、

"我们的村晚"文艺会演等文化礼堂艺术节大型品牌主题系列活动，引导群众自我展示、自我提升、自我服务，并依托传统节日深入开展形式多样的"我们的节日"系列活动，充分发挥优秀传统文化的滋养和引导作用。例如，石塘镇文化礼堂，在充分呈现和弘扬石塘传统文化的同时展示渔民风采，传颂渔镇新风，网罗当地阳光文化、石屋文化、海洋文化、饮食文化等特色文化，创作了大奏鼓等一系列脍炙人口的文化节目。四是建立"乡村艺校"。在全市各镇(街道)综合文化站建立特色艺术门类固定的培训基地，在文化礼堂选点建立书法、舞蹈、戏曲等艺术门类市级培训点，通过自愿报名、集中培训的形式，组织市内外文艺名家到基层一线教、学、帮、带，开设音乐、排舞、戏曲、书法、美术、写作、剪纸、摄影等多种下乡培训项目，塑造"市、镇、村"三级文化资源有序共享的联动模式，实现文化资源由市级层面逐步向基层倾斜，促进全市文化资源均等共享。

3.实施成效。

(1)全面盘活文化活动，艺术节是礼堂建设实效的"龙虎榜"。常规化根据活动内容、规模及材料完整程度等，对各村文化礼堂开展评选并给予相应的经费补助。这种竞争性的活动模式，有利于各文化礼堂横向比较找差距、纵向比较争进位，增强各文化礼堂危机意识和忧患意识，正视自身不足，不断提升文化活动的数量和质量，推动各村文化礼堂比学赶超，形成动态前进、自我完善、不断超越的态势，激励文化礼堂提升软硬件建设，对繁荣基层文化、活跃群众生活具有深远的影响。

(2)高度深化礼堂内涵，艺术节是礼堂自转能力的"加油站"。通过搭建文化礼堂艺术节这一展演展示平台，提高基层本土文艺团队的积极性，培育文艺骨干、创作文艺作品，兜住市民的基本文化需求，深入贯彻落实《中华人民共和国公共文化服务保障法》和《浙江省公共文化服务保障条例》，健全公共文化服务体系，保证公共文化活动强度，保障市民基本文化权利，提升市民文化素养，使广大市民从文化活动的观赏者成为参与者，提高百姓文化自生动力。

(3)大力丰富活动形式,艺术节是礼堂文化产品的"万花筒"。以"天天有活动、周周有演出、月月有项目、季季有节庆"为目标,举办全市曲艺大赛、文艺团队才艺大赛等市级大型活动,并结合文艺宣传小分队进文化礼堂,在端午节、中秋节等开展"我们的节日"系列主题活动,充分发挥优秀传统文化的滋养和引导作用,深入开展形式多样的群众性节日文化活动。同时组织全市文艺工作者赴文化礼堂文艺采风,创作反映当地特色的村歌并广泛进行村歌传唱活动,使村歌成为一个村标志性的文化符号,成为美丽乡村重要的展示窗口,成为团结教育村民的重要纽带。挖掘和培养文化礼堂曲艺创作表演人才,创作一批群众喜闻乐见的戏曲、三句半、莲花落、道情等曲艺作品,传承和弘扬传统曲艺艺术。通过艺术节为文化礼堂培育文艺队伍搭建平台,以点带面,带动和促进文艺人才队伍整体素质的提高,促进各级各类文艺人才协调发展,保证艺术节出新出彩。

(4)全盘掌握活动数据,艺术节是礼堂资料档案的"收藏夹"。凭借文化礼堂艺术节这一大型活动品牌,统筹全市文化礼堂活动,通过整体化、项目化的档案整理,厘清基层文化活动家底。同时培养广大基层文化工作者重视台账、及时归档的良好工作习惯,解决了原先重活动开展、轻总结归档的问题,为后期申报各项材料提供了便利,也为各项文化考核、荣誉申报提供了翔实的数据资料。

(5)逐步引导公众参与,艺术节是互通互动的"双向道"。通过艺术节常态化的文化活动、全方位的地域覆盖、精准化的惠民措施和统一化的品牌形象,基层群众了解了全市农村文化礼堂公共文化活动计划安排和开展情况,构建上下联通、服务优质、有效覆盖的服务模式。同时通过艺术节量大面广的文化活动,收集公众对文化工作的意见和建议,并将活动开展中出现的新情况、新问题进行分析研究,及时调整、完善活动内容、活动形式等,以切实满足群众的各类文化需求。

4.经验启示。

(1)基层公共文化活动必须考虑供给侧改革。基本公共文化服务供求矛盾,是现代公共文化服务体系建设面临的突出问题,"供不应求"之中更有"供不适求"的矛盾。推进文化活动供给侧改革,变行政分配模式为参与满足模式,将工作重点从数量转移到质量上来,更多地生产和提供文化精品,才能真正让文化服务"活"起来。

(2)基层公共文化活动必须与文化设施建设协调发展。公共文化设施是文化活动的基础平台,是展示文化建设成果、开展群众文化生活的重要阵地,直接关系到人民群众基本文化权益的实现和文化发展成果的共享程度。只有依托高质量、广覆盖的文化礼堂、文化广场及其配套设施等,健全公共文化设施网络建设,才能缩短文化服务的到达路径,让文化活动百花齐放。

(3)基层公共文化活动必须与精品创作紧密结合。文艺只有根植现实生活、紧跟时代潮流,才能发展繁荣;只有顺应人民意愿、反映人民关切,才能充满活力。文化礼堂艺术节只有深入农村大地,才能让基层燃起文化创作的燎原之火。反之,创作更多紧扣时代脉搏、反映人民心声、弘扬温岭地域特色文化的优秀文艺作品,才能为繁荣全市公共文化活动提供坚强的后盾和坚实的保障。

五、"乡村大使",文化的传道者[①]

黄岩区从2011年开始倾力打造"乡村大使"宣教队伍,通过"群众宣传群众、群众教育群众、群众引导群众"的方式,广泛开展对象化、分众化、互动化的宣教活动,大力弘扬社会主义核心价值观,培树乡村新风尚,凝聚社会正能量,有效补齐了基层宣教力量薄弱的"短板",打通了基层宣教服务群众的"最后一公里"。

(一)广泛发动,挖掘能人组建队伍

1.注重"选",精挑细选挖人才。广泛发动对本地风土人情、社会经济、物

---

① 此文由黄岩区文化和广电旅游体育局提供。

产文化等方面比较了解的群众参加"乡村大使"选拔,分海选、初选、决赛和风采展示四个环节,着重挑选品德端正、有所专长、热心文化的民间文艺人才、草根明星等,充实"乡村大使"队伍结构。六年来,累计选拔区、乡两级"乡村大使"315名,涵盖退休教师、种植养殖户、手工业者、家庭主妇等。同时,专门从外来民工、外来媳妇和少数民族等人群中选拔"乡村大使",为"乡村大使"宣教团注入了源源不断的"新鲜血液",提高宣教的针对性和覆盖面。

2.注重"育",多元培育提素质。建立"乡村大使"培训中心,组建幕后指导团队,设立导演组、表演组和评议组,定期开展分门别类的专题培训。连续五年举办全区性的"乡村大使"培训班,邀请区内外理论专家、文艺家、优秀民间艺人,围绕形势政策、节目策划、民间文艺表演和出镜技巧等方面,开展专题辅导。

3.注重"建",建强阵地广辐射。全面推广"乡村大使驻堂制",在全区已建的88家文化礼堂分别聘任1名以上"乡村大使"长期驻堂,牵头开展各类宣教活动。以能力强、创作优、影响大的驻堂"乡村大使"为领衔人,在13所重点文化礼堂建成以其姓名命名的"乡村大使工作室",由每个领衔人分别招募5名以上新晋"乡村大使"进行集中培育,以团队的形式开展集中创作和巡回宣教,使工作室成为"乡村大使"施展特长的平台和培养优秀人才的培训基地。

(二)围绕中心,紧贴基层开展宣教

1.发挥理论政策宣教员作用。"乡村大使"根据中心工作需要,创作黄岩白搭、小品、三句半、顺口溜等群众喜闻乐见的乡土文艺宣教作品,并汇编成《中国梦·我的梦》《中国梦·美丽黄岩》《梦想的力量》等乡土宣教教材。每月推出"1+X"的宣教菜单,其中"1"即形势政策和党政中心工作等必讲内容,"X"即因时、因地、因人选讲的内容,以"点单"的形式到文化礼堂、田间地头、农贸集市、工厂车间、学校课堂、流动人口集聚地等开展巡回宣教,从而实现"中心围绕什么,就宣教什么""群众需要什么,就宣教什么"。

2.发挥乡风文明传播员作用。由"乡村大使"担任乡村仪俗活动策划人,在文化礼堂主持开展新春贺岁礼、元宵习俗礼、国庆爱国礼等具有鲜明导向性的礼仪活动。同时,牵头开展黄岩特有的"乡村好声音·梦想大舞台"系列活动,组织村民开展红色歌曲大家唱、经典戏剧大联演、"村歌"大合唱等活动,激发村民爱家乡、爱祖国的情怀;举办"方言故事会",讲述最美护士王丹萍、最美警察王义生等发生在群众身边的先进人物和感人事迹,将其中蕴含的社会主义核心价值观转化成村民听得进去的土话、常理;开展传统经典诵读,带领村民以单独诵读、家庭诵读、"活课本"亲子剧等形式,传诵传统经典和唐诗、宋词等古典诗文,传承和弘扬中华传统文化。

3.发挥文化活动指导员作用。由"乡村大使"组织村民组建太极拳、象棋、排舞、腰鼓等各类文体小组与团队,并定期策划开展群众性文化活动。目前,已建立各类兴趣小组 300 余支,参加村民达 2 万余人,参与全区性的重要文化活动 20 多场次。

4.发挥社情民意收集员作用。由"乡村大使"担任民情发言人,发挥其熟悉基层情况、群众基础好、政治素质较高、议事能力较强的优势,每月将群众呼声收集梳理后上报乡镇(街道)党政办,并及时反馈办理情况,搭建起基层群众与党委政府的沟通桥梁。

5.发挥社会舆论引导员作用。"乡村大使"不但在平时经常向群众宣教法律法规,还在发生突发公共事件或热点敏感舆情时,第一时间利用微信、微博、QQ 等媒介传递准确信息,并以街谈巷议等方式向群众解释事件真相,通过摆事实讲道理,化解因信息不对称和缺乏正确理解而引起的偏激情绪和逆反心理。

(三)建章立制,完善管理激发活力

1.定期评聘,提升服务主动性。区、乡两级"乡村大使"实行自愿参加原则,一年一评一聘,对于表现优秀的"乡村大使",次年可由乡镇级聘为区级。每年评选产生区级"十佳乡村大使",并颁发荣誉证书和给予适当奖励。对于当年累计 2 次无故不参加主题宣传活动的"乡村大使",次年不再聘任。

2.自主管理,提升服务积极性。成立自主管理的区、乡两级"乡村大使俱乐部",由"乡村大使"自主推选产生理事会,负责俱乐部日常管理和运作。在此基础上,探索实施协会化管理,向民政部门申请注册登记"乡村大使"协会,进一步提升管理制度化水平。同时,建立区"乡村大使"数据库,制作"乡村大使"通讯录,开通"乡村大使"微信公众号,搭建交流沟通、资源共享、成果展示平台。

3.经费保障,提升服务持续性。按照各级分担、社会共筹的原则,形成政府、集体、社会多渠道投入的经费保障机制,其中区级财政每年通过"以奖代补"的形式安排专项经费20万元,乡镇(街道)每年安排配套经费2万元,并以企业结对、冠名等形式募集社会资金100余万元,为"乡村大使"开展宣教活动提供有力保障。

(四)强化宣传,多层构建注重实效

1.宣传对象由被动接受向主动参与转变。"乡村大使"改变了以往群众只是宣传对象的被动局面,让更多的群众走进讲堂、走上舞台,主动参与宣教工作,成为基层社会宣传的策划者、组织者和落实者,实现宣传对象由被动接受向主动参与转变,构筑"群众引领群众、群众宣传群众、群众教育群众、群众服务群众"的良好格局。

2.宣传内容由曲高和寡向雅俗共赏转变。"乡村大使"克服了传统社会宣传局限于思想政治教育的弊端,内容丰富活泼,既有党的创新理论和路线方针政策,又有身边的典型事迹,既有当地风土人情和特色文化,又有卫生、科技、法律等实用知识,特别是所依托的人和事都来自老百姓身边,看得见、摸得着,群众认同感强、接受度高。

3.宣传形式由单一向多元转变。"乡村大使"充分利用黄岩白搭、三句半、顺口溜、唱道情等乡土文艺形式开展宣教,并通过电视、广播、楼宇电视、微信微博等广泛传播,变"定时定点"为"随时随地",变"长篇大论"为"短小精悍",少了"拖沓、说教、空泛",多了"快捷、平实、精巧",更加符合时代的发展要求和老百姓的实际需求。

4.宣传格局由单打独斗向整体联动转变。"乡村大使"扎根乡土,是群众身边的"草根讲师"，是带不走的宣传队伍。他们既是宣教大使，又是文化大使、文明大使，每个大使都可以影响一批人、教育一批人、带动一批人，与基层宣传干部一起形成基层宣教"大合唱"格局，破解了基层宣教力量薄弱的短板，成为推进人人宣传、全民宣传的有效载体。

延伸案例 1

临海市深挖特色文化内涵 破解文化礼堂"空心化"①

临海市坚持内容建设与设施建设同步，深挖特色文化内涵，破解文化礼堂"空心化"，将农村文化礼堂真正打造成农民群众的文化殿堂和精神家园。

一是注重价值引领，以"堂"促"宣"扬正气。以农村文化礼堂为中心，融入红色文化、文艺演出、乡风民俗、基层宣讲、志愿服务等工作，不断丰富礼堂内涵。组建市、镇两级讲师团，通过开展"好家风好村风""临海好故事"宣讲等活动，对新时代文明实践、清廉文化、"三改一拆"、平安建设等进行主题宣讲，推动上级方针政策在农村地区落地生根。努力挖掘农民身边的好人好事、"最美"系列榜样，弘扬感人事迹，强化情感认同，助力提升乡风文明。2019 年以来，共开展宣讲 220 余场，参加人数 12000 余人。

二是丰富文化内涵，以"送"促"育"聚人气。2018 年，共开展"和合文化·美丽群文"系列活动 1836 场次，送电影 3823 场次，送戏下乡 135 场，送讲座、展览下乡 253 场，送图书 12500 册。精心打造以乡土文化为核心的乡村文化旅游线路，推出群众自编自导自演文化活动唱主角的系列乡村文化节会，如涌泉无核蜜橘节、羊岩山茶文化节、大石葡萄节、尤溪乡村旅游节等。打造以本土性、草根性、全民性、互动性为主要特征的"崇和大舞台"群文品牌，连续六年走进乡村文化礼堂举办戏迷大赛、歌手大赛、广场舞大赛、方言小品大赛、曲艺大赛和村歌大赛等各类海选活动。2019 年以来，共举办崇和大舞台 13 场，参与村民 11000 人次。

---

① 此文由临海市委宣传部提供。

三是挖掘特色亮点,以"建"促"传"留记忆。整合礼堂农村文化活动室、农家书屋、居家养老等文化设施资源,与新时代文明实践相结合,推进礼堂服务与传习活动同频共振。引入"乡村记忆"展示,传承文明乡风,如汇溪镇孔坵村以"和合飘香·粽是情"端午习俗为基础,展示传统民俗文化,江南街道贺家村以"江南少年贺青春"成人礼为主线,展现传播深厚国学文化。部分文化礼堂还依托本村特色文化资源建成了各类特色馆,如东塍镇岭根村建成了以省级"非遗"项目岭根草编为主要展示对象的展示馆——岭根草编馆,白水洋镇上游村建成了以国家级"非遗"项目黄沙狮子为主要展示对象的展示馆,河头镇姚宅村依托革命历史资源建成红色爱国主义教育基地等。

延伸案例2

菜单服务　按需配送

仙居实行文化礼堂文艺资源五级联动①

日前,踏着春的脚步,仙居县文化礼堂新春文艺巡演首场晚会在横溪镇新罗村上演。看着台上的豫剧演唱节目《穆桂英挂帅》《谁说女子不如男》,新罗村村民吕西银乐开了怀:"前几天,村里征集大家对新春晚会节目的想法,我说多来点戏剧。现在,真的来戏剧节目了!"

"百姓'点菜',县文化馆按需配送,这更能满足大家的胃口。"一旁的横溪镇文化站工作人员戚少颖说,"鼠标一点,好戏上门。这次晚会的16个节目中,有一半是根据村民的需求,通过网上点单编排的。"

"我们将各乡村文化礼堂在网上点单的节目需求进行了统筹,再合理排出演出计划。"随行的仙居县文化馆馆长方学斌介绍,"去年8月,我们建成了仙居县文化礼堂文艺资源数字化配送平台,将村、乡、县、市、省五级文化资源整合在一起。"目前,仙居县文化礼堂文艺资源配送平台共设置了文艺团队、文艺骨干、文艺作品、演出设备、服装饰品、公益培训、专题演出播放等七大管理服

---

① 张肖斌:《仙居实行文化礼堂文艺资源五级联动》,《台州日报》2015-02-15。

务模块。

据了解,目前,该平台已储备了浙江省钱江浪花艺术团、浙江省文化馆、台州市文化馆、仙居县文化馆、乡镇一级文化站、村级文化礼堂等五个不同层面的文化礼堂作品或文艺资源,录入省、市级及其他地市级文艺作品30余件,录入县级文化馆文艺资源信息50余条,乡镇(街道)级文艺作品、文艺人才信息80余条,村级文艺作品40余件。此外,平台还录入了专题演出、公益讲座、公益培训等有关视频,供文化礼堂在平台网络视频中点播。"此举可有效突破文化礼堂获取文艺资源的瓶颈。"方学斌说,"任何一个礼堂均可通过电脑配送平台,以点单形式,邀请各级文艺节目到当地文化礼堂演出,外请节目的相关费用将统一予以相应补贴。或者选用各级的文艺作品,用当地文化礼堂演员进行编排和演出。"

资源整合实现共建共享,五级联动带来便捷服务。近半年来,仙居县文化礼堂配送中心按需配送文化服务、文艺节目、演出服饰、舞台车、灯光音响设备等300多次,更大程度地实现了文化惠民。

第七章 礼仪范：新农民身份的制造

习近平总书记在党的十九大报告中指出："意识形态决定文化前进方向和发展道路。必须推进马克思主义中国化时代化大众化，建设具有强大凝聚力和引领力的社会主义意识形态，使全体人民在理想信念、价值理念、道德观念上紧紧团结在一起。"每个时代都有被赋予的时代精神，在新时代重构乡村礼仪，以此凝聚乡村社会意识形态大共识，这是意识形态工作的重要任务，既能牢牢契合当今时代精神，又能顺应时代发展大潮流，还能在风云激荡的时代彰显其特色。所以乡村礼仪范式的建构，需要我们坚持以人民为中心的原则，维护人民群众的主体地位，让人民群众参与到现代礼仪活动中，塑造自身形象。在意识形态话语上，礼仪的重构显得特别重要，"文化礼堂的建设是中国礼文化的重构与活化"①。农村文化礼堂要重塑的礼，是以"礼治"为核心、"礼教"为手段、"礼和"为目的的文化体，具体表现在日常生活层面的文化事象上，包含经典、礼仪、技艺、节庆、家居、乡风等六个方面，最终的目标指向即塑造新农村的标志——新农民群体的生产。

---

① 谢雨晴：《礼之活化——义乌莲塘村文化礼堂系统建构设计研究》，中国美术学院2015年硕士学位论文。

第一节　礼仪概说

礼仪起源于祭祀，成为从古至今的社会规范之一，它是"为了相互尊重，在仪容、仪表、仪态、仪式、言谈举止等方面约定俗成的，共同认可的行为规范"①。礼仪是对礼节、礼貌、仪态和仪式的统称。礼仪一词最早出自《诗经》，《诗经·小雅·楚茨》："献酬交错，礼仪卒度。"《说文解字》解释"礼"："履也，所以事神致福也从示从豊豊亦声。"中国素有"礼仪之邦"之称，《春秋左传正义》："中国有礼仪之大，故称夏；有服章之美，谓之华。"俗称"华夏"。《左传·昭公二十五年》又言："夫礼，天之经也，地之义也，民之行也。"礼成为每个人必须遵循的天地道义。《周礼·春官·肆师》："凡国之大事，治其礼仪，以佐宗伯。"概括而言，其意思即为古语所说"致福曰礼，成义曰仪"。

自古中国都被称为"衣冠上国""礼仪之邦"，礼仪作为中国传统文化的一个重要组成部分，无论是"礼"还是"仪"，既具有华彩的形式，又具有伦理道德内涵。有其稳定的文化价值模式，如崇人伦、尚道德、重礼教等，《管子·牧民》："四维不张，国乃灭亡。"说的就是礼义廉耻都没有了，国家也就灭亡了，礼排在第一位置。中国传统礼仪内容丰富，内涵厚重，涉及的范围非常广泛，它让中国人对中华民族文化有了深切的归属感和认同感。几千年来中国形成一种完备的礼仪制度和礼仪文化，《礼记·曲礼上》："凡人之所以为人者，礼义也。""礼尚往来，往而不来，非礼也；来而不往，亦非礼也。"《诗经》序："变风发乎情，止乎礼义。发乎情，民之性也；止乎礼义，先王之泽也。"荀子云："人无礼则不生，事无礼则不成，国无礼则不宁。"在传统上礼仪文化的外延很大，它涵盖一切制度、法律和道德的社会行为规范。《史记·礼书》："至秦有天下，悉内六国礼仪，采择其善。"孔子《论语》说："兴于诗，立于礼，成于乐。"又说："非礼

---

① 百度百科"礼仪"。

勿视,非礼勿听,非礼勿言,非礼勿动。"指明每一个人应遵守的行为准则。《北齐书·皇甫和传》:"及长,深沉有雅量,尤明礼仪。"《尚书·尧典》中第一次提到"父义、母慈、兄友、弟恭、子孝"的五教思想;在此基础上,孔子总结道:"君子务本,本立而道生。孝悌也者,仁之本与。"《文中子·魏相》:"不责人所不及,不强人所不能,不苦人所不好。"《论语·颜渊》云:"己所不欲,勿施于人。"说的是与人为善。行礼为劝德服务,繁文缛节极尽其能。中国礼仪在中国文化中起着"准法律"的作用,对传统中国社会产生了广泛而深远的影响。

中国文化中的礼,"制礼作乐""以礼治国"和"礼乐教化",礼是中国传统文化的主体,是治国安邦的手段,是儒家思想的核心。中国礼仪在中国文化中起着"准法律"的作用。邹昌林先生认为:"礼仪历经充分发展并具有完备的形式,成为负载文化信息的主要工具,成为中国文化的总名。"①

中国古代有五礼之说,"祭祀之事为吉礼,冠婚之事为嘉礼,宾客之事为宾礼,军旅之事为军礼,丧葬之事为凶礼"②。根据华夏礼制宏观结构,划分五礼。五礼即国家与统治层面的礼制安排,为"吉、凶、军、宾、嘉"。

彭林这样解释"传统五礼":③

吉礼,指祭祀之礼。先民祭祀为求吉祥,故称吉礼。《周礼·春官·大宗伯》说"以吉礼祀邦国之鬼、神、示",将祭祀对象分为天神、地祇、人鬼等三类。

凶礼,指救患分灾的礼仪,包括荒礼和丧礼两大类。细目则有丧礼、荒礼、吊礼、禬礼、恤礼等五种。《周礼·春官·大宗伯》:"以凶礼哀邦国之忧。"

宾礼,周为华夏正朔,天子与诸侯之间大多有亲戚关系。为了联络感情,彼此亲附,需要有定期的礼节性的会见。据《周礼》,宾礼就是天子、诸侯接待宾客的礼仪。《周礼·春官·大宗伯》:"以宾礼亲邦国。"

军礼,包括大师之礼、大均之礼、大田之礼、大役之礼、大封之礼五种。《周

---

① 邹昌林:《中国礼文化》,社会科学文献出版社 2000 年版,第 14 页。

② 贾真真:《从扫门礼看中国古代礼仪》,《剑南文学》(经典教苑)2012 年第 9 期。

③ 彭林:《礼的分类》,《文史知识》2002 年第 1 期。

礼·春官·大宗伯》:"以军礼同邦国。"

　　嘉礼,是饮食、婚冠、宾射、燕飨、脤膰、贺庆之礼的总称。嘉是善、好的意思。嘉礼是按照人心之所善者制定的礼仪,故称嘉礼。《周礼·春官·大宗伯》:"以嘉礼亲万民。"

　　传统五礼,其实是对民俗生活中的礼仪概括,民俗中的生、冠、婚、丧等人生礼仪,实际上构成民众生活的重心,对民众生活态度、习惯、行为及思维方式产生重要影响。从社会学看,礼仪可分为政治与生活两大部类。政治类包括祭天、祭地、宗庙之祭,祀先师、先王、圣贤;乡饮、相见礼、军礼等。生活类包括三类:一是日常生活礼仪,包括诞生、满月、勾周、冠礼、婚俗、祭奠、饮食、会客、交谈、宴会、舞会、求职、馈赠及探病等礼仪。二是节俗节庆礼仪,包括春节礼仪、清明礼仪、端午礼仪、重阳礼仪、中秋礼仪及结婚礼仪、殡葬礼仪和祝寿礼仪等。三类商务礼仪,包括会议礼仪、谈判礼仪(含禁忌知识)、迎送礼仪、公关礼仪、公务礼仪等。

　　中国人尚礼、崇礼、尊礼,中国礼仪渗透于人们日常生活中的点点滴滴。餐桌上的礼仪,待客之道,拜访致礼等。

　　现推广"八礼四仪"。"八礼"主要指仪表之礼、仪式之礼、言谈之礼、待人之礼、行走之礼、观赏之礼、游览之礼、餐饮之礼。"四仪"主要是在学生七岁、十岁、十四岁、十八岁时,分别举行入学仪式、成长仪式、青春仪式、成人仪式,以此教育引导未成年人强化文明礼仪素养。[①]

　　文化礼堂不再是单纯的文化活动场所,而是以"精神家园"为主题的农村特色文化的集中展示平台。礼堂文化的发展必须与当代社会相适应,与现代文明相协调,已构建现代礼仪为抓手,筹建乡村文明道德体系,优化社会治理结构,这样,既保持民族性,又体现时代性。

---

　　① 《第六届"童声里的中国·文明礼仪伴我行"少儿歌曲征稿启事》,《儿童音乐》2014年第5期。

乡土再生是其建设灵魂。礼堂建设理念定位，是对文化及农民身份的重新界定。从文化而言，文化礼堂礼仪应把礼堂文化与核心价值观相融合；把传统文化中的"仁孝、民本、修齐治平、尚德、和合"与"礼堂现代礼仪"文化相融合，在融合中创新，强调"和谐"，重构以礼仪、乡愁为主体的后乡土时代的乡村文化系统。就农民身份而言，文化礼堂实施的一系列礼仪教育与活动，使得中华礼仪渗透于农民的文化活动中，形成日常生活的自觉行为。重新对农民定位，农民不再是落后、愚昧、被改造的代名词，农民应是拥有特定乡土知识，拥有浓浓乡愁，还有自我发展能力，是乡村的再造者的新农民，与乡村振兴战略的目标"新农村、新农业、新农民"相吻合。重建符合时代要求的礼仪规范乃是当务之急。

第二节　礼仪行大道

礼仪是立人之道、传家之道、礼仪达邦复兴之道。行礼道，方能立己立人，兴家兴国。人、家、国只有立于礼，才能达于优秀和先进。美国汉学家李侃如认为："儒学的核心是人们应当理解每一种关系所要求的正确'礼仪'，并遵而行之。"[①]

礼仪与现代人生活紧密相关，仪尚适宜，中国人素来注重通过适合的形式，表达内心丰富的情感。无论是路桥区的"乡村十礼"，还是三门县的"人生十礼"等都是情感体现，是弘扬传统文化、传承国学精华、体现中华文明、进行道德教化、凝聚民族精神的有效载体。费孝通先生就认为乡土社会是"礼治"社会。[②]

中国人懂礼、习礼、守礼、重礼。礼仪融于生活，是他们日常生活的自然形

①　[美]李侃如：《治理中国——从革命到改革》，胡国成、赵梅译，中国社会科学出版社 2010 年版，第 8 页。

②　费孝通：《乡土中国生育制度》，北京大学出版社 1998 年版，第 49 页。

态。人民在文化礼堂的实践中感知它、领悟它、提升它，并成为行为规范。礼仪活动传播主流价值，增强人民的认同感和归属感。文化礼堂建设，礼仪是其最核心内容之一。在新时代一些落后的礼俗逐渐消亡，但同时现代礼仪也随之而产生，伴随着社会价值观的根本改变，礼的内涵发生重大变化，现代意义的礼随着社会发展逐渐架构完善，文化礼堂为之提供了最为坚实的基础。

礼义为尊。虽然礼仪仪式是仪式语言，用仪式过程说话，相同的意思可以由不同的话语说出，相同的礼义也可以由不同的仪式表达出来，但其核心却是借助仪式活动搭建起一种生活秩序和道德体系。因此，养成礼仪成为各地文化礼堂孜孜以求的探索目标，如果说"传统意义上的礼是一种涵盖一切制度、法律和道德的社会行为规范的话"[1]，今天的礼则在很大程度上摒除了制度、法律的含义，而仅仅保留了道德和社会行为规范的内涵，是对礼貌和相关活动的礼仪形式而言的。礼仪进行时规范的行为、动作和称呼，使人心诚生敬，恕让友好；久行，则生出诚敬待人、认真做事的礼仪品质，从而使人或物尽善尽美，环境整饬雅洁，生活富足、康乐、尚简等。大道至简，礼仪成之。

文化礼堂礼仪重构的最终目标展示有两个层面，标志着新农民身份的制造目标达成。

一、精神层面的崭新农民

新农民的标志是新形象、新精神面貌、新职业，三者最重要的是崭新的精神面貌。

一是重塑村民集体意识。在公共精神弥散，乡村舆论约束失效，个人显性化的今天，乡村的集体属性已成追忆，"生产队""公社"等集体合作的模式已经远离我们的生活，传统之"礼"也随之塌落。重塑村民集体意识也成为当务之急。文化礼堂的系统建构主要围绕"礼"而展开，发挥孝道的礼仪文化核心作用，孝道上承父母、下接子女，是最能体现乡村民众精神诉求和实现生活需要

---

① 何旭珊：《高职院校实施礼仪教育的策略探索》，《企业导报》2011-07-15。

的礼仪传统。而礼的主题构思、内容策划、形式表现都紧紧根植于乡土文化，借用发自内心的、自然的、真诚的"礼"，如"重阳敬老礼""清明崇先礼""婚丧礼"等，借以重建"家"与"园"的概念，重新建构乡村的集体属性，让集体活动重新焕发青春，在参与礼仪活动过程中凝心聚力寻找集体的风骨和灵魂。

二是重塑村民礼仪行为。礼仪传统来源于民间、生发自乡民们内在的生活和精神需求。当然，"财富累积方式逆转，孝道意识弱化；关系网络异化，功利性交往扩散；在公共精神弥散，乡村舆论约束失效；乡村空心化，礼仪传承缺少后续主客体；生活方式转向，传统终极价值追求遭冷遇"[1]等，给乡村礼仪体系建设带来很大冲击。在此语境下，文化礼堂肩负的使命之一就是重构乡村礼仪体系。礼仪教育如"乡村十礼""人生十礼"可以使礼仪功能如教化、规范、秩序、信仰、习性成为习俗，成为习惯，成为日常生活的自然状态，潜移默化地影响村民的精神世界，有效地净化和升华心灵。同时在礼仪活动的体验中学会尊重知识、追求科学、尊老爱幼、诚信严谨、仁爱友善等基本的为人处世的社会规则，可以让年轻一代树立国家意识、公民意识、责任意识、法治意识、服务意识，树立正确的权利义务观念，立志成为有理想、有道德、有文化、有纪律的"四有"公民，于是就有了"致福曰礼，成义曰仪"的说法。礼仪活动应该是一阵阵春风，催生村民们心中对于真善美的向往，激发出他们内在的热情和创造力，以他们自己的力量，唤起乡村生活的内在活力，孕育出一片绿意葱茏的精神天地。

三是重构乡村道德。文化礼堂的礼仪活动，既要关注形式的丰富多彩，深合人心，更要牢牢把握礼仪活动的传统诗意、思想内涵，让日益溃退的乡村道德秩序能重新构建。当下乡村社会的话语是："乡村社会的逻辑正在解体，但熟人社会仍在。"[2]固有的人情世故依然留存，乡村道德体系中勤劳、简朴的生

---

① 傅琼、吴其佑：《乡村振兴战略中传统礼仪文化的重构》，《重庆社会科学》2018年第10期。

② 贺雪峰：《乡村社会关键词》，山东人民出版社2010年版，第239、69页。

活方式,积极、乐观的生活态度,和谐、质朴的价值认同,诚信、俗成的行为规范和能体现时代意义的村规民约在文化礼堂建设中重新回到村民生活,为他们构建一种秩序的诗意生活状态,并逐渐成为他们的生活态度、行为习惯和道德规范,敬老、尊老、助老、济困扶弱继续成为生活的主流。

四是重构现代社会秩序和规范。通过礼仪构建的道德体系在乡村治理上能发挥巨大作用。"礼仪和道德调节具有广泛性,不仅深入社会生活的各个方面,而且深入人们的精神世界。"[1]文化礼堂的礼仪能够不仅在于个人的文明礼貌或家庭礼仪,更在于新型公共礼仪的重建。以期通过公共礼仪活动,如祭祀之礼、冠婚之礼、宾客之礼、军旅之礼、丧葬之礼等来展示律己、敬人的完整行为,在人和人之间提供更多可以充分沟通、密切交往、紧密联系的空间和机会,建立起互相熟悉、互怀敬意和互感亲切的乡里关系和情谊,多点"克己复礼"的功夫,由自己做起、家庭做起,深信社会会更加安和、有礼的,打下构建共同精神家园的基础。

二、形象层面的崭新农村

维持乡村有序发展的保障。"在中国,礼在诞生之初,就与乡村民众的生产生活紧密相连、息息相关,具有明确的功能和意义。"[2]重启礼仪文化在村民日常行为中的教化作用,事关乡村民众重新建立正确的"三观"和再次拥有实在的获得感,也是影响村庄有序发展的重要因素。传统文化的保护应在原有乡村规划的基础上开展。[3] 新农村建设需展示乡村礼仪建设的最新成果,这种成果大多以礼仪所获得的"共识力"体现,"共识力"获得更多依赖着参与礼仪活动之人自我认知、自我体认、主动合作达成一致行动目标。在这一获得过程中,参与之人需共同参与,在不同阶段贡献力量和资源,认同目标,认同过

---

①　马天平:《积极培育公民的公共秩序意识》,《新西部》(理论版)2013 年第 5 期。
②　卞敏:《论中国传统文化的礼乐特色》,《哲学研究》2008 年第 5 期。
③　金鑫:《美丽乡村建设背景下的传统文化保护》,《重庆社会科学》2018 年第 6 期。

程,享受过程,最后共享成果。在乡村,礼仪建设一般不靠行政命令式的政策文件,而是靠长期相处的约定俗成的民俗、道德示范和行为习惯,道义自在人心,自觉依照礼的习俗去为人处世。"正是在这种固定的地域、生产、生活、习惯、信仰的方式和有限的交际范围内,乡民们恰如其分地生活着。"①

农村文化礼堂的建设,不仅是一个公共空间的设计,实际上是新农村的重建,新文化的重造,新农民的重塑。"礼"赋予情感表达的文化礼堂更容易唤起人们的共鸣,既有生理上的行为活动,又有心理上的情感体验。赋予文化礼堂礼仪文化核心文化内涵,激发礼堂管理人员更具有文化品位的文化策划灵感。《台州日报》经常刊文介绍路桥区"乡村十礼"展演。"乡村十礼"指的是启蒙礼、周岁礼、成人礼、新婚礼、迎新祈福礼、清明崇先礼、重阳敬老礼、遵宪守法礼、村干部就职礼、新兵入伍壮行礼,皆取自民,寓情于众。作为升级创新行动的组成,现在已成为路桥区甚至台州市农村文化礼堂的品牌节目。

凸显乡村地标特色。传统的传承、现代礼仪的创制,运用迥异的主题构思、丰富的内容策划、多元的形式表现构建独有的文化地标,凸显"一村一色,一堂一品"的乡间生活特色,避免形式单一、内容乏色的同质化趋势。

拓展公共文化服务项目,创新公共文化服务产品。礼仪建设,凝聚民心,规范人们的社会行为,协调人际关系,促进人类和谐社会建设,全面提升文化礼堂的核心竞争力,提升知名度和美誉度。

在传承中华传统文化文脉的同时,主动适应当下社会需要,与社会主义核心价值观完美融合,让中华传统美德发扬光大,达到"产业兴旺、生态宜居、乡风文明、治理有效、生活富裕"总目标。

第三节　弘扬乡村礼仪文化

文化形成依靠实践过程,缺少千千万万人民大众的生活实践,是形不成文

---

① 傅琼、杨丹:《礼仪文化与乡村社会和谐》,《农林经济管理学报》2016年第8期。

化的。所以，千百年来形成广泛的礼仪文化，持续推进以追求生活诗意、行为道德化与社会秩序规范化的实践进程，并通过民俗生活的丰富性构成其鲜活样本。荀子说："人无礼则不生，事无礼则不成，国无礼则不守。""传统乡村礼仪文化不仅习得于教化之中，更蕴含在乡村治理之中。"正如费孝通先生指出的，"中国的乡土社会就是一个礼俗社会，礼是维持社会秩序的一个手段"。台州有"小邹鲁"之称，文明昌华，自古多礼节，礼仪文化传统积淀深厚；然而，在现代化奋进的背景下，开放之余西方文化攻城略地，传统乡村礼仪很多被逐渐西化，传统的民间信仰、风俗、道德伦理及乡村精神不复往日荣光。因此，在乡村振兴战略推进过程中，需要重振乡村文化，以文化礼堂为阵地坚守农村文化的堡垒，打造精神高地，这样，弘扬乡村礼仪文化就成为必须。

一、集成乡村礼仪文化

要让农村"看得见青山绿水，记得住乡愁"。"记得住乡愁"就是要保存好乡村的文化记忆。保存乡村记忆的一些婚礼典仪、礼尚往来、丧葬礼敬、迎亲接客，传统建筑、农耕文明等，它们寄托着传统乡村社会中人们的精神追求，可以直观地反映出传统文化的审美趣味，保留着人们对传统乡村生活的美好回忆。但在城市化浪潮中，这些遗存被人为地损坏、遗弃，乡村礼仪文化的传承遭受重创。所以要重视礼仪文化的挖掘、整理。一是挖掘礼仪文化。小农经济、自给自足的农耕文明，影响中国人的生活和文化形态，通过对乡村文化的宇宙观、价值观、伦理体系、心理特征、交往方式、生活习惯、行为规范等包含的礼仪文化的文化形态，让已经融入社会和生活的礼仪文化以新的形态重现在当下的乡村生产和生活中，从而实现礼仪文化的创新性发展。二要整理集成。文化遗产一定要保护传承，把挖掘礼仪文化，按照传统民俗礼仪、社会公共礼仪、日常交际礼仪、家庭交往礼仪、个人形象礼仪加以分类整理，使有文化价值的礼仪重新显性化，要有一种宽容的心态，允许一批已经失去活力和生活价值的礼仪在对它们进行保护性整理后消失，而着重让一批有价值意义的礼仪发扬光大。三要加大宣传力度。营造保护文化遗产的良好氛围。认真举办乡村礼仪系列活动,提高人民群众对乡村礼仪保护重要性的认识,增强全社会的文化遗产保护意识。各级政府、村落、社会团体等要经常举办礼仪展示、论坛、讲座等活动,使公众更多地了解礼仪文化的丰富内涵。要借助于新闻媒体通过开设活动报道、成果展示等专题、专栏方式,介绍文化礼堂的礼仪知识、内涵、价值及保护等,宣传礼仪文化保护的最新成果、典型经验,充分发挥当下媒体的作用,建立起良好的舆论氛围。在政府的推动下,要充分发挥好基层政府组织的智慧和力量,镇作为桥梁纽带,村作为先锋队,文化礼堂作为主战场,共同把礼仪活动策划好、组织好,引导乡民主动融于礼仪建设,以礼仪育人为主导,发挥好"传、帮、带"的作用。

二、传承乡村礼仪文化

礼深含人类对宇宙天地的敬畏,对德行的追寻,对和谐的追求,对人本身的期望和宽容,以及对美好生活的期待,对审美情趣的重视和培养,以及对社会秩序的协调。但当下农村年轻一代传统的价值观念正在逐步淡化,家庭观念、集体主义精神、家乡文化认同、故土情结也在逐步减弱。传承乡村礼仪文化,打造富有特色的礼仪文化品牌成为当下文化礼堂建设的核心之一。党的十九大报告提出:"乡村文化的传承需要坚持共生共融的原则,也就是要求乡村礼仪文化在与城市文化的发展中寻找平衡点与发力点。"一是保持乡土性。中国社会是乡土性的,谁都不能免俗,乡土性是乡村礼仪文化生存的根,比如过年拜祖宗天地请神送神,新年第一天见面要作揖说恭喜发财,台州正月初一忙碌了一年的女性不再烧饭要享受丈夫的服侍,吃饭不允许小孩用筷子敲碗,不能把"死"这个字时常挂在嘴边不吉利、晦气,搬新房要摆酒席庆贺等,但很多与国家理法并不一致。所以,我们不能拿城市化中法理社会的标准看待礼俗社会。换句话说,乡村礼仪文化的传承要以乡土性为核心,保留农耕文明的色彩,做到既不失传统,又保留乡土特色。传承村落历史文化记忆,打造富有特色的礼仪文化品牌,就要发挥孝文化礼仪的核心作用。一方面,可以将科学技术与孝文化相结合,在乡村文化礼堂设计孝文化主题建筑、播放孝文化相关影片。另一方面,借助于孝礼仪文化的展演,持续推进孝德文化建设。二是以文化礼堂为载体。把礼仪文化的传承与文化礼堂建设有机融合在一起,打造乡村礼仪文化的传承基地,用接地气的方式传承礼仪文化。这就要求做到三个融入:一是融入生活,成为乡民生产生活不可分割的一部分。二是融入创意,以创意为指导,将传统礼仪文化与礼堂文化融合。三是融入时代,推陈出新,开发将创新性与传统性融为一体的文化产品。

三、弘扬乡村礼仪文化

一是重新构建契合乡村当前发展实际的公共舆论,重启礼仪文化在村民日常行为中的教化作用,通力抓好礼仪文化建设活动。把文化礼堂作为乡村公共舆论的平台,采用多种形式进行乡村礼仪的宣传、讲座、展演,纠正乡村在建设过程中出现混乱、偏离现象,重新焕发作为乡村公共舆论规则的礼仪文化的繁荣。二是以农民为主体。礼仪文化的传承需要坚持农民的主体地位,乡村礼仪文化产生于农民的日常生产生活之中,要坚持以礼仪文化满足农民的需要为原则,礼仪文化来自农民、服务于农民;要坚持"取其精华、去其糟粕"的原则,批判性地继承和发扬乡土礼仪文化中的优秀元素;要培育乡土文化精英人士。党的十九大报告提出,乡村的振兴关键在于培养一支懂农村、爱农村、爱农业的三农工作队伍。乡村礼仪文化的弘扬,需要培养一支既熟悉又热爱乡土文化的精英人士,发挥乡土精英的引领作用,激发乡村礼仪文化的内生动力,注入新鲜的动力。三是营造乡村礼仪文化发展的优良环境。传统乡村礼仪文化的生根、发芽需要好的土壤,这个土壤就是优良的发展环境,既包括优良的政策环境,也包括社会的环境。要重塑乡民的文化自觉意识。费孝通先生指出,文化自觉就是生活在一定历史文化圈子的人,对其文化有自知之明,并对其发展历程和未来有充分的认识。重塑乡民文化自觉意识,就是要增强乡民对于乡土文化的自信感与认同感,认识到自己所处文化的自身价值、独特优势和发展前景,主动担当起礼仪文化的践行者和传播者,让礼仪文化发出"自己的声音"。如各地举办的好家风家庭褒奖礼,为获奖家庭颁发好家风家庭荣誉证书,从而构建向上向善良好风尚;要政策与宣传得当,乡村社会的孝道将逐步恢复。如村落举办的敬老礼仪活动,通过献寿桃、戴红花、鞠躬奉茶等环节,让每一个人都亲切地感受到"孝"文化的熏陶。

第四节　礼仪举要

一、路桥区"乡村十礼"

"人无礼不立,事无礼不成,国无礼不宁",路桥礼仪兴,"乡村十礼"成为新常态。礼仪活动作为农村文化礼堂建设的重要组成部分,蕴含着较高的道德价值、丰富的文化内涵和深刻的教育意义。两年来,路桥区委宣传部和文广新体局积极探索新常态下乡村礼仪新文化,以"乡村十礼"为突破口,在农村文化礼堂广泛开展礼仪活动,不断探索和完善,取得了良好的成效,受到了广大群众的普遍好评。

"路桥'乡村十礼':构筑新状态下路桥礼仪新文化"项目被列为浙江省委宣传部 2015 年创新项目。

(一)礼仪活动的系统形成

1.高起点创新礼仪体系。一是力求礼仪体系与价值体系的贯通,从优秀的传统文化中吸取礼仪精髓,把社会主义核心价值观贯穿乡村礼仪的每个环节,从"优教、启蒙、担当、和美、梦想、崇贤、敬老、守法、勤廉、爱国"等十个方面,因地制宜地构建台州市乡村礼仪体系,设定"周岁礼""启蒙礼""成人礼""新婚礼""迎新祈福礼""清明崇先礼""重阳敬老礼""尊宪守法礼""村干部就职礼""新兵入伍壮行礼"等,总称为"乡村十礼"。二是力求礼仪流程与教化过程的融汇。邀请大专院校学者、文化骨干 12 人组成专家组,深入农村收集第一手资料,通过召开座谈会、访问当地文化贤达等途径,深挖地方民俗史料,还原传统礼仪流程,以克服礼仪活动的表演化和表面化,去粗取精。同时从提升礼仪的社会管理与思想教育功能入手,通过礼仪流程再造,融入教化功能,将个人、家庭、社区与国家等概念与礼仪活动环节结合,达到教化于潜移默化之中。如在新兵入伍壮行礼中,设计了村支书赠送礼物、女青年为新兵佩戴红花、村民饯行等环节,有力地营造当兵光荣、拥军优属的良好社会氛围。三是力求礼仪细节与人性情感的契合。在礼仪活动安排上突出"有度",仪式象征上力求"有形",在礼仪环节上突出"有礼"。不铺张浪费,不搞花架子,注重通过细节传情达意,增强感染力。背景场景、音乐韵味、服装色泽、人物出场以及礼仪中的讲话、誓词、主持词等都经过反复推敲,力求贴近群众,表达真情实意,体现时代精神,弘扬核心价值。

2. 高标准规范礼仪流程。实行"试点观摩、调整完善、论证通过"三步工作法,严格标准,严把细节,确保礼仪贴近人心,可行可操作。一是试点观摩。每一项礼仪在初步设计完成之后,在全区遴选一个村(居)通过召开现场会的方式进行试点展示,组织专家团队、各镇(街道)宣传委员、群众代表全程观摩。二是调整完善。观摩后组织礼仪活动的亲身参与者、观摩者现场座谈,逐一点评,重点征求现场群众的建议意见,做出相应的修改完善。同时,充分考虑各区域的风俗差异,由各镇(街道)根据修改后的礼仪流程,再分别选择一个村开展试点。三是论证通过。汇总各镇(街道)两轮试点后反馈的意见和建议,再次召集专家团队、各相关单位领导进行论证,研究完善各项细节,确定礼仪活动的共性必备流程和个性自选流程,最终形成礼仪操作规范。截至目前,共举行"乡村十礼"各级试点现场会 110 余场,收集反馈意见近千条。

3. 多部门联动引导推广。一是深化部门共识。通过邀请部门负责人现场观摩、参与讨论,深化各部门对礼仪活动的认识,将礼仪活动"体验式"宣传与各部门开展具体工作紧密结合,使礼仪活动成为各部门推动工作的重要抓手和良好载体。二是明确责任分工。建立"乡村十礼"部门责任制,列入工作考核,形成齐抓共管的工作态势。明确"周岁礼"由机关工委负责,"启蒙礼""成人礼"由教育局负责,"新婚礼"由妇联负责,"迎新祈福礼""清明崇先礼"由文明办负责,"重阳敬老礼"由老龄委负责,"尊宪守法礼"由司法局负责,"村干部就职礼"由组织部负责,"新兵入伍壮行礼"由人武部负责。三是加强宣传引导。宣传部门、各相关部门各司其职,充分发挥自身优势,利用各自资源加大对礼仪活动的宣传力度,提高百姓参与礼仪活动的积极性和主动性。

4.全社会参与形成乡俗。一是培养了一支农村"司仪员"队伍。组织了全区文化礼堂理事会成员、文化礼堂管理员、"乡村民嘴"等进行礼仪实务操作培训,训练他们吃透礼仪精神、掌握礼仪流程,让他们自发组织开展礼仪活动,形成了群众自我组织、自我管理的良好氛围。目前,全区共培养了农村"司仪员"65名。二是编撰了一本礼仪操作手册。将礼仪活动开展的流程和注意事项图文并茂地展示出来,编撰成《台州区"乡村十礼"操作手册》,成了可学可用可查的礼仪操作范本。目前,已在区级机关、各镇(街道)、村(居)、文化礼堂发放操作手册5000余份。三是形成了一种乡风习俗。将礼仪活动作为节日纪念活动的重要内容和人生成长轨迹的重要节点,定格为新农村集体活动的新常态,现乡村礼仪活动已逐渐成为乡村民间风俗。如,"新兵入伍壮行礼"已经成为各镇(街道)征兵工作的重要内容,"村干部就职礼"已经成为村民接受村干部履职的必备环节。再如"重阳敬老礼",每到重阳节各村(居)都纷纷主动组织,已经成为新的乡风民俗。截至目前,全区50多家农村文化礼堂已举行各类礼仪活动500余场,参与人数达10万多人次,礼仪活动已逐步成为百姓喜闻乐见的乡村新文化。

(二)乡村礼仪新文化的发展

"乡村十礼"既有与个体人生体验密切相关的"人生五礼",也有和社区生活密切联系的"社会五礼"。其中"人生五礼"包括周岁礼、开蒙礼、成人礼、新婚礼、祝寿礼,"社会五礼"包括祈福迎新礼、清明崇先礼、重阳敬老礼、新兵壮行礼、尊宪守法礼。在农村文化礼堂开展"乡村十礼"活动,乡村刮起了一股文明礼仪之风。通过生动又接地气的礼仪活动,参与者的思想和情感得到了有效的传播和滋养,中华优秀传统文化与社会主义核心价值观深深根植于群众的精神血脉。

1. 加强宣传，营造开展"乡村十礼"活动的良好氛围。一是多媒体宣传。在全市报纸、电视、网站中建立大篇幅专题专栏，同步报道全区礼仪活动开展情况。同时利用媒体发布等，微博、微信社交平台进行实时转播礼仪盛况，制作现场精美视频、礼仪活动微电影在户外大型 LED 以及相关网站、手机媒体上进行传播，形成社会轰动效应。二是多方面挖掘。深入挖掘礼仪活动背后的感人情节、动情瞬间，通过开展"礼仪活动随手拍"、最美百姓故事、最美司仪、最美瞬间等"最美"系列征集评选活动，动员更多百姓亲近礼仪、融入礼仪。三是多成果展示。将礼仪活动制作成漫画本、小扇子等宣传品，及时更新文化礼堂展陈。编印出版涵盖礼仪规范流程样本、新闻眼看"乡村十礼"、理论研究成果三部分的《乡村十礼》读本，扩大礼仪活动的知晓度。

2. 创新载体，激发广大群众参与热情。一是体现个性化。探索个性化礼仪服务，根据参与主体不同的背景特点增设礼仪流程，开展礼仪活动"一事一议"，突出个性和针对性。二是推行档案化。由区档案局牵头指导，完善家庭礼仪档案、村居礼仪档案制作。通过开展礼仪档案进礼堂，"乡村十礼"档案上墙上网工程，记录个人成长足迹、村居发展史册。三是实现共享化。在礼仪活动中增设"感悟分享"环节，动员老百姓上台晒家风、晒家训、晒成长感悟、晒人生历程，让老百姓用自己的"方言"、讲自己的故事去感动身边的人，激发百姓心灵上的同频共振。

3. 建好队伍，为"乡村十礼"提供优质服务。一是建好司仪员队伍负责"释礼"。组织专家团队定期开课，强化土司仪的培训交流和现场演练，不断积累礼仪活动经验和提升自身综合素质，使他们真正成为"乡村十礼"活动的领军和灵魂人物。二是选优礼仪志愿者负责"创作"。邀请摄影协会、曲艺协会、作家协会等文化志愿者，组成礼仪活动文创团队，创作与礼仪活动有关的文艺表演，丰富礼仪活动的文化内涵。三是引入市场化运作完善"配套"。加强礼仪活动与社会化组织的合作，引入台湾香聚汇等一批具有活动策划能力和实际运作经验的民营企业、文化团体,提供场景布置、道具制作、司仪主持、餐饮配送等全流程服务,满足群众的各方面需求。

4.加强领导,为"乡村十礼"开展提供保障。一是强化组织领导。完善宣传部牵头负责,各相关部门具体负责,镇(街道)具体落实、村(居)为活动主体的工作格局,将"乡村十礼"列为文化体制改革的重要内容和"文化燎原"计划的重点项目,实行一把手负责制,努力构筑新常态下乡村礼仪新文化。二是完善督查机制。对礼仪活动的开展情况进行督查,定期进行通报。推行群众评议制度,定期对各礼仪的开展情况及满意度进行群众评议打分,打分结果作为各部门、各镇(街道)的考核依据。三是加大资金补助力度。建立区、镇(街道)、村(居)三级资金投入制度,建立司仪员工作补贴制度。开展优秀礼仪活动和优秀司仪员评选活动,并给予奖励。

二、三门的"人生十礼"

人生十礼化成天下,它涵盖了人生中最重要的十个节点:诞生、满月、百天、周岁、入学、金榜、结婚、祝寿、死亡、祭祀。

人的一生,要经历不同的阶段,每开始一个新的人生阶段,都要举行一个人生大礼仪式,用以提示生命新阶段的含义,一生中像这样重要的仪式一共有十个,按生命始终排序为怀子礼、接子礼、命名礼、开笔礼、成童礼、成人礼、婚礼、敬老礼、丧礼、祭礼,称为"人生十礼"。

(一)人生十礼分类概述

按照《周礼》分类,人生从孕育到死亡共有十个环节,每个环节各举行不同礼仪,成为"人生十礼"。

第一礼:怀子礼。怀子礼为的是"礼敬孩子,优生优教"。

第二礼:接子礼。接子礼为的是"礼教传家,行礼接子"。

第三礼:命名礼。命名礼为的是"子女命名,认定神圣"。

第四礼:开笔礼。开笔礼又名入学礼、进学礼,为的是"步入学堂,知聪识明"。

第五礼:成童礼。成童礼为的是"告别童年,感恩立志"。

第六礼:成人礼。成人礼为的是"人格独立,担负使命"。

第七礼:婚礼。婚礼为的是"夫妻和合,白头偕老"。

第八礼:敬老礼。敬老礼为的是"社会敬老,儿女孝亲"。

第九礼:丧礼。丧礼为的是"对生命的终极关怀"。

第十礼:祭礼。祭礼为的是"祖先永在,后人永志"。

(二)三门"人生十礼"

台州三门祭承继了这个传统文化,又具有三门地方色彩。三门的十礼有独特的时间节点,与传统的十礼略有差异。2016 年 11 月 30 日,包括三门祭冬在内的二十四节气,被列为联合国教科文组织人类非物质文化遗产代表性名录。

第一礼:出生礼。

出生礼是生命礼仪的起始,也叫"接子礼"。接子礼为的是"礼教传家,行礼接子"。经过了十月之久的酝酿,婴儿的哭声终结了父母忐忑的猜想,骄傲地宣布着一个新生命的到来。沉浸在喜悦之中的大人们为了表达对新生命的爱意、对新生命的祝福,就以各种仪式为新生命祈福,这就是出生礼。孩子降临人世时,做父亲的接子必行礼。母亲抱子端坐,父亲分别对子、对孩子母亲行礼,而后携妻抱子而归。父亲对孩子行礼时说欢迎和感谢孩子的话,其余的人不必对孩子施礼,但都要对孩子说一句爱和祝福的话。男孩女孩平等。此礼来源于《周礼》,见《礼仪·内则》(第 43,44,45 节)。

传统的出生礼,由佩章、取名、报喜等几种仪式组成。婴儿诞生,有诞生礼,三日后有三朝礼,出生一个月为满月礼,出生一百天行百日礼,一周岁时行周岁礼。这样,对一个新生命的迎接过程才算完成。

第二礼:满月礼。

满月礼是人生的开端礼。男悬弓女悬帨,《礼记·内则》:"子生。男子设弧于门左,女子设帨于门右。"若生的是男孩,则在侧室门左悬弓一副,并且还要用弓箭射四方;若是女孩,则在侧室门右悬帨。满月是现在民间比较流行的一种礼仪,婴儿出生满一个月后举行,传统的满月礼包含了除胎发、戴长命锁、百家衣等程序,礼仪色彩浓厚。仪式氛围优美而庄重,以此使新生儿得到社会、家庭、邻里的承认;同时,也充分蕴含了人民对新生命的美好祝愿,体现了家庭、家族、亲戚乃至社会对新生命的关怀和重视。生子必命名,命名则神圣。

现代命名礼多与满月礼结合一起,又称为"满月命名礼"。

孩子出生后,按各地的习俗日,家人会集亲朋庆贺,要给孩子举行命名礼。命名礼为的是"子女命名,认定神圣"。父亲先给孩子命名,接着认定孩子的生命来自天地、祖先、父母。为孩子指认天地,指认祖先,指认长辈、父母,以示庄重,以示归属,见《礼仪·内则》(第47,48,49节)。

满月酒,新生儿满月时,主人宴请宾客,应邀的客人都要送礼,礼物多以婴儿用品为主,包括玩具、长命锁、衣服、饰品等。

剃头,满月时为小孩第一次理发,称为剃胎发。

移窠,也叫移巢、满月游走等,即满月后可以由人抱着婴儿四处走动了。

第三礼:够周礼。

够周礼,也称"对周礼""抓周礼",是在婴儿满一周岁时举办的民间庆贺习俗,是中华"周岁礼"传统习俗的主要组成部分。北齐颜之推《颜氏家训·风操》中就明确记载:"江南风俗,儿生一期(即满一周岁),为制新衣,盥浴装饰,男则用弓、矢、纸、笔,女则用刀、尺、针、缕,并加饮食之物及珍宝服玩,置之儿前,观其发意所取,以验贪廉愚智,名之为拭儿。"宋代孟元老《东京梦华录·育子》中记载说:民间生子后,"至来岁生日,罗列盘盏于地,盛大果木、饮食、官诰、笔砚、算秤等经卷针线应用之物,观其所先拈者,以为征兆,谓之'试晬',此小儿之盛礼也"。在婴儿满周岁刚刚学会蹒跚起步时,让婴儿在众多的器具中选择自己喜欢的器具,以确定孩子今后的人生方向,这就是"够周礼"中的"抓周",也有人叫"试儿"。传统的"够周礼"热烈隆重,富有喜庆,往往一家办"够周",一村沾喜气。"够周礼"可谓举家欢庆,举族同庆,从一家到另一家,乃至到一个村落,大家自觉不自觉地参与,分享欢乐。抓周其实是人的第一个生日纪念日的庆祝方式,它与产儿报喜、三朝洗儿、满月礼、百日礼等一样,同属于传统的诞生礼仪,其核心是对生命延续、顺利和兴旺的祝吉。

第四礼:开懵礼。

开懵礼,又名开笔礼、入学礼、进学礼,为的是"步入学堂,知聪识明"。

儿童到了五岁至七岁时,即将步入学堂,生活发生变化,古人行"开笔礼"仪式让孩子得"学生"名分。孩子在喜悦而又庄重的仪式中点聪明记、诵读"聪明歌"、拜孔子为师、开笔学写"上"字,记住"上进、上升、上达",记住"天天上进、年年上进、终生上进"。《礼记·学记》:"大学始教,皮弁祭菜,示敬道也。《宵雅》肄三,官其始也。入学,鼓,箧,孙其业也。"《礼记·内则》:"十有三年,学乐,诵诗,舞《勺》。成童,舞《象》,学射御。"

在古代中国的传统礼仪中,入学礼是一个非常重要的礼仪,也和成人礼、婚礼、葬礼并称为人生四大礼仪。由于年代和所处地方不同,古时对"入学礼"的称谓可谓五花八门,"入学礼""开书礼""开笔礼""破学礼""破蒙礼"等等,台州三门古时称入学礼为"开懵礼"。"开懵礼"是一个极为隆重的典礼,一个完整的"开懵礼",分为家庭和学堂两部分,包含了吃、穿、礼拜等一系列的流程。家庭部分由敬拜祖宗、喝"开懵茶"、吃"开懵饭"、长衫加身等环节组成,学堂部分由正衣冠、行拜师礼、朱砂开智、启懵描红等环节组成。

第五礼:成年礼。

成年礼为的是"人格独立,担负使命"。

成年礼是一个人走向社会的一道必不可少的程序,是为证明年轻人具有进入社会的能力和资格而举行的人生礼仪,是一种普遍存在的文化现象,古代成年礼根据男女性别不同分为"冠礼"(男性)、"笄礼"(女性)两种,一般会举行隆重仪式。《礼记·冠义》:"已冠而字者,成人之道也。成人之者,将责成人礼焉也。责成人礼焉者,将责为人子,为人弟,为人臣,为人少者之礼行焉。"《礼记·昏义》:"夫礼,始于冠,本于昏,重于丧、祭,尊于朝、聘,和于射、乡,此礼之大体也。"

成人礼在古代又叫"冠礼",是重要的人生大礼。"今且生如夏花,莞尔韶华,奕奕容光。弱冠既加,如之栋梁。道义不辞,大任始承。"①传统社会中,汉族人的成年礼一般是男子二十岁行冠礼,即在男子二十岁时,有主持仪式者为男子戴三次帽子,称为"三加",分别为"缁步冠"(布做的帽子)、"皮弁"(皮做的帽子)、"爵弁"(无旒的冠,色如雀头,赤而微黑,用于祭祀),象征冠者从此有了治人的权利、服兵役的义务和参加祭祀活动的资格。传统冠礼中还有"命字",即由嘉宾为冠者取新的字号,冠者从此有了新的命字。女子在十五岁时要行笄礼,主要是由女性家长为行笄礼者改变发式,表示从此结束少女时代,可以嫁人。现代社会,成年礼已演变成年满十八周岁,男女同时举行。

行礼年龄在十八岁至二十岁。如今在日本、韩国等地仍然流行,称"成人礼",台湾称"成年礼"。青年行此礼后,正式成为"成年人",需用成年人的标准要求自己。成人礼的主要内容是通过"三加"(加时服、加祖服、加公冠),表达了"三明"(明发扬时代精神、明继承华夏文化、明担负国家使命)的礼义。通过"三诵"(三次诵读经典),表达了"三成"(成人子、成国士、成君子)的礼义。成人礼可以单独行,也可以集体行,寄托了父母对儿女、国家对青年的期望,也表达了青年自己的志向和抱负,并明白成人之义,以独立人格承担家、祖、国赋予的人生使命。

第六礼:拜师礼。

据《礼记·少仪》记载:"其以乘壶酒、束脩、一犬赐人。"郑玄注:"束脩,十脡脯也。"老师在收下束脩后,并回赠《论语》、葱、芹菜等礼物;同时带领学子齐颂《大学首章》,象征担下"传道、授业、解惑"的重大责任。《通典》才开始提到拜师礼,该书"礼典"强调:"天子拜敬保傅。"说天子也要拜师,三十六行行行出状元,在传统的行业中,师徒关系仅次于父子关系,即俗谚所谓:"生我者父母,

---

① 《冠笄成人礼仪,传承中华文化》,中国礼仪网 2009-08-09。

教我者师傅。"投师如投胎,有些行业一入师门全由师傅管教,父母无权干涉,甚至不能见面。建立如此重大关系,自然需要隆重的风俗礼仪加以确认和保护,这就是"拜师礼"。传统拜师,先遣中人向师傅说合,再择吉日设宴,写拜师帖、行拜师礼,拜师时先拜祖师爷,拜行业保护神,表示对本行业的尊重和从业的虔诚,同时也是祈求祖师爷保佑,使自己学业有成。接着才行拜师礼,一般是师傅、师母坐上座,学徒行三叩首之礼,然后跪献红包和投师帖子,之后师尊训话,宣布门规及赐名等。训话一般是教育徒弟尊师守规,鼓励徒弟做人要清白、学艺要刻苦等。

第七礼:婚嫁礼。

婚嫁礼由《周礼》演化而来,为的是"夫妻和合,白头偕老"。《礼记·郊特牲》云:"天地合,而后万物兴焉。夫昏礼,万世之始也。"《礼记·昏义》云:"昏礼者,将以合二姓之好,上以事宗庙,而下以继后世也,故君子重之。"

华夏民族的婚礼,同牢、合卺、结发等每一个礼仪仪式,都包含着祖先教育新婚夫妇的智慧,是祖先留下来的宝贵财富。只要经历了婚礼仪程,一个新家庭就可以建立起来了。所以《易经·序卦传》概括:"有天地,然后有万物;有万物,然后有男女;有男女,然后有夫妇;有夫妇,然后有父子;有父子,然后有君臣;有君臣,然后有上下;有上下,然后礼仪有所错。夫妇之道,不可以不久也,故受之以《恒》。《恒》者,久也。"

自南宋以来,三门就已经形成了一套完整的婚俗礼仪。婚嫁礼作为一种生命仪式,事关家庭幸福、生命的延续和社会的安定,标志着男女社会身份的重大转变,具有承上启下的里程碑意义。因此,三门人对婚嫁礼十分讲究,往往被看作"终身大事"。以拜堂为例,其流程就包含了拦轿、跨火盆、拜堂成亲、送入洞房、闹洞房等诸多礼节仪式。

婚嫁礼通过仪式程序,表达婚礼的礼义,突出婚姻的神圣性,为夫妻百年好合奠基,使家庭牢固、恒久和幸福。

第八礼:祝寿礼。

祝寿礼仪是对长寿永生的企盼和表达晚辈尊老敬老思想的一种意识程式，《礼记·乡饮酒义》云："民知尊老、敬老，而后乃能入孝弟。民入孝弟，出尊长养老，而后成教。成教而后国可安也。"三门人历来崇尚"福、禄、寿"三星，把他们作为吉祥神来崇拜。为此，三门人对寿诞礼仪十分看重，其礼仪程式也烦琐而隆重。旧时，通常从四十岁开始行做寿礼，现在一般在六十岁、七十岁、八十岁等逢十年举行，也有少数人在五十岁就举行的，有的地方放在逢九之年行祝寿礼，有的地方在逢一之年举行，七十七岁为喜寿，八十八岁为米寿，是比较重要的二次寿礼。祝寿礼需在精心布置的"寿堂"举行，旧时做寿一般要三天，要举办"寿诞"、吃"寿面"（长寿面）。其间，"寿星"要接受晚辈的祝贺，"孝"与"感恩"是祝寿礼的基本元素，也是中华民族传统美德，"孝老爱亲"的体现。

第九礼：丧葬礼。

丧葬礼为的是"对生命的终极关怀"，是在人生礼仪中的最后一个驿站。《论语》曰："慎终追远，民德归厚矣。""生，事之以礼；死，葬之以礼，祭之以礼。"葬礼习俗流传至今，已经有几千年的历史，涵盖了儒家、道家、佛家三大教派的思想理念，父母去世，儿女要为父母行适宜的丧礼。

丧葬仪式大致分为：停尸（挺丧）仪式、报丧仪式、招魂仪式、送魂仪式、做"七"仪式、吊唁仪式、入殓仪式、出丧择日仪式、哭丧仪式、下葬仪式，一般都非常郑重其事。现代实行火葬，在倡导移风易俗的大环境下，许多仪式已经简化，主要由遗体告别仪式和追悼会两部分组成，告别仪式由播放哀乐、默哀、鞠躬、瞻仰死者遗容等环节组成，追悼会主要是表彰死者生前主要功绩，因过于形式化和劳民伤财，现已基本取消。

父母去世，儿女要为父母行适宜的丧礼。丧礼以尽哀，不设主礼人。礼仪人员指导、照应具体事务。

第二年的周年祭日和第三年的周年祭日，也都要在墓前或灵位前祭祀、跪拜。此礼来源于周礼。

第十礼：祭祀礼。

祭礼为的是"祖先永在,后人永志"。《左传·成公十三年》:"国之大事,在祀与戎。""凡治人之道,莫急于礼。礼有五经,莫重于祭。夫祭者,非物自外之至者也,自中出生于心也;心怵而奉之以礼,是故唯贤者能尽祭之义。"

子孙代代祭祖,古人称为"吉礼"。祭祀祖先,对家庭来说是件"吉祥事"。先人去世后,体魄归于大地,灵魂升到天上,音容留在儿女心里,心志传于子孙后代。这种永恒与不朽,是用"祭祀祖先"的礼仪延续和贯通的。追念先人、教育后人,祭祀是祖先为后人设计的大智慧。

三门的祭祀礼多种多样,最常见的有家祭和族祭。在三门,每个月都有一个节日,俗称"月节"。家祭一般在月节进行,如清明节、七月半等。最隆重、最讲究的是族祭,每年冬季祭祖的习俗,俗称"祭冬"或"拜冬",主要由拜天、祭祖、祝寿、老人宴等仪式以及与之伴生的民俗文化、饮食文化组成,其中拜天、祭祖是两个分量较重的环节。据记载,三门祭冬习俗距今已有七百多年的历史,通过祭冬,人们深切表达了对天地自然的尊重和礼敬,对祖先的感恩怀念之情,凸显了遵循自然、尊重自然、敬老爱幼、崇祖尚德的道德理念,实现聚族睦亲、和谐相处的目的。2016 年 11 月 30 日,包括三门祭冬在内的二十四个节气,被列为联合国教科文组织人类非物质文化遗产代表性名录。

第八章

乡贤范：外在距离的消失

党的十九大报告中提出了"产业兴旺，生态宜居，乡风文明，治理有效，生活富裕"的乡村振兴总要求。回馈家乡，为村民增收、为美丽乡村建设出力，振兴乡村已成为台州乡贤的共识。引导有着乡梓情结的新乡贤群体参与到农村文化礼堂建设之中，"既符合中国的文化传统，又顺应当前的现实需要，是一种既能够为村民接受又能为社会认可的行政嵌入与村庄内生相结合治理模式"。①《半月谈》2017 年 9 月 14 日刊登《乡贤参与乡村治理的"台州模式"》——"乡村日渐凋敝，基层治理去哪儿找能人？（台州）这个地方的做法值得一学"。高度肯定台州乡贤的标本式作用。

乡贤这种标本式作用，不是靠虚拟叙述来呈现媒体世界，而是靠他们在现实世界的行动塑造打破时空的距离，模糊真实世界与媒体世界的界限，以此展现一个景观化的中国乡村后现代社会。

---

① 李传喜、张红阳：《政府动员、乡贤返场与嵌入性治理：乡贤回归的行动逻辑——以 L 市 Y 镇乡贤会为例》，《党政研究》2018 年第 1 期。

第一节 生于故土,情系乡里

"一个社会的稳定,一定是通过内生性权威得以实现的。"①乡贤是参与农村文化礼堂建设和乡村治理的一支重要力量。乡贤按照时代和作用来划分,分为新乡贤和传统乡贤。相对于传统乡贤而言,"新乡贤"范围更为宽泛,维系他们的纽带就是乡愁,乡情、乡怀帮助他们立志参与乡村文化建设,为文化礼堂建设和其他文化活动开展尽一份绵薄之力。现在的新乡贤可以包括地方贤达、在外成功人士、专家学者、优秀教师、创业者、关心文化事业发展的热心人等。身在乡村的精英群体可以归为新乡贤,要充分激发他们思想智慧,发挥他们拥有的社会资源为家乡文化事业发展做贡献;那些远离家乡的各行业精英是最值得期待的乡贤,要出台政策,让他们想回家乡,愿回家乡,激发他们回归家乡的动力,积极鼓励乡贤在回乡投资、返乡创业、下乡任职、入乡宣讲、为乡解难、帮乡推介等六个方面积极发挥作用,以共同的目标消除空间距离和心理距离。

台州的乡贤近年来在党的政策感召下,为台州经济及社会发展做出了巨大贡献,积累了丰富的经验,形成了独树一帜的参与乡村治理的解决方案,得到《半月谈》的重点关注。《半月谈》概括了乡村治理面临的诸多问题,提出解决这些问题的样本——乡贤参与乡村治理的"台州模式",就是拿台州经验做典型案例。《半月谈》认为,随着大量农村优质劳动力的外出,精英人才远离农村,留守群体日渐老龄化,双重"失血"令农村人才出现断层、"空心化",一些乡村日渐凋敝,乡愁和文脉难以延续。解决问题的关键是找到能够发展、建设、治理乡村的能人。乡村能人去哪儿找?"台州模式"给出这样的答案:生于故

---

① 李宁:《乡贤文化和精英治理在现代乡村社会权威和秩序重构中的作用》,《学术界》2017年第11期。

土、情系乡里的乡贤。①

一、搭建乡贤平台

农耕文明是中华传统文化的根底,乡土文化是其根源。乡村是中华传统文化的生发地、乡土文化的汇聚地。乡村振兴,离不开乡村文化的振兴。台州市加快乡村建设,建立并完善乡贤组织,多形式推动乡贤参与经济社会文化建设,以乡村文化发展为抓手,加快乡村振兴工作进程。在此背景下,台州乡贤工作走上快车道,形成乡贤工作的样板——"台州范",在全社会营造尊贤敬贤的良好风尚,激励广大乡贤主动报效家乡、建功立业,并取得瞩目成就。

一是发现新乡贤。发展新型乡贤组织,主动发现新乡贤,通过"本人自愿、村庄推荐、政府核验"的模式,发现、发展一批新乡贤,成立乡贤会,设立乡贤会网站、建立乡贤微信公众号、创建乡贤顾问团队、成立(乡贤)孝心基金理事会等,提供家乡建设的最新进程、发展的潜力和建设项目的蓝本,拓宽乡贤归乡服务、投资创业的渠道,激发他们回乡参与建设的热情和动力。特别是对那些有乡土情怀、准备衣锦还乡的在外创业成功的企业家,要把他们内心传统的叶落归根的思想充分激发,让这些人携带资本和资源回乡投资时间长、见效慢、利润低的文化事业,才会见实效。如兴办文化产业、投资公共设施等。

二是建立乡贤数据库。按照热爱家乡、回馈家乡、群众认可等条件,结合各地乡贤实际情况,分门别类建立各级乡贤数据库,并做好归总和更新工作;探索吸引乡贤回乡的新渠道、乡贤投资乡村建设的新途径、参与乡村治理的新模式,以适当方式引导、吸引乡贤回乡投资;以乡贤组织为平台,更好地整合乡贤力量,发挥乡贤整体合力。探索试行"村两委会+乡贤会"的基层治理模式。充分发扬基层民主恳谈的协商民主机制,让乡贤畅所欲言、尽其所能,各尽其才,为家乡发展贡献他们的才华。

---

① 沈锡权、王俊禄、马剑、方问禹:《招乡贤回归,促乡村善治——万名新乡贤的"台州模式"》,《半月谈》2017年第17期。

三是发挥乡贤的作用。各县(市、区)和乡镇(街道)搭建乡贤引领乡风民俗的平台,邀请退休干部、专家学者、社会贤达等制订村规民约、参与政策宣讲、矛盾调解、道德乡风评选等,传承和弘扬乡村文明。各地纷纷研究出台政策,赋予乡贤新的文化地位,让乡贤当好"基层矛盾调解员""国策乡情宣传员""重点事务监督员""助推发展智囊员""文明乡风传播员""治理乡村勤务员""助人为乐慈善员""社情民意信息员"等。拓宽创业途径,鼓励并出台激励政策吸引乡贤回乡创办事业,回馈文化事业发展。此外,还应大力宣传乡贤事迹及其重要义举,挖掘乡贤故事,弘扬具有台州特色的乡贤文化,让乡贤有一种荣归故里的心理获得感,助推台州市文化产业发展。

乡贤文化积淀了我国千百年来乡村治理的智慧。在乡村振兴战略实施背景下,乡贤内涵正在不断延伸,既是乡村经济发展的助推力,也是乡村社会治理内生力的外接。

二、聚合乡贤力量,共谋家乡发展

心系桑梓,情怀乡土,不忘反哺家乡。在乡村振兴建设中,乡贤是一股重要的力量。台州市以乡情乡愁为纽带,积极引导乡贤反哺家乡,推动乡村发展和治理。据《台州日报》统计报道,自 2017 年开始,台州率先在浙江省开展"万名乡贤帮千村"活动,先后发动 1.3 万名乡贤与全市 1988 个经济薄弱村实现结对全覆盖,帮扶资金共达到 114.2 亿元。自此,在万千乡贤的表率引领与协助帮扶之下,市域相当数量的村集体迎来经济华丽转身,一大批的空心村、薄弱村焕发新生机。于是,台州此举引起了国内媒体的争相关注,乡贤参与乡村治理的"台州模式"成功登上《半月谈》杂志,得以为浙江省乃至全国的乡村振兴事业贡献台州经验。[①] 其中,以"万名乡贤帮千村"活动为载体,吸引和凝聚各方精英,引资、引才、引智、引项目,助推美丽乡村建设。要切实发挥好"乡

---

① 沈锡权、王俊禄、马剑、方问禹:《招乡贤回归,促乡村善治——万名新乡贤的"台州模式"》,《半月谈》2017 年第 17 期。

贤"的作用,要让乡贤真"贤",要让乡贤真不"闲"。

《半月谈》介绍,台州当地新乡贤主要在三个层面助推新农村建设与治理:道德育村、文化治村、项目扶村。①

第一,送乡贤榜、塑乡贤墙、建乡贤馆,乡贤"道德育村"。

台州各地充分利用文化礼堂、书院等乡村公共平台,创设乡贤馆,汇编乡村"微档案",讲好身边的乡贤故事。如,三门县还敲锣打鼓给乡贤送红榜,让乡贤"荣归故里"有仪式感。

第二,设乡贤会、赠乡贤冠、聚乡贤智,乡贤"文化治村"。

把开展万名乡贤帮千村活动与驻村"第一书记"有机结合起来,"第一书记"在结对村当"娘舅"、做"媒人",增强村两委班子战斗力,激发"穷山村"追梦"绿富美"。如,台州市机关事务管理局副调研员张新建退居二线后,被派驻到仙居岭脚村,不仅有效化解村班子内部矛盾,还帮助村里制定发展山油茶、杨梅经济规划。

第三,筹乡贤金、结乡贤亲、揽乡贤才,乡贤"项目扶村"。

台州各地利用乡村生态、资源优势,积极对接乡贤资金、项目,发展特色产业。《台州日报》报道,全市 1988 个经济薄弱村实现乡贤结对全覆盖,帮扶资金达 114.2 亿元。② 项目扶村让很多村集体经济发展壮大,一批经济薄弱村、欠发达村迎来了发展良机,从此摘掉了头上戴了很久的"帽子"。

从记者概括提炼的台州"样本"看,台州乡贤从涵育重德家风、培树崇文学风、引导清明政风、淳化质朴民风、发展项目扶村等方面发挥自身积极作用,堪称当下乡贤主动参与乡村振兴建设的范本,相对于台州本身而言,从中国历史和传统文化中吸取智慧,传承、弘扬乡贤文化,进一步激发乡贤的活力和潜力,振兴乡村产业并以此为重点展现乡贤价值,丰富当下乡村社会治理工作中的资

---

① 沈锡权、王俊禄、马剑、方问禹:《招乡贤回归,促乡村善治——万名新乡贤的"台州模式"》,《半月谈》2017 年第 17 期。

② 罗浩榕:《凝聚乡贤力量 助建文明乡风》,《台州日报》2017-07-10。

源，在"台州样本"基础上总结提炼成系统的理论和实践体系，这是当务之急。

通过大力培育和弘扬乡贤文化，带动了乡风文明转变，有力地助推了社会文化事业的健康发展。据台州市委宣传部统计，仙居县共建立 100 个村级"慈孝基金"理事会，"慈孝基金"规模达 6000 多万元；天台县乡贤筹资 7700 万元用于基层公共文化服务；椒江乡贤准备资助 300 万元，建设以孝文化为主题的文化礼堂；三门亭旁乡贤成立教育基金，首批确定捐赠 400 万元，用于奖励当地优秀学生和老师……①台州市出台了《关于凝聚乡贤力量　提升美丽乡村文化内涵的通知》，进一步整合提升乡贤的力量。在农村文化建设中成立并完善文化礼堂理事会、民主恳谈会等多种群众性自治组织，让乡贤成为这些群众性组织的核心，让他们主动参与到乡村文化发展建设中来，提供管理、资金等急需的资源，既实现自我管理、自我服务，又实现自我提升、自我完善，把乡贤这个农村文化发展进程的催化剂作用发挥到极致，既培养造就一批新一代乡贤的同时，又使乡村振兴的战略目标得以实现。台州市几年来的乡贤工作成果充分体现了在乡贤文化的感召下，各地志愿者协会、兴学协会、义工协会等民间公益团体自发形成，他们不定期对特困群体开展爱心活动，赢得社会广泛好评。不断创新和弘扬乡贤文化，优化服务环境，提升乡贤地位，促进乡贤发展，让社会主义核心价值观深深扎根于乡野，为建设美好台州提供有力的精神文化支撑。

第二节　乡贤文化进文化礼堂

见贤而思齐，乡贤示范榜样成为台州文化礼堂建设的"亮丽风景"。农村文化礼堂整合了村公共资源，祠堂、礼堂、办公场所、合并后的学校、废弃的厂房等，修建、新建这些资源后，形成规模宏大的文化活动综合性平台，让乡贤文

---

①　罗浩榕：《凝聚乡贤力量 助建文明乡风》，《台州日报》2017-07-10。

化走进乡村的每一个角落。

农村文化礼堂能够承担起传统祠堂、庙堂、礼堂、学堂、讲堂的综合功能,在文化礼堂建设时有意识地引导村民深入挖掘藏在故纸堆里的历史记载,整理口耳相传的民间记忆,收集当下村里在外发展良好的社会贤达材料等,将其材料陈列在本村文化礼堂的"村史廊""民风廊"里,或直接设立"乡贤榜",达到重振文脉、引进乡贤的目的。

1.涵养孝德家风。乡贤文化进文化礼堂,就是在文化礼堂这个平台上把乡贤文化和传统文化、乡土文化、礼仪文化有机结合,让讲堂成为传播乡村孝德文化的主战场,修身、养性、齐家、治乡村。鼓励有条件的乡村编纂《村志》,在《村志》中专门设立乡贤篇,记录古今乡贤的义举或创举,或在文化礼堂中设立乡贤榜,让乡贤事迹明于群众的日常生活习俗中涵养孝德家风。如仙居县上街村在文化长廊中推出村20大历史名人,在文化长廊中一一张榜,陈列村里产生的优秀人物和他们成长的历程,以及为官一任造福人民的事迹广以告之。全市组织新乡贤走进1459个文化礼堂,让所有村落感受文化建设的新风,体会"尚德崇礼"的良好风俗,让村民能时时瞻仰文化长廊的"乡贤榜",使乡贤文化在公共文化活动中焕发新的生机。在新修族谱中设立孝德篇,修订族训,把当代社会主义核心价值观融于其中,把社会贤达报效桑梓等义举及人文精神植入族训之中。加大对村落文化遗产的保护力度,如传统民居、传统亭台楼阁、古牌坊等,传承乡贤文化脉络。

2.培育崇礼学风。乡贤文化进文化礼堂,就是在讲堂、农家书屋开展"学乡贤"活动,举办礼仪展示活动,引导中小学生见贤思齐、崇礼尚德、砥砺前进,树立报效家乡、报效社会的远大志向。各级政府文化部门组织文史专家研究发掘、整理乡贤文化资料,把乡贤文化从文化礼堂延伸至中小学,开展各种典型教育。在文化礼堂把乡贤事迹融入文艺创作活动,通过乡村大舞台、村晚等多种途径,让乡贤文化在乡村广泛传播。每年推出"最佳乡贤"评选活动,编写乡贤案例,让乡贤文化重回乡村的日常生活。

3.引导清正乡风。乡贤文化进文化讲堂,就是利用文化讲堂,抓住公序良俗、道德示范、理论宣讲这个核心平台,让党员、干部、群众学乡贤、服务乡贤,鼓励乡土的党员干部学做乡贤,释放乡贤的文化效应,推动基层文化发展。在文化礼堂中开展"重阳敬老座谈会""春节乡贤联谊会"等活动,把那些长于乡土、心系乡土、奉献于乡里的社会贤达、成功人士、优秀党员干部、道德标兵等现代"新乡贤"请上讲堂,现身说法,榜样示范,在学习、互动等文化参与中得到升华,从而自觉提升道德素养,优化乡村治理,在清明乡村的熏陶下,村民能自觉接受精神的洗礼、心灵的感悟,公序良俗得以形成。

4.化成醇厚民风。乡贤文化进礼堂,就是把农村文化礼堂和乡镇综合文化站作为宣讲乡贤文化的主阵地,宣讲乡贤文化。把乡贤文化转化为群众喜闻乐见的思想、语言和行动,引领乡村文明新风。黄岩、天台等县区成立"乡贤宣讲团",不定期地前往各村文化礼堂宣讲。据不完全统计,两个县区各进行40多场宣讲,听众达10000多人。许多乡村文化名人还自编自导自演,把乡村涌现的新人新事新风尚,用快板、台州乱弹、道情和其他地方艺术形式搬上乡村大舞台,让群众乐在其中,让社会主义核心价值观潜移默化地渗透进群众的大脑深层。在文化礼堂建设时设计礼堂廊墙文化,建立"乡贤榜""功德榜"等,产生"廊会说话,墙会讲话"文化效果,营造浓厚的礼敬、尚贤氛围,醇厚民风。同时,在各级媒体刊登"新乡贤、新风尚、新乡风"事迹,让新风吹进群众的心坎里,加强正面舆论引导,传播有热度的故事,多方合力化成醇厚民风,让尊崇乡贤精神在全市持续发酵、蔚然成风。

第三节　新乡贤,新的历史内涵

乡贤文化从历史中走来,给我们带来了乡村治理的智慧。当下,台州乡贤的行动经验给乡贤文化注入新的文化内涵。

一、民主恳谈，理事会制的核心

理事会制的核心就是充分尊重村民，群策群力，充分发挥村民主体参与作用。在这个制度下，建立完成充分民主机制，先民主再集中，理事会制成为浙江省推广的样本，这是台州推进基层公共文化服务发展的核心经验。其中，以温岭的民主恳谈最为代表。2018 年 6 月 18 日，《光明日报》以《美好生活"谈出来"》点赞温岭的民主恳谈。温岭全市大多选择在文化礼堂举办恳谈会，每年平均 1800 场左右，从宽泛的意义上讲，村落的所有事务均是恳谈会的讨论主题。民主恳谈会逐渐发展为一种新的民主协商沟通决策机制。

文化育村。通过民主恳谈，集体决策鼓励乡贤助推文化建设，目的也是通过乡贤的资源建设美好的乡村文化，实施文化旅游融合发展工程、文化礼堂建设工程，采取冠名资助、投资、捐赠、合作等多种形式，建设乡村文化，同时推进乡贤展示馆（长廊）建设。营造重乡贤的氛围，打造村村有文化、人人有文化的蔚然景观。

善治安村。发挥理事会制的核心作用，借助民主恳谈，构建以村两委为主导、村基层党组织为核心，民主协商（议事）组织为补充的机制，形成党组织核心、乡贤引领、村民参与的乡村文化发展新模式，把乡贤纳入公共文化服务发展决策层、发挥乡贤参与基层社会治理和公共文化服务活动的重要作用。文化兴村民安，一片祥和。

以乡情和文化为纽带，通过民主恳谈，充分发挥乡贤的作用。现实中，一些退休干部、退休职工、老教师、老医生等，包括热心公益的企业家，他们德高望重、有威信，做事公道、能服人，与群众沟通往往更到位。最大限度地释放乡贤文化的效应。

台州市出台《关于促进乡贤助力乡村振兴的实施意见》，立足本地传承乡贤文化，推陈出新，倡树新乡贤。

二、引归乡贤，促进传承

乡贤文化积淀了我国千百年来乡村治理的智慧。台州市全面开展"万名乡贤帮千村"活动,取得了丰硕成果,全市 2000 个经济薄弱村实现和乡贤结对。村集体经济和村治均发生大变化,薄弱村变为不薄弱,中游村变为发达村。台州这一举措引起了中央媒体的高度关注,"乡贤参与乡村治理的'台州模式'成功登上《半月谈》杂志,得以为浙江省乃至全国的乡村振兴事业贡献台州经验"。[①]

人才远走,文脉难以延续。随着大量农村优质劳动力外出,精英人才远离农村,留守群体日渐老龄化,双重"失血"令农村人才出现断层、"空心化",一些乡村日渐凋敝,乡愁和文脉难以延续。

这是横亘在城镇化进程和美丽乡村建设之间一个绕不开的话题。乡贤"台州样本"贡献县市经验。乡贤文化是中华优秀传统文化在乡村治理和伦理文明建设的一种实践文本。新时代传承和弘扬乡贤文化具有重要的伦理价值,有助于把社会主义核心价值观融入乡村社会精神文明建设各方面,使其内化为乡民的情感认同和心理共识,外化为行为习惯;有助于提升乡民们的文化自觉、文化自信和文化自强,提升乡村文化软实力,激励乡村社会健康持续发展;有助于促进乡村治理,建构德治与法治相结合的乡村治理模式;有助于培育文明乡风,形成向善向上的精神氛围.我们需要在立足传统的基础上面向现代和未来,在传承传统乡贤文化的同时予以创造性发展,培育既扎根传统又富有时代气息且面向世界和未来的新的乡贤文化。

延伸阅读 1

建平台、引项目、助乡里——乡贤回归的"三门样本"[②]

8 月 12 日下午,三门籍在杭乡贤座谈会在杭州市举行,杭州市三门商会的乡贤代表齐聚一堂共话家乡发展。

---

① 黄彬红、李源龙:《坚持农民主体地位,看台州怎么做》,《台州日报》2018-09-12。

② 任平、李贝妮:《建平台,引项目,助乡里乡贤回归的"三门样本"》,《台州日报》2017-08-17。

这也是当日下午,三门·中国小海鲜之乡命名发布会暨三门小海鲜走进杭城餐饮名店合作签约仪式在杭州举行后的第二个会议。工作做到哪个城市,三门乡贤联谊会就开到哪个城市。这是三门重乡贤、聚乡情,推动三门发展的有效举措之一。

"台州市提出'动员乡贤回乡里',这为新形势下延展基层管理触角,创新乡村治理模式指明了方向。"三门县委高度重视,县委常委会研究乡贤回归工作,出台乡贤工作"二十二策",在全县建立乡贤联谊会和乡贤会,实现乡镇(街道)全覆盖,联络在外乡贤1100余名。在今年换届选举中,产生60多名乡贤带头人,筹集教育基金1000万元,签约项目43.6亿元,达成意向投资5亿元,为台州市"万名乡贤帮千村"活动提供了"三门样本"。

1. 建平台促智力回归。

"只要能带学生考上清华北大,我愿意出30万元奖励教师团队!"

"走得再远,家乡始终是心中最柔软的牵挂。我愿意发挥公司从事大网络、云计算的优势,为三门企业出口贸易提供数据分析。"

……

今年正月初四,三门县借着游子返乡探亲的机会,召开三门籍在外乡贤新春座谈会。会上,大家叙乡情、话发展,这些回馈家乡发展的承诺始终萦绕在三门人的耳边。

成立乡贤联谊会,是三门县抓乡贤活动阵地建设的一项重要内容,目前,三门10个乡镇(街道)全部建立了乡贤联谊会,其中28个重点村建立了乡贤会,共联络1100余名乡贤。

此外,为完善阵地服务功能,发挥阵地堡垒作用,该县还创建乡贤名录。根据乡贤的籍贯、行业、专长、意愿等进行分类,立卡建档,建立动态的乡贤代表数据库。同时,县委统战部牵头建立乡贤微信群、QQ群,搭建了家乡与乡贤、乡贤与乡贤之间沟通桥梁,定期收集汇总资讯,定期发送慰问信息,通报家乡发展大事,传递乡音,做到"线上"和"线下"齐发力。通过登门拜访、电话联络、网络沟通等方式，以"格子铺"的形式，现已收集关于家乡发展的"金点子"1289个，梳理出建设性意见68条。

珠岙镇建立乡贤工作室，以乡贤联谊会或乡贤会理事会成员为主体，根据各成员的业务领域，通过挖掘乡贤自身及其周边的资源，有针对性地分组开展招商引资、养老助残、教育事业、法律援助等各项工作，加快家乡发展进程。村级乡贤会还引导每位乡贤回乡种一棵树、植一丛花、献一个金点子、带回一批客人、引进一个客商、推荐一样产品、捐助一点资金。

杨胜杰十分重视乡贤的建议和意见，对一些重大事项一一回复，并与相关部门乡镇对接、落实。他说，乡贤是一方发展的宝贵资源，要充分借名、借智、借力，发挥乡贤的"蝴蝶效应"，吸引和带动更多的有识之士投资三门、创业三门、发展三门。

2. 引项目促资金回归。

浙江复兴国学研究院执行院长、中国青少年国学教育总顾问、著名书画家陈梦麟是三门亭旁走出去的乡贤。今年以来，他一直在为家乡国学教育基地的事情忙碌着。

"亭旁要发展致富，搞旅游是条出路，但偏远地区靠什么吸引人？国学教育基地就好比是栽好一棵树，让老师带学生，让大家都到亭旁来，人气旺了，发展也就快了。"

跟陈梦麟一样，越来越多的三门乡贤通过招商引资、项目回归、资金扶持等方式，支持着家乡的发展。

健跳镇乡贤宁波三门商会会长章正西，与当地政府一起投资175万元在繁荣村建设村民公园；亭旁镇乡贤联谊会成立了教育基金；花桥镇乡贤李荣华有意在花桥村里院水库开发旅游项目，总投资约3000万元；蛇蟠乡乡贤杨九如有意投资景区配套项目2亿余元，助力蛇蟠5A级景区创建。

开展项目对接活动是助力乡贤"回归"的有效载体。制定项目对接清单，优化项目服务，认真制定乡贤回归项目实施方案。如健跳镇繁荣村通过"乡贤

＋村委会"建设村民公园,蛇蟠乡通过"乡贤＋旅游公司"打造海景高端养老园,都是创新发展"乡贤＋"混合投资模式的成功典型。目前,通过"乡贤＋"模式引导乡贤资本回流,项目回归,共计意向资金3亿多元,项目5个。

同时,各乡镇(街道)在"家乡资源＋乡贤资金"的融合上下功夫、做文章,积极开展投资项目互评、互选活动。海润街道依托上林村林地资源,引进乡贤陈中强开发"天景园"项目,观光果园180亩、民宿、拓展项目等为一体的休闲观光园,总投资2000万元,已经投资800万元。

此外,自从该县提出"教育振兴行动计划"后,县工商联(总商会)和三门县北京商会等5家异地商会主动响应,设立乡贤振兴教育基金会,"奖教奖学,扶贫帮困",助力振兴三门教育。目前,确定首批教育基金1000万元。另外,花桥籍乡贤踊跃参与慈善分会建设,筹资170万元。亭旁镇在乡贤联谊会募集教育基金300多万元。

3. 助乡里促情感回归。

在亭旁镇芹溪村的文化墙上,乡贤展示栏最醒目,乡贤文化在该村深入人心。省党代表、芹溪村主任卢永军也是放下自家企业,全身心服务建设家乡的典型。

卢永军说:"我们村的能人多、名人多,我们通过联谊会、文化墙等载体,弘扬乡贤文化,让游子不忘家乡、根在三门,让他们多为家乡发展出力。"

三门县把促成"乡贤和乡亲结对"作为"乡贤回乡"的重要形式。香港三门同乡会联系三门籍旅港知识分子与三门中学7名学生结对。花桥镇上潘村被誉为"博士村",在外的6名博士和6名硕士,与村里的20名初高中生结对,担当他们的"人生导师"。

留住儿时的记忆,留住家乡的风景是触动乡愁的重要媒介。横渡镇东屏村,外出人口占89％,打造古村落旅游以来,镇党委依托乡贤会平台,先后6次召集外出乡贤商议,制定了新村宅基地分配方案,着重在现代农业、民宿、农家乐、电子商务等方面引导乡贤回归、资金回流。其中,乡贤陈正吕投资1000

余万元开发稻蓬山,建设稻蓬山旅游综合度假区。

各地乡贤会成立后,成了家乡发展的直通车。沙柳街道后周村乡贤周方洁得知村庄发展滞后,决定开展旧村改造。三年来,共捐资2000多万元用于新村建设。该村成立乡贤会后,又吸纳4名外出乡贤共同出资出力推动村庄改造。

乡贤会也是乡贤和乡亲的情感传递平台,村里有什么"困难事""烦心事",乡贤共商量、齐帮忙。健跳乡贤,宁波市三门商会副会长吴善尚在回乡时得知山后塘村一户人家有4个残疾人,因贫弃医,立即发起倡议募捐活动,共募集82958元善款送到特困户的家中。

"乡愁是维系家乡和乡贤的纽带,留住乡愁,追忆乡愁,才能激发和引导乡贤回乡里、助乡里。"三门县委常委、统战部部长汤红传说。该县通过结家乡亲、忆家乡景、解家乡困、济家乡贫等活动,让乡贤真正做到情系家乡、心念家乡,做到常"回家"看看。

据介绍,下阶段,该县将根据各地乡贤联谊会活动情况,总结经验,提炼典型,组织开展全县"十大模范乡贤""十大乡贤回归项目"的评选活动,不断激发广大乡贤助力家乡的热情。

4.三门县制定"二十二策"推进乡贤统战工作。

(1)深化感情联络。

第一策:建立乡贤联系制度。建立县四套班子领导、各乡镇(街道)党政班子成员联系乡贤代表人士制度,包抓乡贤项目回归配套服务,包抓乡贤走访慰问等。

第二策:建立乡贤名录库。根据乡贤的行业、所在乡镇(街道)进行分类,立卡建档。

第三策:丰富联络联谊平台。每年举办三门乡贤大会,建立乡贤微信群"家·三门",逢年过节举行座谈会或登门拜访。

第四策:推进"小乡贤"工作。每年组织三门乡贤二代、三代回乡举行"夏令营""寻根旅"等。

(2)完善乡贤回乡政策。

第五策:鼓励乡贤回乡。鼓励各乡镇(街道)、村居探索乡贤回乡路径。研究落实城镇居民回乡建房政策。

第六策:服务乡贤项目回归。完善乡贤回归项目在审批、用地、财税、金融等方面的优惠政策。对重大乡贤回归项目,实行"一事一议"。

第七策:建立乡贤名师名医名家工作室。鼓励和支持乡贤中的专业技术人才,发挥自身专业特长,建立名师、名医、名家工作室。

第八策:落实乡贤政治待遇。发挥乡贤参政议政的作用,对优秀乡贤按规定推荐为"两会代表"候选人和政协委员。每年确定乡贤代表列席县乡两级"两会"。

第九策:畅通建言献策渠道。邀请优秀乡贤代表参加重大经济活动,在制定重大经济政策时,吸纳优秀乡贤代表参与咨询,广泛征求意见。

(3)鼓励乡贤参与乡村治理。

第十策:鼓励乡贤参与乡村治理。支持有意愿的乡贤依法依规参与村(居)两委选举,优先推荐村(居)支部委员中的优秀乡贤担任支部负责人。鼓励村(居)聘请优秀乡贤担任乡村治理顾问。

第十一策:引导乡贤参与美丽乡村建设。开展"千名乡贤助百村"行动,引导乡贤参与脱贫攻坚、农业产业化发展、民宿旅游、农家乐建设等工作,全力打造"归雁经济"。

第十二策:引导乡贤助力教育卫生事业。设立乡贤振兴教育基金,组织在外乡贤和三门学子结对,聘请乡贤担任"人生导师"。鼓励乡贤引进优秀卫生医疗资源,助力提高三门卫生医疗水平。

第十三策:引导乡贤参与文明乡风建设。开展以"慈孝"为主题的系列活动,设立乡贤慈孝基金,讲好乡贤慈孝故事,推动形成和合家风。

第十四策:引导乡贤参与纠纷调处。组织成立乡贤调解团,引导乡贤积极参与基层矛盾纠纷调处工作,维护乡村和谐、稳定。

(4)弘扬乡贤文化。

第十五策:乡贤文化进礼堂。把乡贤文化与和合文化有机结合,在村文化礼堂创设乡贤馆、功德榜,使礼堂成为典型的乡贤文化传承和教育基地。

第十六策:乡贤文化进课堂。在学校开展"学乡贤"活动,引导青少年见贤思齐、励志成才。编写古代和近代乡贤文化乡土教材。

第十七策:乡贤文化进讲堂。开展"寻找新乡贤"系列活动,把现代"新乡贤"请上讲堂,让党员领导干部在互动参与中见贤思齐。

第十八策:乡贤文化进媒体。在新媒体、网络平台开辟专栏,广泛宣传乡贤事迹。组织开展争做"优秀乡贤"活动,选树乡贤典型。

(5)加强组织保障。

第十九策:建立乡贤工作机构。成立以县委书记为组长、相关县领导为副组长的乡贤工作领导小组,下设办公室。

第二十策:完善乡贤工作机制。建立"党委统一领导、部门各司其职、重在发挥作用"的工作协调机制。将乡贤工作纳入乡镇(街道)、部门的考核内容。

第二十一策:加强乡贤阵地建设。建立基层乡贤联络站,将乡贤联络站建设成为乡贤之家。

第二十二策:完善基层乡贤组织网络。完善和规范乡镇(街道)乡贤联谊会运行,逐步建立村级乡贤会,健全乡村两级乡贤工作组织,动态管理会员。

延伸阅读2

浙江临海"乡贤+"模式崭露头角 塑美丽乡村新图景①

永丰镇乡贤会成立,是台州市首家注册成立的乡贤会。

---

① 奚金燕:《浙江临海"乡贤+"模式崭露头角 塑美丽乡村新图景》,中国新闻网2017-08-10。

古城浙江临海丰厚的历史文化,哺育出众多鸿儒硕彦,也孕育了深厚的乡贤文化。近年来,临海巧打"乡情牌",推行"乡贤＋"模式,引导乡贤反哺家乡,助力打造美丽乡村升级版。

据了解,临海市现已聘请 1536 名镇村乡贤,对接合作意向项目 560 个,其中回归项目 232 个,预计投资达 38.8 亿元。

对此临海市委书记蔡永波表示,要充分挖掘利用乡贤力量,通过搭建乡贤会大平台,切实增强乡贤的家乡情结,同时激发乡贤回归的积极性,优化乡贤回归环境,激发乡贤荣归故里、报答桑梓的积极性、主动性。

(一)乡贤辅治 创新乡村治理模式

乡贤文化积淀了千百年来乡村治理的智慧和经验,在古代国家治理结构中发挥着重要作用。在临海市永丰镇,乡贤文化也是源远流长。

去年,永丰镇新一届党委政府班子上任以来,把乡贤回归作为重点工作之一,以乡贤来带动村庄管理和各项建设。热心乡贤也以各种各样的方式回馈家乡,助力家乡发展。

2017 年 4 月初,永丰镇成立台州市首家镇级乡贤会,号召 300 多名本镇乡贤回归故里,协助镇党委政府和各村两委,参与农村社会治理,合力打造"善治"之镇。

7 月底,该镇结合当地实际,又出台了台州市首例《永丰镇乡贤回归工作若干意见》,对乡贤的认定、土地建房政策的落实、设立专项资金扶持等方面进行明确规定,充分发挥乡贤的树民风、解矛盾、助发展、献良策和治乡村作用。

永丰镇情况复杂,维稳工作任务重。对此,该镇打造"乡贤＋治理"新模式,让乡贤们以"输入者、指导者、驱动者"的身份参加乡村治理,发挥"补位、辅治"作用。本次村级组织换届中,该镇 215 位乡贤中便有 40 余名德才兼备的乡贤进入村干部队伍。

永丰镇镇长单益波介绍说,该镇同时探索建立决策建议"智囊团"、创业致富"导师团"、纠纷调解"老娘舅"等,不定期组织开展各类活动,发挥不同领域乡贤在服务本村公共事务决策、群众创业致富、矛盾纠纷调解、乡风文明督导和慈善公益等方面的作用,实现从"乱→稳→发展"的农村发展新格局。

"乡贤会的成立给农村工作和发展带来了改观,民风更加淳朴,经济发展更快,村民地域文化自信更强,形成乡村发展新面貌。"单益波说道。

(二)乡贤返乡 启美丽乡村新篇章

在临海,乡贤们不只是农村治理的先头兵,在发展农村经济、美丽乡村建设等多方面,也扮演着重要的角色。乡贤的回归不仅带来了大项目,也为美丽乡村建设增添了力量。

在永丰镇三江村,一个父子两代乡贤回报桑梓的故事在广为流传。身为上市公司总经理的乡贤周三昌时常回到村里,为村里发展出钱出计。

问及这么做的原因,答案也很简单,因为周三昌的父亲周学忠曾任当地的公社书记。他父亲在去世前的 20 多年里,每天 6 点起床,肩扛手抬,累计种下 300 多亩的树。以树养村,帮助三江村度过了最困难的时刻。现在,周三昌也算是"子承父业",出资 300 万元为三江村做旅游规划设计,计划引资 11 亿元打造全新乡村景区。

这样的故事并非孤本:汇溪镇以"乡土、乡情、乡愁"为纽带,以"强农、富民、美村"为目标,引导乡贤反哺修山路;在白水洋镇,乡贤朱琳山投资 2.2 亿元的黄沙公馆和朱永兴投资 1.8 亿元的大雷休闲养生园均已动工建设……

最美不过故乡山,最甜不过故乡水。"对工商资本来说,他们参与美丽乡村建设是为了获取回报;而乡贤生于斯长于斯,祖祖辈辈在这里生活,他们更多是希望赢得一个好口碑。"单益波如是说。

(三)慈孝乡贤 涵养农村文明新风尚

如今在临海,乡贤们活跃于各村经济发展、文化建设、社会稳定等平台。临海市东塍镇人杰地灵,文化底蕴深厚,人才辈出。近年来,该镇积极培育和弘扬乡贤文化,使"留得住乡愁,看得见乡贤"成为农村新风尚。

东塍镇东溪单村在当地是个大村,60 岁以上老人就有 500 多名。一直以来,该村都以"慈孝"闻名远近,每年的正月初六,是村里的"慈孝日",村民设立慈孝基金,倡导敬老爱幼,慈孝之风日盛。

平日里,村里人外出经商或务工。到正月,全村人无论男女老幼,都汇聚在村里,为老人们过一个专属节日。村中央的"慈孝广场",自然成了那时候村里最热闹的地方。

"乡贤既是一种情怀,又是一种资源,更是一种文化。"临海市委宣传部部长董金喜表示,在当前,许多地方的乡村文化面临断裂的危机,传统礼治、德治出现松动,根植乡土、贴近群众的乡贤文化正被赋予更多的新意,依托乡贤治乡的力量,将慈孝文化有力地传承下去。在不久的将来,这样的乡贤文化阵地,将如雨后春笋般在千年古城涌现。

"乡贤+治理"模式的具体实践表现为:

1. 协商民主治理员。在已有协商民主制度的基础上,临海市将乡贤组织作为乡村治理主体之一加以培育。协商民主制度的实施,要充分考虑镇—村级协商民主议事会成员的精英性和代表性,使乡贤以协商议事会成员的身份参与基层社会治理。

2. 民主选举辅治员。基于乡贤在"视野"和"资源"上的优势,乡贤可以更直接地参与村庄治理。具体来说,一方面,乡贤可以直接参与农村换届选举。由于乡贤在经济、政治等方面有较高的威望,在本村的换届选举中,如果乡贤下决心参选,基本上都会成功当选村干部。如临海Y镇,在2017年换届选举中有40余名乡贤进入农村干部队伍。另一方面,在村级换届选举工作中乡贤可以承担辅治员的角色,在人选举荐、选举酝酿、投票计票等环节,保障选举工作顺利进行,发挥补位、辅治的作用。

3. 社会矛盾调解员。乡村的纠纷往往涉及村庄的历史遗留问题或者村民之间的矛盾,调解工作难度大。乡贤由于其特殊的身份,既熟悉村庄情况,又超脱于村庄之外,在解决乡村纠纷中能发挥独特作用。在临海B镇活跃着一支由乡贤组成的"和合顾问团",他们充分发挥自身威望、对村情熟悉、社会关系广泛等优势,专门调解镇—村两级的矛盾纠纷。如临海乡贤叶姓老师退休后回乡成立村庄纠纷调解工作室,一年接待村民上千人次,解决矛盾纠纷数百件,受到广泛好评。

4.乡风文明宣传员。乡贤文化是对中国传统文化的一种传承,又是当代优秀文化的体现。人是文化的载体,一方面从主观来说,乡贤本身就符合社会主义核心价值观的要求,自身有着较高的文化修养和道德品质;另一方面,从客观来说,有着乡贤光环的人回到农村,一言一行必然要对得起"乡贤"这一称号,这一称号无形中也是一种监督。自然地,乡贤在农村中就起到了乡风文明宣传员的作用。

延伸阅读3

唤乡贤,凝心聚力谱新篇①

7月9日下午,位于椒江星星广场白云飞瀑之下的椒江区乡贤馆开馆。该馆设有先贤廊、当代乡贤廊、多媒体展示厅、会议室、办公室以及接待室等五个部分,集中展示椒江历史上的古哲名贤功德,展现当代乡贤热心公益事业、扶贫帮困等事迹。

乡贤文化是中华优秀传统文化在乡村的一种表现形式,弘扬乡贤文化,厚植乡贤文化,激发乡贤情愫,焕发进取力量,需要地方党政部门合力齐抓共管。近年来,台州市各级党委政府把推进措施落实在行动中,体现在实效上,真正做到让乡贤文化进社区、进家庭、进学校、进机关,使乡贤文化成为大众化乡土教育的好文化、人们感念不忘的好文化、引领推动社会进步的好文化。

聚合乡贤力量,共谋家乡发展。

心系桑梓,不忘反哺家乡。在美丽乡村建设中,乡贤是一股重要的力量。

---

① 缪丽君、林霞:《最是乡贤润桑梓——看椒江如何凝聚乡贤 创新现代乡村发展治理》,《台州日报》2017-03-17 。

台州市以乡情乡愁为纽带,积极引导乡贤反哺家乡,推动乡村发展和治理。

在椒江大陈岛,陈招德是一位当地海岛居民口耳相传的"能人乡贤"。2012年,陈招德召集当地十几个渔民共同投资900多万元,在国内首创用铜合金网箱养殖黄鱼,一举打响了"大陈黄鱼"这一金字招牌。目前该镇已形成年产黄鱼1000多吨的养殖规模,年产值达8000多万元。

挖掘乡贤,聚合乡贤,椒江区建立在外乡贤名录动态数据库和本地退休教师、法律专家等能人乡贤目录库,通过设立乡贤会网站、建立"椒江乡贤"微信公众号等方式,凝聚乡贤力量。此外,椒江区还开拓一条网上对接通道——乡贤微信工作群,椒江区分管领导、相关职能部门、村干部以及400余名乡贤,在此进行日常的交流沟通。每月,相关职能部门会在群里公布椒江发展近况及区里最新招商政策,村干部也会不定时发布本村需求,乡贤们则及时更新投资创业项目。

除了建立乡贤名录数据库外,创建乡贤顾问团队也是台州市聚合乡贤的有效探索。去年7月,仙居县朱溪镇乡贤联谊会成立,9月中旬拿到了该县第一张乡贤联谊会执照。据该联谊会副会长兼秘书长周和海介绍,联谊会在成立之初只有85名乡贤,半年后发展到了118人。

"一个乡贤的力量是有限的,只有抱团才能释放更多的能量。"周和海说。自成立以来,联谊会马不停蹄办了不少事:去年9月,联谊会微信群筹集了近万元善款,帮助了患败血症的小女孩;去年年末,联谊会出资修缮了小方岩凉亭。未来,联谊会还想为家乡造更多的路,修更多的桥。

树立乡贤典范,引领社会风尚。

去年10月10日下午,市委、市政府隆重举行首届"台州乡贤"和第三届台州市"十大孝贤"表彰活动,市委书记王昌荣亲切接见了受表彰的50位乡贤、孝贤以及提名人物。王昌荣说:"你们或孝老爱亲、血脉情深,或充满爱心、助人为乐,或心系桑梓、反哺家乡,或垂范乡里、引领风尚,你们的高尚品德,温暖了人心,感动了台州,成了楷模。"

"让爱延伸一米，让爱多一个机会。"这是"台州乡贤"江国清常常挂在嘴边的话语。江国清是温岭市箬横爱心联盟服务社负责人，30 多年来一直热心公益，他推出的"暖居服务"和"临终关怀行动"得到社会的一致认可。

开展"暖居行动"，志愿者自掏腰包，上门为困难老人修缮房屋。至今，箬横爱心联盟服务社已累计修缮房屋 226 间，受益的困难老人遍布箬横、新河、石桥头、滨海等地；开展"临终关怀行动"，为病重老人安排医生检查病情、打针挂水，对失去生活自理能力的老人，安排专人进行陪护，同时通过谈心为其提供精神安慰。目前，箬横爱心联盟服务社已经临终关怀了十余位老人。

"孝敬老人，对孤寡老人献爱心是天经地义的，我只是做了生活中应该做的。"江国清说。像江国清这样的乡贤还有很多，有的老吾老以及人之老，用瘦弱的臂膀筑起道德的高地；有的退而不休，潜心教育引领新风；有的反哺桑梓，带领乡亲共同致富。

伟大时代呼唤伟大精神，崇高事业需要榜样引领。在台州，弘扬乡贤文化的探索和实践，不仅树立起了一批传承传统文化的道德标杆，而且点燃了乡亲百姓内心向上向善的精神火种，不断涵育着这片美丽的热土。

第九章

长效范:构建"建、管、用、育"一体化长效机制

　　以浙江省委办公厅、省政府办公厅《关于推进农村文化礼堂长效机制建设的意见》(浙委办发〔2017〕22 号)、台州市委宣传部《台州市农村文化礼堂建设百日攻坚行动工作方案》(台宣〔2018〕15 号)文件精神指导文化礼堂精神工作。建立长效机制,学习各地先进经验,结合台州实际,坚持"建、管、用、育"一体化,充分发挥文化礼堂功能,广泛深入开展群众性文化活动,让广大农村群众更有获得感,实现文化礼堂在乡村振兴、文明素质提升中的积极作用。过去文化礼堂建设主要以量的增加为主,现在的工作重心转到增效提质层面。农民的精神面貌和文化素质发生了巨大变化,农村更加整洁漂亮,原有封闭式的乡村社会结构变得更加开放、包容与和谐,吸引越来越多的市民回归自然,回到乡村。这种良性互动,不仅给乡村带来了勃勃生机,也使乡村精神生态更加美好。只要坚持文化礼堂可持续发展,就会产生良性的蝴蝶效应,最终达至城乡一体,乡村美丽。

　　台州市路桥区致力于打造农村文化礼堂建设浙江省样板:"e 家工程"打通"建、管、用、育"一体化长效机制,逐渐在全市范围内推广成果。

第一节　坚定导向,开拓进取

"建、管、用、育"一体化是文化礼堂建设的目标之一,以"e家工程"打通"建、管、用、育"一体化长效机制为特色,打造农村文化礼堂"建、管、用、育"一体化建设省级样板。在建设过程中,加强顶层设计,要充分考虑以后的使用和管理的便利,尽可能做到功能实用化、多样化。在日常管理过程中,要解决文化礼堂使用和功能发挥的持久性问题,从根本上解决"有人管事""有章办事"的问题,对文化礼堂的培育,要突出满足农民群众的实际需求,让文化礼堂这种成为当地村民心中"身有所栖""心有所系"的精神家园。"全面实施广覆盖、多维度、立体式的'星级管理体系',以'一二三'星级评定、'红黄绿'绩效督查、'点线面'覆盖引领为主抓手,推进文化礼堂常态长效发展。"①

一、科学规划,完善制度

一是把规划设计放到首要位置。要强调规划设计的引领功能,根据每个村庄文化资源的特色,采取不同的建设策略,制订科学的规划设计方案,所有用材、色彩都要体现本村的山水风景、人文特色。要完善规划设计评审环节,邀请专家学者成立评审委员会,定期召开论证会,将评审通过设定为文化礼堂建设的前置条件。比如,黄岩区潮济村利用潮济古街的传统文化遗存,建设古街文化礼堂,让游客重温历史和村落的辉煌,古街＋特色文化礼堂,使得潮济村游人如织,成为游客度假休闲的好去处。

二是在标准上创新。既严格按照省建设标准,有场所、有展示、有活动、有队伍、有机制和学教型、礼仪型、娱乐型"五有三型"的要求,又在此基础上有所创新,全市整合资源,多形式、多层次建设文化礼堂,把原有的村级活动中心、村部办公楼、文化广场、农村电影院、祠堂、仓库等全面整合,突出乡土特色建

---

① 朱小兵:《以文化人、泽被乡野》,《台州日报》2017-08-18。

设宣传文化礼堂,推进建管用育一体化进程,做到建一个成一个,为乡村增色添彩。

三是注意开发与保护并重。建设文化礼堂,不是简单地新建一个文化综合体,而是挖掘和保护传统文化,依据传统村落、祠堂、传统民居、古建筑、古树名木等所蕴含的人文价值,在设计建设中注重保护历史文化遗存。在此基础上开发内涵的文化价值,如台州独特的传统建筑"三透九名堂"所体现的丰富文化意蕴和和谐的生态思想,培育和建设一批具有浓厚乡土色彩和地方特色的文化项目,这种做到"一村一色""一堂一品"。比如,天台后岸村文化礼堂利用该村环境优美、风光秀丽的特点,在文化礼堂周边以悬挂图片形式展示该村的秀丽风光和悠久的采石文化,组建了一支由后岸村村民组成的传统婚庆礼仪节目表演队伍,极大地增强了文旅融合的深度,后岸村的魅力和乡村休闲旅游的内涵在自然和人文的交相辉映下得以尽情绽放。

四是建立健全民主管理制度。严格执行《浙江省农村文化礼堂管理实施办法(试行)》,健全普及文化礼堂理事会制,逐步完善管理员制度、活动组织制度、指导制度、考核制度、激励制度、财务制度等,做到制度公开、制度上墙,让文化礼堂工作"有章可循"。

二、丰富内涵,提升获得感

随着社会经济的发展,乡村开始走上了小康之路。物质生活富裕起来了,精神生活的追求被提上议事日程,农民对文化活动的追求从数量的要求到质量的满足。虽然现在还处在物质文化发展与精神文化发展不平衡的状态,但文明不能放松精神文化建设。文化礼堂的着眼点就是发挥起作为基层文化综合平台的作用,展现传统文化的人文之美、群众活动的文化之美,全面推进基层公共文化服务社会化、标准化、均等化、数字化,让礼堂成为农民群众提高文化生活品质的根据地。

一是主题宣讲让群众明白"大政方针"。文化礼堂是"红色阵地",是传递"大道理"、弘扬"正能量"的主要场所,应充分利用现有的讲堂设施,开展道德讲堂,在潜移默化中增强农民群众的国家意识和爱国情怀。

二是美德评比让群众认清"最善最美"。近年来,台州市依托农村文化礼堂,持续开展"最美台州人"主题宣传实践活动,举办了好婆婆、好媳妇、好邻里、致富能人等一系列评选活动,涌现了一批"最美"人物,农村文化礼堂已成为传播最美精神的重要阵地。要把"最美"现象向家庭延伸,通过开展"好家风"评选活动,挖掘、整理、编写弘扬传统美德和体现时代要求的家谱村史、牌匾楹联、经典家训,推动形成良好家风。

三是创设乡村礼仪让群众向上向善。做好礼仪文化进文化礼堂。深度展示礼仪文化内涵价值,重构传统礼仪,让具有现代性的礼仪体系重回现实生活,实现创新性发展,这是文化礼堂的核心职能之一。营造乡村礼仪文化发展的优良环境,重塑乡民的文化自觉意识,激发礼仪文化的产业化潜能。传统乡村礼仪文化不仅习得于教化之中,更蕴含在乡村治理之中。让群众在礼仪活动中接受熏陶,慢慢学会向上向善。比如,路桥的"乡村十礼"、三门的"人生十礼"。

四是科学教育让群众拥有"技能本领"。近年来,各地整合资源、组织好师资力量,在礼堂内开展各项学习、教育和培训,全方位提升农民的能力和素质。重点抓好法制教育、技能教育等。按照"大众创业、万众创新"的要求,广泛开展科学知识、实用知识和致富技能培训,培养有文化、会技术、懂经营的新型农民,增强农民群众技术致富的本领。

三、挖掘人才,提升素质

一是借力专业文化人才。发挥农村文化礼堂建设专家指导团队的作用,定期赴基层开展业务指导,确保方向不偏、标准不降。建立文艺骨干与文化礼堂点对点、一对一的重点帮扶制度,加大文化"三下乡"等各项支农工作力度,充分发挥专家学者、青年学生的作用。

二是充分发挥本土人才作用。要选好、用好、培养好村级文化员,提高他们的管理能力、服务能力、指导能力,充分发挥村里乡土文艺人才的作用,通过成立协会、举办联赛、文化走亲等方式,让他们成为牵头人、策划者、组织者。

比如"乡村大使驻堂制",在黄岩区每个文化礼堂都至少安排一名乡村大使长期驻堂,他们运用自己所擅长的讲故事、说唱、顺口溜、快板、小品等群众喜闻乐见的乡土文艺形式,将"讲道理"和"讲故事"相结合,"大主题"和"小切口"相结合,集中开展主题宣教活动,成为龙头的"精神导师"。

三是组建文化礼堂志愿者队伍。开展文化志愿者招募选拔工作,根据个人特长进行分类组团,与对应的文化特长村建立对应指导服务关系。比如路桥区志愿者联盟、黄岩区志愿者协会。同时,建立市、县、乡镇三级经常性培训制度,比如台州市每年举办新建农村文化礼堂负责人培训班和农村文化礼堂管理员培训班,各县(市、区)年度举办的文化管理人员培训班等,不断提高他们的业务素质和管理能力。

四、传承文脉,创新发展

农村文化礼堂建设要留得住文脉,记得住乡愁,看得见青山,要充分挖掘乡土文化资源,探索新的表现形式,形成独特的乡土文化品质。

一是独特性与多样性的统一。核心要素是深入挖掘本土文化资源,传承文化传统,比如,村史风情、风土民情、历史文献、名人事迹、家训族训、建设发展等,保持乡土文化的独特性。同时,开放的台州吸引着越来越多的外乡人涌入支持新台州建设,这些外乡人带来绚丽多姿的地域文化。本土文化要展示包容开放、海纳百川的胸怀,积极吸收外来文化,并与自身融合,形成新的文化形式,创新地域文化。

二是充分展示乡土文化。借助于当下融媒体,迎接全媒体变革,要坚持"内容为王""形式为辅",持续增强乡土文化内容提供能力,并以内容的生产整合为基础,不断进行创新,注重原创、做精品,推出有思想、有深度、有温度的乡土文化展示内容。同时注意文化展示的灵活性、互动性、便利性、广泛性等。

三是创建特色品牌。因地制宜突出个性将文化礼堂的场馆建设和当地和合文化、红色文化、海洋文化、农耕文化、创业文化、书法文化等紧密融合,创新探索出了文化礼堂特色主题模式,形成各具特色的文化礼堂品牌。打通时代与历史之间的连接点,融合传统与现代、本土与主流,赋予文化礼堂更深的内涵且发挥文化礼堂润泽群众的作用,使其"人无我有、人有我优、人优我新"的品牌。

五、整合资源,健全机制

文化礼堂建设涉及不同层级的不同部门,必须强化统筹协调,注重上下联动,健全各项机制。

一是健全组织领导机制。在横向方面,市、县两级领导小组各成员单位要根据自身的工作职责,细化各项工作任务、落实到责任领导和责任人身上,形成农村文化礼堂建设齐抓共管、各负其责的良好工作格局。市里建立了对各县(市、区)的农村文化礼堂督查的"三个一"制度,每月一次书面督查通报进度,每季一次领导带队实地调研督促,对建设滞后的县(市、区)负责人开展一次领导约谈。

二是健全投入保障机制。各地大多设立了文化礼堂建设管理补助资金,对每个建成的文化礼堂都能给予一定资金扶持,较好地保障了文化礼堂的管理和运行。但是,在文化礼堂建好后,如何在经费上保障长期运行还存在较大问题,这是"建、管、用、育"一体化的关键环节,也是我们要着重解决的问题。天台县平桥镇田中央村设立文化礼堂基金,以乡贤无偿捐助、无息借款等形式筹集基金,将利息作为文化礼堂运行专项资金,为文化礼堂长期运行提供了经费保障。各地要发挥自身的主观能动性,探索创新好的做法,妥善解决运行经费保障问题。

三是健全评价激励机制。台州市政策规定,各县(市、区)要把农村文化礼堂建设工作作为考核各级领导班子、领导干部的重要依据,列入政府为民办实事工程,纳入社会主义新农村建设和美丽乡村建设考核的重要内容。各级新闻媒体加大对文化礼堂建设过程中涌现出来的先进集体先进典型的宣传力度,营造全社会关注、支持文化礼堂发展的舆论氛围。为激励先进,浙江省每年开展浙江省文化礼堂建设先进县(市、区)的评定工作,对表现优秀的县(市、区)和农村文化礼堂给予精神嘉奖和资金支持。截至目前,台州市的椒江区、黄岩区、路桥区、临海市、温岭市获得了省文化礼堂先进县(市、区)荣誉,共有61家农村文化礼堂获得市示范农村文化礼堂荣誉称号。

六、政府主导,社会参与

(一)文化繁荣发展必须坚持以政府为主导

政府作为文化发展的主体与主导推动力,通过制定相关政策措施与发展战略,实施资金扶持、公共服务等优惠政策措施,促使文化在某一地区迅速形成并高速发展,从而实现文化的跨越式大发展。相比于市场主导型模式,这一模式有明显的目的性和战略性特征。长期以来,台州的文化发展关键靠政府主导。政府主导、社会参与是台州市文化发展的最大特色,也突出了政府和社会在文化发展中的位置。实践证明,没有政府主导,文化发展工作就可能是"一盘散沙"。特别是台州在创建国家公共文化服务体系示范区过程中,经过各方的共同努力,逐渐形成了"政府主导有力、社会参与踊跃、发展活力倍增、人民群众满意"的良好局面,公共文化服务社会化成为创建工作的亮点和特色。实现公共文化服务的惠民性,推进公共文化活动的多样性,拓展公共文化主体的多元性,提升公共文化网络的立体性,使公共文化服务满足不同群体、不同层次和不同区域民众的不同需求。

(二)文化繁荣发展必须坚持以改革创新为动力

满足人民精神文化需求是社会主义文化的基本价值取向,只有坚持改革创新精神,促进公共文化服务、文化产业、文化市场、文化产品的繁荣,才能丰富群众文化生活,提高人民文化生活质量。改革创新是实现文化发展繁荣的动力之源,只有坚持改革创新精神,深化文化体制改革、推动文化内容形式和传播手段等创新,才能破除制约文化发展的体制机制障碍,让一切创造活力竞相迸发,一切创新才华充分施展,一切创新成果得到尊重。文化是最富有创新力也最需要创新的领域,只有把改革创新精神贯穿文化建设的全过程,才能为社会主义文化大发展大繁荣提供源源不断的强大动力。

(三)文化繁荣发展必须坚持传承和弘扬优秀传统文化

中国思想文化体现着中华民族世世代代在生产生活中形成和传承的世界观、人生观、价值观、审美观等,其中最核心的内容已经成为中华民族最基本的文化基因。这些最基本的文化基因,代复一代融入中华儿女的血液中,表现在风度气质上,表现在言谈举止上,是中国人民在修齐治平、尊时守位、知常达变、开物成务、建功立业过程中逐渐形成的有别于其他民族的独特标志。底蕴深厚的历史传统文化积淀着台州最深沉的精神追求,是台州生生不息、发展壮大的丰厚滋养,也是台州的突出优势,是我们最深厚的文化软实力。只有坚持从历史走向未来,从延续民族文化血脉中开拓前进,我们才能做好今天的事业。坚定文化自信,就是要努力从台州人民世世代代形成和积累的优秀传统文化中吸取营养和智慧,延续文化基因,萃取思想精华,展现精神魅力,以时代精神激活中华优秀传统文化的生命力。优秀传统文化是我们建设社会主义先进文化不可缺少的基础和起点,是必须守护好的"根"和"魂"。

(四)文化繁荣发展需要社会力量广泛参与

社会力量参与文化建设是激发全社会文化创造活力、推动文化繁荣发展的重要途径。在台州,参与文化建设的社会力量包括国有企业、民营企业、事业单位、社会团体、非营利机构、社区组织、公民个人等。他们积极参与,逐步成为文化建设的重要力量,发展态势令人欣喜。民办教育、民营剧团、公私合营书城、民办博物馆、百分一文化计划等引领时代潮流,台州民办文化不断创造出特色、亮色,多项创新实践成为全国样本。社会力量既解决文化建设的资金问题,又可以突破一些体制机制的约束,使文化市场充满活力,文化产品更加丰富多彩。

第二节　构建长效发展机制

建设是基础,管理是保障,使用是核心,育文化是目标。构建"建、管、用、育"一体化长效机制是保障文化礼堂实现战略目标的唯一选择,台州各县(市、区)不断探索总结经验,其中路桥区正在建设省级样本;"e家工程"打通"建、管、用、育"一体化长效机制。

一、椒江区:"四力四促"推进农村文化礼堂长效发展①

台州椒江区通过价值引领、因地制宜、制度创新、资源整合,推进农村文化礼堂长效发展。

1. 在价值引领上着力,促礼堂品质提升。一是理论宣讲进礼堂。建立百姓讲堂,开展形势政策教育和红色经典诵读活动,以及剿灭劣 V 类水、文明创建、"两学一做"等主题宣讲,推进基层意识形态建设。二是传统礼仪进礼堂。结合春节、重阳、"六一"、国庆等传统节日和重大节假日开展礼堂春晚、儿童启蒙礼、敬老礼等传统礼仪活动,丰富村民业余生活。如新王村学子启蒙礼、石柱村金婚仪式、优胜村敬老礼等营造浓厚的传统文化氛围。三是文艺惠民进礼堂。组织文化四下乡、百场非遗进礼堂等活动,通过农民排舞比赛、农民摄影大赛、村歌大赛、礼堂巡回走亲等,形成"我们的村晚""我们的节日""我们的村歌"等文化礼堂活动品牌。

2. 在因地制宜上发力,促礼堂特色培育。一是融入本土文化。依托台州乱弹、台州刺绣、台州玻雕、戚继光抗倭传说等国家、省非物质文化遗产项目,将"非遗"文化融入文化礼堂。深挖台州和合历史文化内涵,选取部分条件成熟的文化礼堂建设"和合书院"。如,洪家街道挡港桥村借助王维纪念馆,展示王维的诗画和本地《拜堂赞》等非遗文化。修复改建东瓯书院,打造本土文化

---

① 此文由椒江区委宣传部提供。

传承教育的样本。二是融入乡贤文化。开展乡贤榜、乡贤馆进文化礼堂，让本村历史上的政治人物、文学人士、革命烈士和当代的优秀干部、致富能手、优秀学子、道德模范等激发村民见贤思齐、崇德向善。如，前所街道妥桥村设立本村历史文化名人李镠记忆馆。葭沚街道东上洋村结合村民自办的东山武术育英学校，展示该村舞狮队悠久的历史。三是融入地标文化。依托村部、祠堂、老宅等进行改建，使文化礼堂成为聚集村民人气的地标。如，章安街道陈宅村结合美丽乡村和历史古村落建设，按古建筑风格修建礼堂，获群众好评。

3. 在制度创新上聚力，促礼堂发展显效。一是构建星级管理机制。对全区已建文化礼堂实行五星级管理评定，并对评为三星级及以上的予以一定额度的资金奖励。二是构建区域联盟机制。按照民俗文化相近、地域相对集中的原则，以村村共建、村校共建、村企共建等模式，搭建 19 个区域联盟，让 81 个行政村、65 个企事业单位共享文化资源。通过中心村领头、联盟村深度参与的形式，跨村组建文艺表演和文化志愿队伍，落实"六个一"共建公约，推动各村文化交融。三是构建多级监管机制。引入第三方社团组织，组建专家指导团，全程参与指导文化礼堂建设。构建"区级部门督查、街道承担属地主体责任、村级理事会负责制"的三级监管格局，健全考核监管体系。

4. 在资源整合上尽力，促礼堂保障强化。一是整合服务菜单资源。提供符合群众口味，涵盖文艺、科技、教育、卫生、志愿等领域内容的"大菜单"，通过 14 类子菜单服务，让农民群众自己选、自己点，提升文化成果普及的有效性。二是配强队伍资源。建立文化志愿者协会，吸收"五老"、退休教师、文艺爱好者等开展文化服务。通过政府购买公益服务岗位等方式，吸引热心公益、有一定文化特长的群众参与礼堂管理。如，章安街道杨司村挖掘本村人脉资源，在文化礼堂设置非遗传承人杨计兵的剪纸工作室，并且邀请江风剪纸社入驻，培养基层草根文化队伍和人才。三是统筹资金资源。扩大资金盘子，如下陈街道下陈村积极争取"新农村建设"里"历史文化村落保护"专项资金。近年来，财政投入 2310 万元、争取省补资金 246 万元，共建成农村文化礼堂 77 家，其中 8 家被评为市级示范性文化礼堂。

二、天台县:建立健全五项制度 推进农村文化礼堂长效机制建设①

2017 年,认真贯彻落实中央、省市和县委战略部署,把农村文化礼堂长效机制建设作为天台县建设和合文化传承发展示范区和创建国家公共文化服务体系示范区的重要举措,将农村文化礼堂建设纳入党的建设和党委意识形态工作责任制,纳入各乡镇(街道)经济社会发展总体规划,纳入社会主义新农村建设规划的重要内容,结合实际,探索建立符合天台县实际的各项制度,使农村文化礼堂真正发挥精神家园的重要作用。按照 2020 年建成 300 家高水平农村文化礼堂,1500 人以上的建制村要全部建成农村文化礼堂,覆盖全县80%以上农村人口的目标,合理布局,分步实施、有序推进。具体来说,要在建立健全五项制度上着力。

1.建立健全理事会负责制度。全面推广文化礼堂理事会负责制,要求每个农村文化礼堂在启用一周年内均要建立理事会。要加强资源统筹整合力度,推广实施文化礼堂区域联盟等模式,建立文化礼堂交流协作机制,积极吸纳村干部、乡贤、文化骨干、退休回乡人员等加入理事会,实现"自我组织、自我管理、自我服务、自我发展"。文化礼堂的重大事项,由理事会集体商议决定,推动实施文化礼堂理事会法人治理结构,使文化礼堂具备对外独立处事的完全民事行为能力。

2.建立健全"大菜单"制度。要从"供给侧改革"上下功夫,整合各有关单位的服务资源,合理设置服务项目和平台,建立涵盖文艺、宣讲、科技、教育、卫生等内容"大菜单"体系。建立农民群众需求调查分析机制,根据群众的实际需求不断调整服务内容,有针对性地为每家文化礼堂提供高质量、高水准的文化产品。建立政府相关部门与农村文化礼堂结对机制。针对群众日益增长的精神文化需求,结合本部门的实际功能,提供多样化服务,满足不同层次群众需

---

① 此文由天台县委宣传部提供。

求。各乡镇(街道)文化站要切实发挥属地管理职责,每年年初要为每家文化礼堂明确一份"大菜单",及时将群众点单情况与县级服务单位做好沟通协调。

3.建立健全星级管理制度。依据硬件设施、内容建设、队伍建设、服务人群和日常管理等情况,建立健全文化礼堂星级考评体系,制定评定办法,对文化礼堂进行评分。每年年底县里择优评定、命名一批三星级农村文化礼堂,同时在三星级农村文化礼堂中择优向上级申报市四星级、省五星级文化礼堂,将考评复核情况不理想的评定为二星级、一星级或无星,给予通报批评、黄牌警告处理。根据评定结果给予相应的经费奖励补助或扣发运行经费。星级农村文化礼堂每年实行动态管理,复评不合格的予以降星、摘星等处理。各乡镇(街道)要把农村文化礼堂工作与党建工作、政法工作、群团工作,"三农"工作、科教文卫工作有机结合,积极配合做好每个农村文化礼堂建设工作的星级管理工作。

4.建立健全队伍建设制度。健全各乡镇(街道)文化员队伍,支持和鼓励在招考录用、培训培养中对乡镇(街道)文化员予以适当倾斜。加强农村文化礼堂管理员队伍建设,将文化礼堂管理纳入村两委日常工作重要内容之一,原则上要求将村两委成员或有工资待遇的人员定为村文化礼堂专职管理员,确保每个礼堂都有专门人员管理。要求村人数在 1000 人以下的必须配备 1 名专职管理员,村人数 1500 人以上的要适当增强管理力量。各乡镇(街道)探索采取统一招录、统一管理、统一分配到农村文化礼堂的模式,确保管理员的素质和能力。引导鼓励返乡大学生、"五老"、乡村教师、大学生村干部等文化志愿者到农村文化礼堂开展各类文化志愿服务,建立和合文化志愿者联盟,推动文化志愿服务常态化、规范化、制度化。建立完善县乡两级农村文化礼堂创建工作指导团队伍。在宣传文化系统、学校、文艺社团等领域选拔一批宣讲教育、文化礼仪、活动组织、民俗研究等方面专业人才,各乡镇(街道)明确 1 名镇党委委员或两委班子成员,共同组成新创建村的农村文化礼堂指导团。明确指导团成员工作职责,县级农村文化礼堂工作指导员每年下村指导服务不少于2次,乡镇(街道)指导员每年下村不少于4次。建立完善农村文化礼堂队伍教育培训基地,每年开展系统化培训。

5.建立健全激励保障制度。各乡镇(街道)要高度重视农村文化礼堂建设管理运行工作,加强组织领导,抓好总体谋划、部署推动、统筹协调和督促检查,把支持和奖补农村文化礼堂建设、管理资金列入本单位年度财政预算。县财政要加大为农村文化礼堂正常运行提供必要经费保障的力度。各相关部门要积极出台扶持政策,各村要加大集体资金投入,合力推进农村文化礼堂建设。鼓励各地乡贤、创业成功人士、村民通过捐助、公益金、贤基金、结对共建等形式支持文化礼堂建设,补充日常运行经费。建立常态督查通报机制和激励机制,将考核结果作为考评领导班子、领导干部,特别是乡镇干部队伍的重要依据。

三、路桥区:以"e家工程"打通"建、管、用、育"一体化长效机制为特色①

路桥区2014年荣获省首届农村文化礼堂建设先进县称号,承办省农村文化礼堂建设工作现场会,其经验做法被央视《焦点访谈》报道,"乡村十礼"获省宣传文化工作创新奖,被列为中国社科院"中日乡村治理"论坛议题和省社科院重点课题,出版的《乡村十礼》被省委宣传部发至浙江省农村文化礼堂推荐为礼仪用书,文化礼堂"五Z管理模式"获省创新课题立项。2017年开始创造性地开展农村文化礼堂长效管理机制探索,成功打造路桥区农村文化礼堂"e家工程",一套以"路桥礼堂e家"App为核心的"五位一体"农村文化礼堂长效管理系统已经构建完整。

2018年底率先开展新时代文明实践活动试点工作,不断拓展礼堂工作的内涵和外延,为浙江省农村文化礼堂有效、高效、长效管理提供鲜活的"路桥样

---

① 此文由路桥区委宣传部提供。

本",在浙江省农村文化礼堂建设工作现场会上做典型介绍。

路桥区开启第二个文化礼堂"五年计划",以打造农村文化礼堂"建、管、用、育"一体化建设省级样板为目标,着力提升农村文化礼堂品质,实现农村文化礼堂建设的"二次飞跃"。

(一)全力推进农村文化礼堂"e家工程"

路桥区礼堂蓬勃发展的一个缩影,就是不断创新发展思路,在全面实施文化礼堂理事会制的同时,探索完善农村文化礼堂"五Z"顶层设计,作为县市级总结形成的文化礼堂完整的管理模式,其创新理论与实践走在浙江省的前列。从2018年开始全力推进农村文化礼堂"e家工程",挖掘更多"礼堂＋"的可能性,先以形成系统性的实践体系,每年根据"e家工程"产生的排名对全区农村文化礼堂实行分档差异化奖补,使得农村文化礼堂工作面貌焕然一新。路桥区正在打造浙江省农村文化礼堂"建、管、用、育"一体化建设的样板。

2018—2020年创建期间,每年新建农村文化礼堂不少于30家;到创建中期,完成50％以上的行政村建有农村文化礼堂的创建任务,使全区文化礼堂建成数达到或超过144家。

在浙江省农村文化礼堂建设工作加码发力的大形势下,为进一步加快路桥区农村文化礼堂"建、管、用、育"一体化进程,在扩面提质的同时,做到高效管理、精准管理、常态管理,路桥区委宣传部发布《关于实施路桥区农村文化礼堂"e家工程"的通知》,决定全面实施农村文化礼堂"e家工程"。

项目内容:依托智能软件,着眼"建管用育",构建一套以"路桥礼堂e家"App为核心的"五位一体"农村文化礼堂长效管理系统。

具体为:研发一个智能管理软件;建设一家分级管理总(分)部;组建一支专职管理队伍;建立一个社会文化资源库;订一套规范管理制度。

通过开发"路桥礼堂e家"App,架构文化礼堂"文化指数"测评体系,成功打造集信息发布、活动展示、审核考评等内容于一体的文化礼堂"建管用育"综合平台,让文化礼堂拥有"活水般"的循环机制。路桥区结合当地实际,在"文化指数"大框架下,设置了四个测评指标:评估硬件状况的"建设指标",评估礼堂运营状况的"培育指标",评估礼堂社会辐射力、影响力的"参与指标",以及特色化发展的"个性指标"。

该系统正式投入使用不到两个月,智能化管理模式就展现出蓬勃的生命力:各个文化礼堂掀起了比学赶超的热潮,不光比活动数量和质量,还争群众的点赞好评数。点赞、评论、转发数量,都将纳入路桥文化礼堂文化指数体系,该体系有个竞争榜,各个礼堂均在列,实时更新。路桥率先探索出文化礼堂智能化管理模式。

也就是说,要想在文化指数排位赛中名列前茅,就得在"建、管、用、育"四方面都下功夫。细化评分标准,激发群众"建、管、用、育"的热情和主动参与性。

"文化礼堂"App中,增加了H5、VR等多种新媒体形式展现礼堂风采,吸引了不少年轻人参与,填补了"青年真空"的状态。

面对这套智能管理系统带来的成功,路桥区还创建出智能管理系统2.0版本——"e家工程"。一个全区农村文化礼堂指挥管理中心——"礼堂e家",一支由各级领导到志愿者的"'3+X'管理服务队伍",一套涉及各个层次的配套管理制度,配合已经成熟的智能系统,全方位、立体化地打出"建、管、用、育"组合拳。

(二)"礼堂+社会化"挖掘无限潜力

2018年1月23日,路桥金大田文化礼堂折纸馆开馆,参观者纷纷表示被这条"镇馆之龙"所折服。据介绍,馆内120件栩栩如生的折纸作品,均来自非物质文化遗产保护基地——桐屿中学折纸社。

提到金大田村文化礼堂,绕不开其丰富的文化形态。该礼堂率先尝试"礼堂+社会化"模式,如今已积聚起各种各样的文化形态30多种。折纸馆楼下就是远近闻名的"扶雅书院"。"花田市集"作为当地文化品牌,吸纳了东篱茶叙、凤梨沙画、盼盼手作等20余家手艺项目入驻礼堂。

多年来,路桥区积极探索"礼堂+"模式的方向没有变过。从"礼堂+产业"到"礼堂＋社会化",均秉持着追求更高品质文化礼堂的初衷:激活当地的文化生态,赋予文化礼堂更多的可能性和文化形态,为群众端出更多品种、口味的"文化大餐"。

通过大力扶持与推进,路桥"礼堂＋社会化"遍地开花。"礼堂＋众筹"便是其中的一种新兴模式。2017年,启明村在路桥率先启动资本采购模式,向村民、企业与团体筹集资金1.96万元,制订全年服务购买计划,通过与艺术团合作得到优惠,文艺活动更加丰富。还有"礼堂＋志愿者",招募近百名有艺体专长的文化志愿者,开展"双百惠民"艺体公益免费培训活动,已培训儿童4200多人次。

路桥区委宣传部认为:"我们要紧跟时代和文化发展的脚步,用'社会化'创新机制,完成每一座文化礼堂是一个文化'万花筒'的目标。"如今路桥的"礼堂＋社会化"之路已经越走越宽。目前,浙江省网络作家协会挂牌金大田村文化礼堂和南官天地文化创意街区,这也是全市仅有的两家省级网络作家协会路桥创作基地。

"'礼堂淘宝'资源汇让社会机构主动将服务送到家门口,村民的业余生活更加丰富了。"

为进一步整合公共资源、社会资源和市场资源,推动农村文化礼堂内容的"供给侧改革",路桥陆续在各农村文化礼堂推出"礼堂淘宝"资源汇,将服务送到百姓家门口。

据了解,每季度一期的"礼堂淘宝"资源汇,是路桥农村文化礼堂"淘服务"的线下操作模式,由各类社会文化资源专门针对农村文化礼堂设计各种特色项目,通过政府搭台、村民点单的形式为农村带来更便捷、更多元、更优质的公益文娱服务。

"下一步,我们将依托'礼堂e家'App及时发布各类资源,让各个文化礼堂可以按需点单;另一方面,及时公布礼堂需求,实现供需双方的线上对接,深化文化礼堂的'淘服务'。"路桥区委宣传部常务副部长罗邦云说,路桥农村文化礼堂"e家工程"集智能软件、硬件平台、人员队伍、活动资源和制度保障于一体。自2017年底上线以来,为路桥农村文化礼堂"建、管、用、育"一体化长效管理提供了有力支撑。

截至2018年底,路桥已建成文化礼堂116家,行政村覆盖率居台州首位。其创新打造的"乡村十礼"礼仪体系,为浙江省农村文化礼堂提供了鲜活的礼仪活动参考案例。而在文化礼堂建设规模的不断扩大中,如何通过内涵挖掘、管理升级使文化礼堂的效益显现,让其成为乡村振兴塑形又铸魂的主战场,一直是路桥探索的方向。

不仅要着力打赢农村文化礼堂建设百日攻坚战,也要通过数字化导向,着力优化农村文化礼堂管理水平。此外,路桥区将通过社会化集成,加强农村文化礼堂供给服务,并建立服务评估制度和群众认可反馈公告制度,通过筛选优质社会资源、优化调整资源目录,让更多优秀的志愿团队、文化团体、企业和社会力量为群众服务,实现公共效益、社会效益、市场效益共赢。

品牌机制、文化认同感打造村民"精神家园","e家工程"打通"建、管、用、育"一体化长效机制。

附:路桥区有关"e家工程"建设的系列文件①

e家工程
——路桥区农村文化礼堂"建管用育"长效机制建设的实践和探索

近年来,路桥区按照省委宣传部和市委宣传部的统一部署,团结全区农村文化礼堂建设工作者,扎扎实实搞建设,认认真真抓管理,红红火火办活动,推动路桥区农村文化礼堂"建管用育"工作取得了一个又一个不俗的成绩。

---

① 路桥区委宣传部为打造农村文化礼堂建管用育一体化长效机制浙江省样本而出台的系列文件,包括经验介绍、实施通知、文化指数评定细则、运行经费奖补办法、专职管理员管理制度、e家综合管理服务总分部建设通知等6个文件。

一、工作概述

(一)启动早,建设布局有思路

路桥区超前谋划布局,早在 2012 年便多次前往临安学习取经,率先制定《路桥区农村文化礼堂建设五年规划(2013—2017)》,抓好总体谋划,发挥部门职能,形成工作合力。设立每年 1000 万元专项奖补资金,分新建、扩建、改建三种类型分别给予 50 万元、30 万元、20 万元补助,镇(街道)和村居按照"三三制"原则设立配套资金,奖补力度在浙江省领先,迅速在全区掀起建设高潮,建成率居全市首位、浙江省前茅。

(二)力度大,破难攻坚有办法

路桥区实行党政一把手负责制,将农村文化礼堂建设工作列入重要议事日程,每年高规格召开现场推进会。为破解要素制约,我们率先瞄准土地短板,形成镇区联动、部门联审工作机制。在镇(街道)层面,充分利用"三改一拆""环境革命"等整治行动红利,挖掘土地潜能,释放增量空间;在区级层面,打通部门壁垒,创新宣传部、国土、规划、环综委等多部门会商联审模式,不断强化农村文化礼堂建设的落地效应。

(三)措施多,内容挖掘有特色

路桥区加强礼堂设计把关,成立涵盖文化挖掘、美术设计、景观设计等领域的专家组蹲点帮扶,在礼堂形态和内涵上充分凸显实用性和文化性。总结形成了礼堂新建型、村部改建型、庙宇改造型、古村落保护型、俱乐部提升型等五种建设类型,并以"一堂一品、一村一色"为理念,提炼打造了"耕读传家""双拥文化""渔家风情""英雄故里"等特色礼堂,充分凸显深厚的建筑人文底蕴,使文化礼堂成为当地的"文化地标"。

二、工作回顾

回顾工作,路桥区农村文化礼堂建设节奏鲜明、重点突出,主要经历了以下三个时期。

(一)强力建设期

在区委、区政府的高度重视下,路桥区文化礼堂工作成绩优异。2013 年、2014 年分别承办台州市首次农村文化礼堂建设工作现场会和浙江省农村文化礼堂建设工作现场会,经验做法被央视《焦点访谈》报道。截至 2017 年,路桥区已建成农村文化礼堂 116 家,建成率全市首位、浙江省前茅。到 2018 年底,全区累计可建成农村文化礼堂 154 家,覆盖率可达 85%,并力争于 2020年提前 2 年率先完成农村文化礼堂的行政村全覆盖。

(二)内涵提升期

路桥区坚持"文化礼堂·精神家园"的功能定位,主动探索农村文化礼堂内涵,创造村民吉尼斯、笑脸墙、全村福等礼堂文化元素,将村民生活与文化礼堂紧密关联。探索新常态下乡村礼仪新文化,以"乡村十礼"为突破口,在农村文化礼堂广泛开展近千场礼仪活动,通过试点观摩、调整完善、论证通过,历时两年打造了包括启蒙礼、新婚礼、清明崇先礼等在内的"乡村十礼"礼仪体系,出版的《乡村十礼》成为省委宣传部指定礼仪用书,分发到浙江省 7000 多家农村文化礼堂,荣获浙江省宣传思想文化工作创新奖。

(三)创新管理期

面对日益增加的礼堂体量,路桥区主动调研寻短板,探索归纳重点难点。调研发现,当前礼堂管理考核指挥棒作用不显著,人力有限、数据失真、约束失效现象日益突出。具体表现为运维高要求与人员老龄化、低素质的矛盾,资金分配不均衡与无差别应用的矛盾,内容单向供给与多元需求的矛盾,动态运行与静态管理的矛盾,亟待破解。路桥区立足省、市农村文化礼堂考评指标,率先实施农村文化礼堂"e 家工程"战略,开启礼堂管理升级时期。

三、实施农村文化礼堂"e 家工程"的具体做法

针对上述问题,2017 年开始路桥区主动创新,探索实施农村文化礼堂"e家工程"以"建、管、用、育"长效管理为目标,构建了一整套以"路桥礼堂 e 家"

App 为核心，"五位一体"数字化、常态化、规范化、科学化农村文化礼堂长效管理系统。

（一）一个智能管理软件

紧扣即时高效、客观真实、常态激励的设计理念，研发"路桥礼堂 e 家"App，实现"一人管全区"工作机制。App 中设置五大模块："礼堂展示"全面呈现礼堂设施风貌；"指数排名"实时展示礼堂工作排名结果；"工作资讯"即时传递工作信息指令；"资源·预约"精准提供文化资源；"随手拍"互动打造群众参与平台。App 的上线，将全区农村文化礼堂"建、管、用、育"多项工作全部纳入一套智能化、常态化、数据化的管理系统，以全新的、动态的、实时的、数字化的形式实现日常管理与考核，切实解决农村文化礼堂传统管理模式中人力有限、数据失真、约束失效的难题。

（二）一家管理服务总（分）部

建立以区"礼堂 e 家"总部、镇（街道）"礼堂 e 家"分部和村文化礼堂理事会为架构的总部管理体系，实现层级纵向到底、职能横向到边。"礼堂 e 家"总部，全面负责全区农村文化礼堂工作的决策部署、指挥管理和服务保障。各镇（街道）设"礼堂 e 家"分部，分级负责辖区农村文化礼堂管理服务工作。同时依托"e 家工程"在线视讯系统，做到礼堂视讯全覆盖，定期开展最美礼堂人、优秀礼堂文化活动在线大比武，推出"礼堂风采 online 秀"接力活动，邀请专家在总部通过视讯系统、网络直播等方式进行评判。

（三）一支分级专业管理队伍

构建区、镇、村三级管理队伍，区委宣传部负责牵头抓总、资源配置和评价考核；镇（街道）分级负责农村文化礼堂各项工作的组织策划和"礼堂 e 家"App 信息初审；村专职管理员负责礼堂日常管理、活动组织和"礼堂 e 家"App 信息报送。为确保"礼堂 e 家"App 功能落到实处，路桥区对全区农村文化礼堂专职管理员进行了重新遴选，以竞聘上岗、绩效考核、奖补激励、业务培训推动管理员队伍专业化、年轻化转型，调整后 80 后、90 后占 43%。

(四)一个社会化活动资源库

在镇(街道)、村居自主开展活动和政府部门送文化进礼堂的基础上,整合区内社会文化机构、文化企事业单位、宣传文化名家工作室、文化志愿者联合会的优质资源,建立文化活动社会化资源库。创新"礼堂淘宝"资源汇公益培训活动品牌,开展涵盖资源对接、协议合作、活动预约等环节的公益性文化共建服务,实现社会化资源与群众需求精准对接。据统计,仅 2018 年暑期就签订合作协议达 150 余份,免费开展培训活动 1200 余场次。

(五)一套相关政策保障文件

为保障全区农村文化礼堂"建、管、用、育"各项工作有人做事、有钱办事和有章可循,路桥区配套制定了《农村文化礼堂指数评定细则》《农村文化礼堂运行经费奖补办法》《农村文化礼堂星级管理实施细则》《农村文化礼堂社会化服务管理制度》《农村文化礼堂专职管理员管理制度》等五项制度。其中,礼堂运行经费奖补办法明确规定,区级财政保障每家农村文化礼堂每年 2 万元运行经费,镇(街道)按照 1∶1 予以配套。每年根据礼堂指数排名,对全区农村文化礼堂实行分档差异化奖补,第一档可提至 200%,即 8 万元。运行经费的30%可用于村专职管理员工资补贴,最高可得 2.4 万元/年,极大地调动了农村文化礼堂"建、管、用、育"专职管理员的工作积极性和主动性。

通过实施农村文化礼堂"e 家工程",路桥区农村文化礼堂工作推进有序、成效明显、反响热烈。总部部署和调动功能日益凸显,分部落实和推动功能不断显现,全区文化礼堂内生积极性明显提高,比学赶超氛围日渐浓郁,创新精神不断激发,农村文化礼堂已经成为乡风文明建设这一"灵魂工程"的主抓手和主阵地。下阶段,路桥区将进一步总结经验,在提升专管员能力水平、细化赋分标准、融合开发新时代文明实践活动相关智能管理功能上再下功夫,不断完善提升"e 家工程",全力打造浙江省农村文化礼堂长效机制建设的"路桥样本"。

关于实施路桥区农村文化礼堂"e家工程"的通知

(区委宣〔2018〕9号)

各镇党委和政府,各街道党工委和办事处,区级机关各单位:

在浙江省农村文化礼堂建设工作加码发力的大形势下,为进一步加快我区农村文化礼堂"建、管、用、育"一体化进程,在扩面提质的同时,做到高效管理、精准管理、常态管理,现决定实施农村文化礼堂"e家工程"。

一、项目内容

依托智能软件,着眼"建、管、用、育",构建一套以"路桥礼堂e家"App为核心的"五位一体"农村文化礼堂长效管理系统。

(一)研发一个智能管理软件

紧扣即时高效、客观真实、常态激励的设计理念,率先打造"路桥礼堂e家"App,并设置五大模块:

1."礼堂展示"模块:全面呈现礼堂设施风貌;

2."指数排名"模块:实时展示礼堂工作排名结果;

3."工作资讯"模块:即时传递工作信息指令;

4."资源·预约"模块:精准提供文化资源;

5."随手拍"模块:打造群众互动参与平台。

(二)建设一家分级管理总(分)部

建设全区农村文化礼堂指挥管理中心——"礼堂e家",内设:

1.农村文化礼堂文化指数实时展示大屏幕;

2.农村文化礼堂地图;

3.农村文化礼堂社会资源对接服务导图;

4.农村文化礼堂直播通信系统;

5."礼堂e家"制度展示图。

各镇(街道)设"礼堂e家"分部,分级负责辖区农村文化礼堂管理服务工作。

(三)组建一支专职管理队伍

1.区级:由宣传部部长、分管部长、文化科专职工作人员组成,全面负责牵头抓总、考核评优、资源配置工作,做好"礼堂e家"的日常管理工作;

2.镇(街道)级:由镇(街道)宣传委员、宣传办、文化站组成,直接指导辖区内文化礼堂开展工作,并负责对App中报送信息进行初审把关;

3.村级:由农村文化礼堂理事会成员、专管员组成,负责文化礼堂的日常管理、活动组织、信息报送等工作。

(四)建立一个社会文化资源库

在镇(街道)、村居自主开展活动和政府部门送文化进礼堂的基础上,全面摸排辖区内文化机构、团体,以政府低价购买、机构志愿服务、礼堂提供场地的形式,吸引社会文化资源进礼堂,扩容礼堂服务大菜单。

(五)制定一套规范管理制度

1.农村文化礼堂文化指数评定细则;

2.农村文化礼堂运行经费奖补办法;

3.农村文化礼堂星级管理实施细则;

4.农村文化礼堂社会化服务管理制度;

5.农村文化礼堂专职管理员管理制度。

各项制度细则,将于下阶段陆续印发。

二、实施细则

(一)整体规划,分步实施

区农村文化礼堂建设工作联席会议成员单位要积极参与全区农村文化礼堂建设计划制定、规划审核、组织协调、考核验收等工作,合力解决农村文化礼堂建设过程中的各种问题。各镇(街道)要充分考虑各村(居、社区)基础设施条件,立足五年实现农村文化礼堂行政村全面覆盖的工作目标,做好本辖区农村文化礼堂建设整体规划,按比例逐年分步实施,并积极培育和树立典范,发挥其示范带动作用。

(二)建管兼顾,务求实效

各镇(街道)要正确处理"建设、管理、使用"三者之间的关系,避免重建设、轻管理,重一次性投入、轻后续维护的"运动式"建设现象。要遴选一批业务精通、尽心尽职、热心文化工作的农村礼堂专职管理员,切实加强建成后礼堂设施的使用和管理。将开展农村文化礼堂文化指数测评工程作为提升农村文化礼堂"建、管、用、育"水平的重要抓手和有效手段,严格对照测评标准,积极行动,狠抓落实。

(三)设立分部,三级管理

各镇(街道)要积极参与三级农村文化礼堂网格化服务管理体系建设,立足于区级"礼堂 e 家"总部建设格局,于 6 月 30 日前在辖区内设立"礼堂 e 家"分部,进一步明确工作职责和目标要求,确保分部设施完善、人员齐全、保障到位,分级承担起辖区农村文化礼堂管理服务工作,切实发挥农村文化礼堂的效用,达到服务群众、满足需求、提升乡村文明的实际效果。

(四)打造平台,对接供需

各镇(街道)、区级机关有关单位要积极打造农村文化礼堂公共文化服务性供需对接平台,根据群众文化需求,既提供政府部门公益性免费产品,又提供社会化、市场化付费产品,并做好内容配送服务。鼓励社会志愿团体、民营文化团体、文化志愿者等把文化产品和服务上传"路桥礼堂 e 家"App,建立涵盖文艺、公益、宣讲、科技、教育、卫生等内容的"礼堂淘宝"菜单体系,推动服务项目与群众需求有效对接。

三、工作要求

1. 强化工作认识。各镇(街道)、各农村文化礼堂要将实施农村文化礼堂"e 家工程"作为提升农村文化礼堂"建、管、用、育"一体化水平的重要抓手和有效手段,对照项目内容,加强组织领导,抓好总体谋划,积极行动、统筹协调,全力推进"e家工程"落地实施。

2.强化资金保障。各镇(街道)、区级机关有关单位要把支持和奖补农村文化礼堂建设、运行资金列入年度财政预算,加大集体资金投入,区级财政要为每家农村文化礼堂提供2万元/年的运行经费保障,镇级财政要按相关规定予以配套。鼓励以公益基金、文化众筹等方式有效补充农村文化礼堂运营资金。

3.强化考核激励。要切实规范"e家工程"考核程序,严格执行考评标准,使农村文化礼堂文化指数真实有效反映农村文化礼堂"建、管、用、育"水平。要把农村文化礼堂建设工作纳入党委建设和党委意识形态工作责任制,作为考核领导班子、干部队伍的重要依据,建立常态督查通报机制和激励机制,推动农村文化礼堂高标准建设、管理和运行。

路桥区农村文化礼堂文化指数评定细则

(区委宣〔2018〕19号)

为进一步推动区农村文化礼堂"建、管、用、育"一体化进程,切实提升农村文化礼堂管理的科学化、规范化、制度化水平,积极培育、繁荣礼堂文化,实现农村文化礼堂有效、高效、长效运行和可持续发展,特制订本评定细则。

一、评定对象

全区已建成并通过验收的农村文化礼堂。

二、评定工具

"路桥礼堂e家"App,主要由礼堂展示、指数排名、工作资讯、资源·预约和随手拍等五大功能组成,搭建即时高效、客观真实、常态激励的农村文化礼堂智能管理平台。其中指数排名体系参照农村文化礼堂文化指数评分标准设定,全面评估农村文化礼堂在"建、管、用、育"四大领域取得的成效。

三、评定内容

农村文化礼堂文化指数主要由建设指数、管理指数、使用指数、培育指数和加分指数等五大指数体系组成,其中使用指数和培育指数占总指数的 75%。

1. 建设指数(10 分)。主要评定农村文化礼堂建设、展陈布置和功能配备等情况。

2. 管理指数(15 分)。主要评定农村文化礼堂管理机制、人员配备和经费保障等情况。

3. 使用指数(50 分)。主要评定农村文化礼堂活动开展、服务提供和文化交流等情况。

4. 培育指数(25 分)。主要评定农村文化礼堂爱国文化培育、法治文化培育和乡风文化培育等情况。

5. 加分指数。主要鼓励农村文化礼堂挖掘特色文化、创新管理举措和加强价值引领。

四、评定标准

详见附件。

五、评定步骤

农村文化礼堂文化指数评定采取农村文化礼堂管理员上传内容,镇(街道)管理员初审把关、区级管理员确认核分的三级管理模式,实行随时上报、及时审核的动态管理。

1. 内容上传。农村文化礼堂管理员在"路桥礼堂 e 家"App"我的礼堂"界面新增测评,选择对应的指数领域和测评项目,对照项目说明上传相应的文字内容、视频和图片。其中新建农村文化礼堂在建设指数中上传礼堂建设、展陈布置和功能配备等相关内容,审核通过即可完成对农村文化礼堂的建设验收;使用指数和培育指数要求农村文化礼堂管理员在活动开展的当天即时上传,逾期上传分数减半。

2.初审把关。镇(街道)管理员在"路桥礼堂e家"App"我的工作"界面对辖区内文化礼堂上传的内容、类别、分数进行初级审核,给予通过或退回,退回需解释说明。

3.确认核分。区级管理员在镇(街道)管理员初审通过的基础上,严格按照《路桥区农村文化礼堂文化指数评分标准》确认最终得分。

六、评定结果运用

1.农村文化礼堂文化指数评定结果作为礼堂星级评定、专职管理员评优的重要依据。

2.农村文化礼堂年度排名情况与农村文化礼堂运行经费、专职管理员工资补贴相挂钩(具体详见《路桥区农村文化礼堂运行经费奖补办法》)。

3.镇(街道)的文化礼堂年度总得分换算计入 2018 年区对镇(街道)宣传思想文化工作考核总分。

附:路桥区农村文化礼堂文化指数评分标准

路桥区农村文化礼堂文化指数评分标准

领域	内容及标准	分值	考核分
建设指数(10分)	1.农村文化礼堂建设在利于村民集聚的中心地带,在醒目位置设置"××村文化礼堂"名称、统一亮化标识,得1分	1分	
	2.核心礼堂建筑面积不少于 200 平方米,设置国旗、24 字社会主义核心价值观及当代浙江人共同价值观,配有舞台、灯光音响等设施,新建礼堂内部无立柱,得1分	1分	
	3.讲堂建筑面积不少于 50 平方米,配备必要的桌椅、电教设备,背墙或幕布设置为"××村文化讲堂",也可结合当地历史文化自行设置讲堂名称,得 0.5 分;讲堂单独设置的得 0.5 分	1分	
	4.以展览墙、室、馆、廊等形式,设置村史村情、乡风民俗、崇德尚贤、美好家园、时事政治等板块内容,得1分;开设移风易俗树新风宣传专栏,得1分;布置全村福或笑脸墙,得1分;建有乡村记忆馆、家风家训馆、乡贤名人馆、工业馆、科技馆等特色展馆,得1分	4分	
	5.按标准建有文体、图书、少儿活动、电影放映等设施,得1分;建有文化广场和室外文化舞台,得1分	2分	
	6.文化礼堂范围覆盖无线网络,账号、密码公开上墙,得1分	1分	

领域	内容及标准	分值	考核分
管理指数（15分）	7.有计划。村两委加强领导,将农村文化礼堂工作列入年度工作计划,每年专题研究农村文化礼堂工作,及时解决工作中遇到的实际问题,得1分	1分	
	8.有队伍。成立文化礼堂理事会,得1分;配备1名以上农村文化礼堂专兼职管理员,得1分;组建1支农村文化礼堂志愿服务队伍,得1分;组建5支以上村文体活动队伍,得1分	4分	
	9.有制度。建立村规民约、理事会管理制度、礼堂管理制度、讲堂管理制度、农家书屋管理制度、安全管理制度等各项制度并上墙,得2分	2分	
	10.有经费。保障农村文化礼堂日常维护、运行、活动开展等各项经费,每年不少于2万元,得2分	2分	
	11.有服务。全年开放式服务不少于300天,得2分;全年开放式服务不少于330天,得3分	3分	
	12.有记录。实时上传农村文化礼堂管理运行和活动开展情况到"路桥礼堂e家"App,得2分	2分	
	13.有村歌。有一首彰显本村特色的"村歌",广为传唱,得1分	1分	
使用指数（50分）	14.全年开展12次以上主题教育、健康服务、和合读书会、"乡村民嘴"宣讲及其他各类讲座、培训、咨询等活动,得6分。每多1次加0.5分	6分	
	15.全年举办2次以上地域特色民俗活动,得4分。每多1次加2分	4分	
	16.全年开展2次以上"乡村十礼"活动,得8分。每多1次加4分	8分	
	17.全年开展12次以上"星期日活动",得6分。每多1次加0.5分	6分	
	18.全年开展12次以上电影放映进文化礼堂活动,得6分。每多1次加0.5分	6分	
	19.全年开展12次以上礼堂志愿服务活动,得6分。每多1次加0.5分	6分	
	20.全年举办1次以上"村晚"等大型文化活动,得4分。每多1次加4分	4分	
	21.全年组织2次以上跨村域的文化走亲活动,得4分。每多1次加2分	4分	
	22.全年举办1期以上文化公益培训活动,得4分。同类培训活动每多1课时加2分	4分	
	23.全年根据市、区"文化服务大菜单"按需点单开展活动1次,得2分。每多1次加2分	2分	

续 表

领域	内容及标准	分值	考核分
培育指数（25分）	24.培育爱国文化,组织开展爱国主义进文化礼堂系列活动,结合元旦、新春、国庆等重要节日,全年开展3次以上升国旗、奏唱国歌等活动,得3分。全年开展1次以上与爱国主义教育基地结对交流活动,得2分。每多1次加2分	5分	
	25.培育传统文化,全年开展1次以上传统文化进礼堂、非物质文化遗产展示等活动,得3分。每多1次加3分	3分	
	26.培育法治文化,全年开展1次以上普法宣传、法律援助、反邪教宣传教育等活动,得3分。每多1次加3分	3分	
	27.培育友善文化,全年开展1次以上帮扶、结对弱势群体等活动,得3分。每多1次加3分	3分	
	28.培育家风文化,全年开展1次以上"立家规传家训"、"好家风好家庭"褒奖、家风故事会等活动,得3分。每多1次加3分	3分	
	29.培育乡贤文化,全年开展1次当代"乡贤"、最美人物、道德红榜人物等系列先进典型评选活动,得4分。每多1次加4分	4分	
	30.培育乡风文化,全年开展1次各类"星级文明户"评选并上墙,得4分。每多1次加4分	4分	
加分指数（限加20分）	31.积极配合举办区级以上文体活动,每承办、协办1次,区级加4分,市级加5分,省级加6分		
	32.经区级宣传文化部门推荐,文艺作品或文艺团队在区级以上文体赛事中获一、二、三等奖的,区级分别加3分、2分、1分,市级分别加4分、3分、2分,省级分别加5分、4分、3分(不重复计分)		
	33.做法经验被市级以上新闻媒体报道,市级加1分,省级加2分,中央级加3分(按最高计分)		
	34.积极运用"四Z"模式(众筹、众创、志愿者、资本采购)加强农村文化礼堂管理,每运用1种管理模式并取得显著成效加2分		
	35.吸引文化企业、名家工作室、培训机构等社会机构入驻并开展公益服务,每落地1家加4分		
	36.推行"互联网＋"进礼堂,建设农村文化礼堂QQ群、微信群等数字化平台,加1分		
	37.完成文化礼堂民办非企业单位法人登记工作,加3分		
	38.建有农村文化礼堂基金(公益金),得2分		
	39.开展"一村一品"礼堂文化建设,效果明显、特色突出的,加3分		

续　表

领域	内容及标准	分值	考核分
否决事项	40.在农村文化礼堂建设工作中,发生违法违纪案件、重大安全事故的 41.利用农村文化礼堂组织开展封建迷信活动、设置麻将桌开展赌博活动等造成严重影响的 42.农村文化礼堂主要设施场地挪作他用,展陈设施因缺乏维护,严重影响功效的 43.农村文化礼堂常态开放、活动开展不正常的 44.发生其他严重损害农村文化礼堂工作品牌和形象的	有无否决事项	

路桥区农村文化礼堂运行经费奖补办法

(区委宣〔2018〕20 号)

第一章　总　则

第一条　为加强农村文化礼堂"建、管、用、育"一体化长效机制建设,保障我区农村文化礼堂"e 家工程"顺利推进,根据《省委办公厅 省政府办公厅关于推进农村文化礼堂长效机制建设的意见》(浙委办发〔2017〕22 号)和《市委办公室 市政府办公室关于推进农村文化礼堂长效机制建设的通知》(台市委办发〔2017〕14 号)等文件精神,特制定本办法。

第二条　农村文化礼堂运行经费由区财政预算安排,镇(街道)给予相应资金配套,采取以奖代补的形式对农村文化礼堂运行管理进行奖补。

第二章　适用范围

第三条　农村文化礼堂运行经费的奖补对象为全区建成并投入使用的农村文化礼堂及其管理员。

第三章　奖补标准

第四条　农村文化礼堂运行经费奖补标准为平均每家 2 万元,镇(街道)按照 1∶1 标准配套奖补,有条件的镇(街道)可适当提高奖补比例。农村文化礼堂运行经费奖补总量的 10%—30%,可用于发放农村文化礼堂专职管理员的工资补贴。

第五条　农村文化礼堂运行经费的奖补与农村文化礼堂"e家工程"的年度指数排名情况相挂钩。年度指数排名前10%的农村文化礼堂,奖补比例为200%;排名10%—30%的农村文化礼堂,奖补比例为150%;排名30%—70%的农村文化礼堂,奖补比例为100%;排名70%—90%的农村文化礼堂,奖补比例为50%;年度指数排名后10%,或存在违法违纪、建成后失管、考核弄虚作假、发生安全事故等严重影响礼堂形象的农村文化礼堂,不予奖补。

第四章　拨付程序

第六条　农村文化礼堂运行经费每年奖补一次,由区委宣传部根据"路桥礼堂e家"App指数排名情况拟定奖补方案,提交区农村文化礼堂建设工作联席会议研究决定,经公示无异议后拨付。

第五章　管理和监督

第七条　各相关村(社区)要遵守国家财政、财务规章制度和财经纪律,加强农村文化礼堂运行经费的管理和使用。各镇(街道)负责做好运行经费使用的监督。

第八条　对于弄虚作假骗取财政资金等违反财经纪律的,一经查实,将没收当年奖补资金,并按照《财政违法行为处罚处分条例》等有关法律法规进行查处,三年内不得纳入农村文化礼堂运行经费奖补对象范畴。

第九条　本办法由区委宣传部、区财政局负责解释。

第十条　本办法自2018年开始施行。

路桥区农村文化礼堂专职管理员管理制度

(区委宣〔2018〕36号)

为进一步提升农村文化礼堂管理员队伍素质,推动农村文化礼堂各项活动有序开展,确保礼堂运转有秩序、有活力,全力护航农村文化礼堂"e家工程"顺利实施,经研究决定,特制定以下制度。

一、岗位职责

1. 积极向所在村群众宣传党的方针政策,弘扬社会主义核心价值观,传播民族优秀文化,营造和谐文化氛围。

2. 发挥农村文化礼堂阵地作用,按需组织开展多种形式的群众文体活动,积极展示乡村形象和特色文化。

3. 帮助和指导群众组建业余文体队伍,培育文艺骨干,常态化开展比赛、展演活动,为群众搭建学习交流平台。

4. 负责农村文化礼堂日常管理及各类设施的日常维护,确保农村文化礼堂正常开放运行。

5. 熟练掌握"路桥礼堂 e 家"App 各项功能,做好信息报送、档案管理等工作。

6. 做好上级部门交办的其他工作。

二、任职要求

1. 拥护党的路线、方针和政策,遵纪守法,具有较高政治素养,热心农村公共文化事业。

2. 具备履行该岗位职责必要的时间精力和活动组织协调能力。

3. 具备一定的电脑和智能手机操作技能,能够熟练使用"路桥礼堂 e 家"App。

4. 优先考虑文化带头人、大学生村干部、退休教师等人员,如村两委委员中有符合任职要求且精力到位的,也可兼任。

三、人员管理

1. 农村文化礼堂专职管理员须由各镇(街道)选聘后,统一上报至区委宣传部,未经区委宣传部核准的人员不享受专职管理员补贴。

2. 根据全区各农村文化礼堂排名情况,各镇(街道)需对连续两年考核排名后 10% 的专职管理员进行调整。

3.专职管理员在任职期间辞职的,由镇(街道)及时将继任人选上报区委宣传部,经核准后任职。

4.专职管理员享受工资补贴,根据《路桥区农村文化礼堂运行经费奖补办法》规定执行。

5.专职管理员在任期内出现违法犯罪、挪用钱物、不履职、不胜任等现象时,需由镇(街道)上报区委宣传部核查。核查属实后,取消其补贴待遇并予以辞退。

关于推进路桥区农村文化礼堂 e 家综合
管理服务总分部建设的通知

(区委宣〔2018〕22 号)

各镇(街道)党(工)委:

为进一步提升农村文化礼堂综合管理服务水平,明确管理机构职能、创新管理方式路径、强化管理服务模式,不断提升"建、管、用、育"一体化水平,根据台州市委宣传部《关于推进全市农村文化礼堂总部管理体系建设的通知》(台宣〔2018〕30 号)文件要求,决定在全区推进农村文化礼堂 e 家综合管理服务总分部建设,现制定实施方案如下。

一、工作目标

农村文化礼堂 e 家综合管理服务总分部建设要以提高农村文化礼堂管理和服务水平为目标,按照党委领导、部门联动、社会参与的原则,通过建设区级文化礼堂总部和镇(街道)文化礼堂分部,实现农村文化礼堂管理信息化、服务社会化、机构专职化、运行常态化,切实承担起农村文化礼堂的建设指导、宣传展示、考核评估等日常工作。

二、主要任务

(一)区级文化礼堂总部

农村文化礼堂 e 家综合管理服务总部全面承担全区农村文化礼堂工作的决策部署、指挥管理和服务保障等职能,内设农村文化礼堂文化指数实时展示大屏幕、农村文化礼堂地图、农村文化礼堂社会资源对接服务导图、农村文化礼堂直播通信系统和"礼堂 e 家"制度展示图,配备 1 名专职管理员负责积分审定、信息发布、资源对接等管理服务工作。

(二)镇(街道)文化礼堂分部

农村文化礼堂 e 家综合管理服务分部全面承担承上启下、统筹管理、督促落实等职能。在建设选址、建设进度、建设内容上要统一标准、因地制宜、大胆创新,扎实推进文化礼堂分部建设。

1. 建设选址。优先考虑镇(街道)综合文化站、星级农村文化礼堂和特色文化场所。

2. 建设进度。2018 年 6 月底完成。

3. 建设内容。

(1)外部设置:各分部需在外立面醒目位置设置"路桥区农村文化礼堂 e 家综合管理服务××分部"名称、农村文化礼堂亮化标志。

(2)内部设置:上墙内容,①一个分部简介。通过一段精练、明了的文字简述分部的定位、功能和意义。②一张农村文化礼堂地图。直观展示辖区内已建成、正在建和将要建的农村文化礼堂。③一套管理制度。包括但不限于《农村文化礼堂文化指数评定制度》《农村文化礼堂运行经费奖补办法》《农村文化礼堂星级管理实施细则》《农村文化礼堂社会化服务管理制度》《农村文化礼堂专职管理员管理制度》等,各镇(街道)可以根据实际情况进行调整。④一支管理服务队伍。建立镇、村两级管理制度,公开管理员的姓名、联系方式和照片。⑤一个文化资源对接平台。展示社会文化机构、文化志愿者与农村文化礼堂的结对情况。设备配置：①一台高清显示器。展示辖区农村文化礼堂的礼堂指数排名、活动开展情况、活动预告发布等信息。②一台触控一体机。展示农村文化礼堂风貌、活动精彩集锦。③一台电脑。实现指令传达、活动审核、直播展示等操作。④一张办公桌椅。用于专职管理员日常办公。⑤一套会议桌椅。用于会议传达、工作布置、协商讨论等日常事务。⑥其他办公用品。

(3)人员配备：各镇(街道)落实一名专职管理员负责分站的统筹指导、运行管理和"路桥礼堂 e 家"App 审核。

三、工作要求

1.提高认识。各镇(街道)要把建设农村文化礼堂 e 家综合管理服务分部作为提升农村文化礼堂管理服务水平的重要载体和抓手。在功能设置上要突出"管理"二字，依托分部的打造实现农村文化礼堂的高效管理、精准管理和常态管理。

2.强化指导。各镇(街道)要切实履行职责，加强对农村文化礼堂的日常指导，有效整合当地的文化资源和社会力量，指导各农村文化礼堂开展丰富多彩、健康向上的文化活动，同时做好"路桥礼堂 e 家"App 的初级审核。

3.严格考评。各镇(街道)要高度重视文化礼堂分部建设，扎实推进"提质扩面"各项工作。文化礼堂分部建设工作已被纳入区对镇(街道)宣传思想文化重点攻坚项目，作为考核领导班子、领导干部的重要依据。

路桥区农村文化礼堂管理员管理细则

(区委宣〔2018〕36 号)

为深入实施乡村振兴战略，扎实推进"万家文化礼堂引领"工程，健全农村文化礼堂长效运行机制，强化农村文化礼堂管理员队伍制度化、规范化建设，不断推动农村文化礼堂"e 家工程"常态、长效实施，经研究，特制定以下管理细则。

一、管理对象

全区已在"路桥礼堂 e 家"App 上线,并开展管理工作的农村文化礼堂管理员(下称"管理员")。

二、任职条件

1.拥护党的路线、方针和政策,遵纪守法,具有较高政治素养,热心农村公共文化事业。

2.具备管理农村文化礼堂、开展礼堂活动的文化业务素养、组织协调能力和必要的时间精力。

3.具备一定的智能手机操作技能,能够熟练使用"路桥礼堂 e 家"App。

4.一般由农村文化礼堂所在行政村村民担任。

三、聘任方式

1.管理员选聘采取公开竞聘方式,由各镇(街道)e 家分部选聘后统一报送至区 e 家总部,经区 e 家总部核准后任职。

2.鼓励组建专业化、年轻化、专职化管理员队伍,优先考虑选聘新乡贤、文化带头人、大学生村干部、退休教师等人员,如村两委委员中有符合任职要求且精力到位的,也可兼任。

四、工作职责

1.协助制定本村文化礼堂年度工作计划。

2.积极向所在村群众宣传党的方针政策,弘扬社会主义核心价值观,传播优秀传统文化,营造和谐文化氛围。

3.发挥农村文化礼堂阵地作用,按需组织开展各项礼堂活动,积极展示乡村形象和特色文化。

4.帮助和指导群众组建文体队伍、培育文艺骨干,常态化开展比赛、展演等活动,为村民搭建学习交流平台。

5. 负责农村文化礼堂日常管理及各类设施的日常维护,确保农村文化礼堂正常开放运行。

6. 熟练掌握"路桥礼堂 e 家"App 各项功能,做好信息报送、档案管理等工作。

7. 主动向上级部门建言献策,总结农村文化礼堂运行中的好做法、好经验,反映存在的问题。

8. 做好上级部门交办的其他工作。

五、培训教育

1. 管理员享受培训教育的权利。区 e 家总部每年需举办 1 次以上农村文化礼堂工作业务培训,并积极选送管理员参加省市各级相关培训。

2. 管理员需履行培训教育的义务。要做到遵守培训制度,执行培训计划,消化吸收培训知识,不断提高自身素质,提升礼堂管理效能。

六、考核与奖励

1. 管理员考核与农村文化礼堂"e 家工程"指数排名挂钩。指数排名分每季度独立排名和全年总排名,并定期予以公示通告。

2. 管理员考核由每季度指数排名和全年指数总排名两项指标构成。其中,每季度指数排名占比 15%,全年指数总排名占比 40%。

3. 管理员工资补贴标准为当年度农村文化礼堂运行经费奖补总额的 10%—30%,并按管理员专兼职情况分类确定。原则上,专职管理员补贴比例为当年度农村文化礼堂运行经费奖补总额的 30%;仅兼任村两委委员、网格员、计生员、党务工作者等其中一项的兼职管理员,补贴比例为当年度农村文化礼堂运行经费奖补总额的 20%;兼任两项或两项以上的兼职管理员,补贴比例为当年度农村文化礼堂运行经费奖补总额的 15%。具体由区 e 家总部和各镇(街道)e 家分部根据实际情况分别确定。

4. 管理员工资补贴按年度发放。由区 e 家总部拟定奖补方案,递交区农村文化礼堂建设工作联席会议研究决定。经公示无异议后,由区 e 家总部和各镇(街道)e 家分部分别拨付至管理员个人账户。

七、退出机制

1. 管理员实行末位淘汰制。连续两年考核排名在全区后 10%,且活动开展未达到基本要求的,取消其管理员身份。

2. 管理员在任期内出现违法犯罪、挪用钱物、不履职、不胜任等现象时,需由镇(街道)e 家分部上报区 e 家总部核查。核查属实后,取消其补贴待遇并予以辞退。

3. 管理员在任职期间辞职、劝退的,由各镇(街道)e 家分部重新选聘。

八、其他

本细则自发文之日起执行,由区委宣传部负责解释。

延伸案例 1

台州率先升级农村文化礼堂 2.0 版
探索总部管理新模式 打好"建、管、用、育"组合拳①

青山绿水之间,白墙黑瓦之下,文化礼堂这一文化符号,被时代赋予更富魅力更具实质的内涵,为乡村振兴注入澎湃的动力。

自 2013 年至今,台州市累计建成农村礼堂 1495 家。其中,黄岩区山前村文化礼堂被评为全国服务农民、服务基层文化建设先进集体,浙江省唯一;在浙江省评出的 50 个示范文化新地标中,台州有 7 家入选,成绩斐然。

随着礼堂建设覆盖面的不断扩大,如何让文化礼堂更好地"用起来、活起来、火起来"成为重中之重。台州在浙江省首创县、乡、村三级农村文化礼堂总

---

① 赵静、罗亚妮:《探索总部管理新模式,打好"建管用育"组合拳》,浙江在线 2018-11-08。

部管理体系,开展农村文化礼堂建设百日攻坚行动,打好"建、管、用、育"组合拳,激活乡村文化的一池春水。

在台州,乡村的风貌正在悄然变化。一个个老祠堂、老学校、老建筑,通过扩建、改建,成为全新的"文化礼堂";陈列于文化礼堂的村史逸事,承载着乡情、抒发着乡愁;伴随着山风与浪涛,节庆的歌声奏响欢乐的乐章;每周开课的各种讲堂,扶持起农民的创业梦想……

(一)队伍专职化——选优配强更专业

日前,天台县南屏乡山头郑村文化礼堂人头攒动,聚满了周围几个村纷至沓来的村民,台下不时爆发出热烈的掌声,南山南农民艺术团带来的越剧《绣球缘》在此热闹上演。文化礼堂管理员杨巧林也听得如痴如醉,"村里老老少少都爱听戏,我就在网络管理平台'下单',总部轮值单位接到申请后,当天就跟村里及相关部门对接,不出三天,演出时间就定下来了。"

如今,各种主题形式的活动在天台县农村文化礼堂一个月能有300余场,无论老人还是小孩,都能在这里找到适合自己的活动。这主要得益于今年台州在浙江省率先探索构建的总部管理体系。

走进天台县福溪街道莪园村,一栋青砖建筑掩映在碧水绿树间。"这里就是天台农村文化礼堂总部,与莪园村文化礼堂共享共建,承担着村礼堂项目审批、建设指导、资源统筹、监督考核等职能,向下对接乡镇(街道)礼堂分部。"该县委宣传部文化科科长王晓萍介绍,礼堂分部以各乡镇(街道)文化站为依托,组建10支以上专兼职文化骨干队伍,承担区域文化礼堂管理和服务工作;村礼堂配备专职管理员,细化落实工作,解决"有人管事、有人办事"的问题,打通农村公共文化服务"最后一公里"。

在天台,各分部还创新便捷管理模式。该县白鹤镇分步实施"片区化"管理,把全镇29家文化礼堂划分为5个片区,由3名文化站工作人员分别负责,定期在片区内开展交叉督查与管理。

台州9个县(市、区)全面启动农村文化礼堂县级总部及129个乡镇(街道)文化礼堂分部建设。截至目前,9 家文化礼堂县级总部已全部建成,全市 82.9%的乡镇建成文化礼堂分部。

文化礼堂,建设队伍是关键。台州建立礼堂管理绩效考评机制,激发管理员活力。

一支专业化管理队伍正逐渐形成——路桥开展管理员选聘和调整工作,共招聘 34 名大学生专职管理员,专职管理员中"80 后"成员占到 42%;临海通过从优秀大学生村干部中层层筛选,选拔年轻村干部充实进总部专职管理员;温岭采用以会代训的形式,每月召开一次管理员会议,不断提升管理员综合能力,从农村文化礼堂管理员中选拔一批优秀骨干充实到分部管理员队伍……

一支高素质文体队伍正不断扩充——黄岩与区内 8 家名家工作室和文艺协会紧密合作,组建百余人的"种文化"队伍,每月到总部、分部及文化礼堂开展活动 30 场以上,培育文化志愿者 1000 余名;温岭组织 456 名文化大使,深入指导礼堂活动策划和团队培育,共建立 10 人以上的文体团队 474 支,涵盖了排舞、太极、乐器、戏曲等 50 余项文体活动;天台依托农村文化礼堂,通过"天天大舞台"等农民自编自导的文艺演出挖掘、培育农民艺术团,目前全县有 2091 支艺术团队……

(二)管理信息化——实时互动更高效

"一、二、三、四,大家跟着我的节拍再来一遍,预备……"11 月 6 日,天台县文化馆馆长吴彬凌对着 62 英寸大屏幕指导平桥镇新东村排舞队排练。站在大屏幕前,全县各地农村文化礼堂的运行情况尽收眼底;拿起话筒,还可与选定的村文化礼堂工作人员对话。"以前,去一些偏远的乡镇指导,路上就得花费不少时间。现在通过管控中心,就像是有了'千里眼''顺风耳',村里有什么需要,我们可以实时进行指导、培训。"吴彬凌说。

光靠传统的实地检查、暗访抽查等手段无法获悉文化礼堂的实时动态,高效的"互联网十"平台,解决农村文化礼堂"怎么管"问题。台州各地探索推进礼堂视频系统,突破地域上的难题,在已建文化礼堂中逐步铺开视频画面系统,同时在县级总部和乡镇分部设置双向管理平台,一方面方便日常总分部对农村文化礼堂开展管理、交流、指导,另一方面方便群众通过视频系统开展网上文化走亲。在天台,已建成的154家文化礼堂正在陆续接入网络管理信息系统,通过高清摄像头可以对礼堂活动进行实时督查、指导、回放。

目前,台州9个县(市、区)均已配备了信息化管理系统,均已研发完成信息化管理软件并投入使用,其中8个县(市、区)开通了手机端功能。路桥区、三门县自主开发"礼堂e家""礼堂云"App管理系统,玉环市、仙居县则以"无限玉环"App和"爱仙居"App为承载平台,开发文化礼堂嵌入模块。

"要赶紧预约,我得'抢'个名额来。"当得知最近名家工作室有"乡村振兴文化铸魂"主题综艺下乡巡演活动时,路桥横街镇洋宅西村的文化礼堂管理员董翠芳立刻掏出手机,点开"路桥礼堂e家"App预约活动。

据悉,该款软件的"资源·预约"功能构建了一个集政府部门,社会文化机构、团队,文化志愿者于一体的社会文化资源库,每月发布文化资源服务菜单,并通过点单、抢单等形式,将活动精准送到指定农村文化礼堂,打破了文化活动信息成"孤岛"的尴尬局面。

"以前经常有文化礼堂管理员跟我们反映说,无法得知活动信息。现在好了,通过这个软件,专职管理员们可以一目了然地了解并预约下单活动。"路桥区委宣传部文化科副科长赖攀峰介绍。原来的纸质台账不仅多,而且或多或少存在"假、大、空"现象。而今,通过信息化平台管理,礼堂资料不仅能及时更新,还更规范化。

据悉,台州全市各地提供的礼堂服务项目达1100多项,并通过信息化管理平台向文化礼堂推出,供各文化礼堂管理员在电脑上、手机上进行点单,今年来各文化礼堂已点单7500余场次。

(三)服务社会化——共建共用更贴心

仓廪实而知礼节,衣食足而知荣辱。村民腰包鼓了,生活富了,更需要精神文明的润泽。文化礼堂三分在建,七分在用。怎样才能让农村文化礼堂热闹起来?台州的经验是:立足农村文化礼堂总部管理体系管理,让社会力量参与礼堂建设,让社会服务丰富礼堂内涵,从而盘活礼堂文化。

11月3日下午,玉环楚门镇东西村文化礼堂里传来阵阵笑声,20多名学生围着讲台上的老师,讨教关于航模的种种知识。这个从今年9月份开始上课的航模班,成为东西村最受欢迎的课堂。

"原先都是送文化到乡镇,东西村是玉环第一个购买天宜社会工作服务社产品的村级文化礼堂。今年9月,我们第一次带着文化产品进村,受到了村民的热烈欢迎。"天宜社工裘威巍介绍。自2017年起,玉环楚门镇以文化购买方式,委托楚门天宜社会工作服务社推出"文化大超市"项目,有计划、有步骤地向各个文化礼堂免费配送,让群众享受到免费的文化"大餐"。目前,楚门共有各类文艺团队28支,其中由"天宜"培育的有11支;发展文化志愿者200余人。去年累计开展各类送戏下村、送培训下村等文化活动近百场,服务10万余人次。

近年来,台州积极开展社会化服务探索,各地高招迭出,推出线上线下相结合的"礼堂淘宝"资源会、公益服务"志愿库"、政府购买服务"天宜模式"等多种方式,有效吸引社会力量参与文化礼堂建设,为文化礼堂提供优质服务。

临海以市文化馆的崇和合唱团、青年舞社、丝竹民乐团等为主力,为基层提供专业指导,培训文化礼堂文体队伍近400支,利用党员、文化乡贤、大学生村干部、乡村"五老"人员等力量,做好志愿服务工作;玉环成立全市非学历培训机构公益联盟,目前已发展成员136家,促成与63家文化礼堂结对;天台搭建"文化超市"服务点餐平台,整合各部门资源,定制涵盖时政宣讲、文艺活动、农技科普等五大方面60个子项目的网上服务菜单,通过点单配送活动共计450余场次,吸引群众5万余人次……只有将好文化"送"下去、"种"起来,文化礼堂才能越来越热闹。

此外,台州充分发挥基层党组织带头作用。在每个农村文化礼堂组建一支党员志愿服务队伍和一支以上特色志愿服务队伍,建立志愿服务结对,针对空巢老人、留守儿童等群体,开展常态化结对帮困服务。目前,全市共建立党员志愿服务队 1500 多支、特色志愿服务队 2000 多支,开展各类志愿服务 8000 多场次。

(四)运行常态化——乡风文明更润心

10 月 31 日下午,路桥区新桥镇韩家文化礼堂里药香弥漫,大家伙儿围成一桌正在兴致勃勃地制作香囊。"待会儿要上传到路桥礼堂 e 家 App。"文化礼堂管理员蔡金丽掏出手机连连按下拍门。

"App 里设置了'礼堂指数'排名功能。只要专职管理员将开展活动时的照片和文字材料及时上传,经街道初步审核、打分后,就可以获得相应分数了。"赖攀峰告诉笔者。礼堂排名情况实时显示,每月开展考评并进行排名,将考评结果与管理员待遇、礼堂运行经费补助相挂钩,助推农村文化礼堂形成比学赶超的浓厚氛围。

韩家文化礼堂就是在这样的对比、赶超中"活"起来的。当看到自己管理的礼堂被列入指数黑榜时,蔡金丽坐不住了。文化程度不高的她一边学习运用软件,一边自己积极组织活动。如今,韩家文化礼堂一跃成为指数红榜上的佼佼者。

欲筑室者,先治其基。台州市研究出台《关于推进全市农村文化礼堂总部管理体系建设的通知》,在此基础上,台州各地因地制宜,相继制定配套制度,完善文化礼堂管理体系,筑牢文化礼堂常态化运行的根基。

黄岩实施"一二三"分星、"红黄绿"分级、"点线面"分层,从考核、督查、服务三方面深化星级管理体系;温岭出台专职管理员聘任考核制,保障农村文化礼堂的常态运行;三门制定出台《三门县农村文化礼堂星级管理试行办法》,推进文化志愿者等队伍的全面强化……同时,台州各地组建"理事会轮值联盟",开展文化礼堂"互学互比互看",在内部管理、日常运行、活动开展等方面开展常态化的交流共建。

"由数据支撑文化礼堂考评,反过来引导文化礼堂工作更加扎实,真正让建成的礼堂'大门常开、活动常态、内容常新'。"台州市委宣传部文化处负责人说。

"九月九,是重阳,我陪爷爷进礼堂……"重阳节走进三门沙柳街道坎头杨村文化礼堂,曲艺悠扬,饭菜飘香,老人们个个洋溢着幸福的笑容,敬老感恩的情怀在村民心中荡漾;仙居近千人组成的草根讲师队伍走街串巷,宣讲300多场次,受众人数达到2.5万余人次;黄岩创新推出"1+N"乡村大使巡回宣讲活动,借助主题文艺晚会,通过乡村大使这张宣传思想工作"金名片",用群众喜闻乐见的形式宣传"新气象新作为";"和合家庭"创建、"最美"系列评选、移风易俗进礼堂、家庭和合文化驿站建设如火如荼……潜移默化间,社会主义核心价值观在群众中入脑入耳,深入人心,好乡风、好习俗自然而然地成为村民自觉。

新时期开启新征程,台州农村文化礼堂建设的步伐踏实而稳健。

"总部管理体系的三级架构做到了资源统筹、上下联动,既相互分工又紧密联系,成为一个科学运行的有效整体。下阶段,在百日攻坚行动取得初步成果的基础上,台州要坚持问题导向,效果导向,立足常态长效、可持续发展,高标准推进总部管理体系建设全覆盖,助力乡村振兴。"台州市委宣传部主要负责人表示。

文化如根,凝魂聚气。散落在历史长河中的农村文化因子正被悄然拾起,文化礼堂成了村民们最爱去的地方。

延伸案例2

玉环市楚门镇东西村文化礼堂服务运营案例①

(一)案例背景

党的十九大报告提出,深入挖掘中华优秀传统文化蕴含的思想观念、人文精神、道德规范,结合时代要求继承创新,让中华文化展现出永久魅力和时代风采。乡村振兴战略是新时代农业农村发展的必由之路,发挥文化的引领作用,

---

① 此文由玉环市文化和广电旅游体育局提供。

不仅是乡村振兴的题中之意,也是乡村振兴的内在驱动力,更可以转化为乡村振兴的物质基础。农村文化礼堂是丰富广大农民群众精神文化生活的主要阵地,更是实现"精神富有""乡风文明"在广大农村地区落地生根的具体载体。

2013 年,浙江省围绕打造公共文化服务体系建设的"升级版",按照"文化礼堂、精神家园"的定位,在浙江省部署开展农村文化礼堂建设,并连续 6 年将其列入十件为民办实事项目。先后制定出台《关于推进农村文化礼堂建设的意见》《浙江省重点农村文化礼堂建设计划》《浙江省农村文化礼堂建设标准》《关于推进农村文化礼堂长效机制建设的意见》《浙江省农村文化礼堂建设实施纲要(2018—2022 年)》等指导性文件,定标准、定流程、定制度,在科学布局、提升品质、优化功能、培育文化、创建品牌、队伍管理等方面做出了更加细致的规划指导,纵深加快文化礼堂建设有序推进。

从 2013 年开始,玉环按照"分布推进、以点带面"的原则,在全市文化特色鲜明、人口相对集中、经济社会发展基础较好的中心村、历史文化村、美丽乡村精品村或特色村,先行先试建设文化礼堂。

(二)主要做法

1. 坚持"政府购买、社会参与"。政府购买是指将原来由政府直接举办的、为社会发展和人民生活提供服务的文化活动、文化服务交给有资质的社会组织来完成,并根据社会组织提供服务的数量和质量,按照一定的标准进行评估后支付服务费用。近年来,楚门镇每年出资 100 多万元将农村文化礼堂等文化设施委托给天宜社会工作服务社,基本实现了社会化运营管理。据统计,全年天宜社工组织机构举办大型文化活动 10 次,培训、展览等 90 场次,发展文化志愿者 200 余人,提供服务 10 万人次,辖区内群众的文化获得感和幸福感明显提升。

2. 坚持"因地制宜,一堂一色"。全市依托市级文化团队、乡镇文化工作站、村级文化员等三套团队,对村史家风、乡约民俗、古迹遗脉等开展采风活动,打造专属文化地标。作为省农家乐特色示范村和市历史文化名村,楚门东西村深挖唐宋文化资源,发挥墓寺古刹、戴明故居、民国碉楼等连片效应,依托历史文化陈列室、爱国主义教育基地陈列室、"社科微讲堂"等,打造传统与现代交融的农民精神家园。同时,楚门镇文化礼堂联手文玲书院、人才梦工场和楚洲文化城打造"礼堂联谊圈",整合优质文化资源,发挥文脉叠加共生效应,立体呈现交互式体验的文化景观带。

3.坚持"群众点单、全域覆盖"。楚门镇通过实地走访、电话联系等方式,对楚门镇东西村文化礼堂管理员和文艺团队进行调查,了解双方的需求意愿。整合、集聚辖区内的优秀文艺团队和文化服务项目,共推出24个服务项目,包括文艺演出、戏曲辅导、象棋培训等,涵盖文艺团队20支。同时,组织东西村文化礼堂管理员召开"文化大超市"社团服务下基层活动对接会,管理员根据本村群众的文化需求自主选择相应的服务项目。天宜服务社根据订单和项目活动计划在东西村文化礼堂中组织开展文化服务,并每月召开监事会议向楚门镇汇报工作进展,分析新情况新问题,研究对策措施,明确下阶段具体任务。

(三)实施成效

截至目前,玉环已建成104个农村文化礼堂,2017年被评为浙江省文化礼堂建设先进县。楚门镇率先在浙江省实现文化礼堂全覆盖,并相继荣获全国文明镇、省级文化强镇、省首届小城镇大文化十强示范样本等称号。其具体取得了以下成效。

1.以"多元化"为目标,文化惠民服务供给格局逐步形成。

围绕党委政府的决策部署,结合玉环市文化日历,实施"挂历上墙",在楚门镇东西村农村文化礼堂分类开展"节庆日""越剧周""读书月"等不同主题活动。在重要节庆、节假日举办各类宣传展演活动,如开展"6·26"禁毒宣传活动、"8·1"军民会演、"12·4"法制宣传日活动等,进一步丰富群众文化生活。以越剧传承中心为依托,以"文化嘉年华"公益培训为品牌,依次举办全市越剧折子戏文化礼堂"百场巡演"活动之"楚门周",同时开展唱腔培训课堂、名家讲堂、越剧沙龙等,扩大了戏曲惠民服务半径,让辖区群众均能乐享越剧大餐。

围绕"第十四届未成年人读书节""共读·共建·共享'书香玉环'"等主题开展汽车图书馆进礼堂、送书下乡等活动,进一步营造书香文润氛围。同时,积极组织队伍参加全市农村文化礼堂排舞大赛,参与率和获奖率逐年上升;选送的文化礼堂管理员在台州市2017"醉美乡村"农村文化礼堂管理员才艺大赛中荣获奖项。

2. 以"特色化"为抓手,区域专属文化地标符号得到培塑。

按照"文化礼堂、精神家园"的定位,围绕"2022年前完成文化礼堂全覆盖"的目标,结合台州市区域文化特色,扎实推进东西村农村文化礼堂的设施建设、活动开展和管理运营,分类打造以"美丽乡村、历史遗存、红色教育"等为主题的文化活动,做到"一村一特色""一堂一品牌"。

针对东西村现有的文化活动、文化需求及社团文化现况,组织天宜社工协会将目前自身已经成熟的活动体系引入东西村文化礼堂中,各类公益兴趣班有序进行,每月至少开设2个青年课程,每周固定开展长者学堂,同时进行社区社团孵化,协助社团自主运行,从根本上实现可持续发展。针对灵山寺禅学思想,打造身心的静休文化,如茶艺、太极、书法、绘画活动等。招募培养一批东西村文化讲解员,挖掘非遗传承文化手艺人和特殊文化手艺人,开设手工艺学习班,开通打造特色文化旅游路线,多维宣传本土旅游文化资源。

3. 以"便民化"为宗旨,服务运行联动机制不断畅通。

为进一步激活东西村文化礼堂的惠民为民功能,立足乡村振兴战略,楚门镇根据全市建立健全农村文化礼堂总分部制,即市级层面建立以市传媒中心为平台的管理总部和以市文化馆为阵地的服务总部,打造文化服务"双总部"引擎的工作要求,设立了农村文化礼堂分部,同时建立"大菜单"制度,组织各类比赛展演、讲座培训等活动进东西村文化礼堂,最大化提高文化礼堂的利用率。推行"送文化"和"种文化"并举,变"点单式"为"自助式",满足基层多样化的文化需求。充分发挥市文化馆、名家工作室、越剧传承中心等服务平台聚焦辐射作用,加强联系和指导东西村文艺骨干队伍、基层文艺人才;引入楚洲文化艺术团等基层表演团队,参与文化走亲、乡村大擂台和"海岛之春"民间文艺展演,进一步提升东西村文化礼堂与各地文化礼堂的交融交流。

(四)经验启示

1.公共服务体系格局扩大。通过组建文化礼堂专家指导团,由文化、建设、农办、工青妇等单位推荐人员组成,对东西村文化礼堂建设风格、资料收集、史料考证等方面进行谋划统筹,打造集德育、文娱、培训等于一体的农村文化综合体。依托文化礼堂管理员、文化专员、乡贤志愿者等,形成"文化活动室—农家书屋—文化礼堂"统一联动的公共服务体系,确保服务能力内拓外联、格局扩大。同时,建设网络文化礼堂,多维展现已建成的文化礼堂成效,全面介绍全市农村文化礼堂建设特色亮点,在线直播建设进程,形成比学赶超之势。

2.生产生活需求精准对接。一是德育实践课堂弘扬社会主义核心价值观,在东西村文化礼堂诵读点和道德讲堂,为广大村民和未成年人提供道德实践和读书学习服务,以东西村文化礼堂大舞台为依托,组织开展"尊师孝亲 崇德立志"为主题的开蒙礼,每周定期开展经典诵读,由经典诵读联盟老师带领学童朗读经典,发挥了礼堂文化传承的效用。二是实用技能课堂助力文化脱贫,招募医生、教师、农技专家、养殖大户等,组建文化礼堂讲师志愿服务团,为群众送去医疗养生、农业技术等知识技能。例如,举办盘菜种植、葡萄种植培训讲座等,吸引村民参加听讲,精准助力文化脱贫。

3.结对帮扶机制增添动力。建立文化名家结对机制,与"名家工作室"、越剧传承中心、文化馆专业人才、文联下属各协会、乡土文化能人等走亲结对,打造文化礼堂"亲友团"。制订了志愿者帮扶机制,打造文化礼堂"后援团"。与全市涉农单位相关工作有效对接,与基层文化员、大学生村干部、公益性岗位人员等工作职责密切结合,群策群力推动了东西村农村文化礼堂的日常管理运营。

第十章

现实篇：打造精神家园，规划未来

中华传统文化的根底在于农耕文明，根源在于乡土文化。乡村是传统文化的原生地、乡土文化的集聚地。乡村振兴，离不开乡村文化的振兴。文化礼堂是乡村文化活动核心平台，通过政府推送和村民自行组织的文化活动，让村民沐浴在丰富多彩的文化阳光中潜移默化，重构道德体系、礼仪体系、文明体系，把党的政策、道德风尚播进老百姓心田。文化礼堂不仅是美丽乡村的一道风景线，更是形成百姓的心灵栖息地，一方水土养育一方文化，一方文化亦能使一方水土风光无限。文化礼堂，寓教于乐、寓庄于谐，真正成为农民的精神家园，成为集文化、教育、娱乐、礼仪、民俗传承于一体的公共空间，凝聚人气凝聚精神，文化高地的红旗将插在乡村大地上飘飞。

第一节　打造农民自己的精神家园

一、注重价值引领

把文化礼堂作为推动社会主义核心价值观载体建设，突出党委政府的领导地位和主导作用，发挥乡村基层组织和村民的主体地位，正逐步夯实基层公共文化建设基础。让群众成为基层公共文化建设的参与者，基层公共文化建设成果的受益者、社会主义核心价值观的践行者。物质生活丰富的同时也带来精神生活的需求，在二者不平衡的当下，充分发挥核心价值观的引领作用已经是当务之急。台州市通过农村文化活动平台建设，强化文化礼堂作为乡村文化发展综合平台这一功能，推动文化综合发展，使之成为乡村"实现精神富有，打造精神家园"的重要载体。

首先，以"理论"为先导。台州市突出宣传党在文化上的创新理论，建"革命高地"，种"红色基因"，弘扬革命文化。推动革命传统、党的政策教育进文化礼堂，突出乡村礼仪体系的重建。在这个方面有两个层面：一个层面，讲堂是文化礼堂的标准设置，通过讲堂宣讲形势政策、宣讲社会主义核心价值观与民族复兴，通过"专家论坛""乡村民嘴坐堂""名家讲座"等，不断提高社会主义核心价值观的认识水平。另一层面，创设清明崇先礼、重阳敬老礼、尊宪守法礼、村干部集体就职礼等现代礼仪活动，重建乡村礼仪文化。2017 年以"践行'乡村十礼' 打造'醉美乡村'"为主题的台州市"醉美乡村"农村文化礼堂礼仪大赛在路桥区举行，为这一行动画上一个全新的符号。通过这些活动重建村民的思维和思想，并引导他们思想行为方式的改变。

其次，以"崇德"为首要。积极营造全民崇德氛围，增强社会主义核心价值观的生命力。当前，随着美丽乡村与乡村振兴建设的持续推进，文化振兴也被提上了议事日程，乡村农民整体文明素质也提高了一个层次，但道德失范、诚信缺失、审美能力低下、急功近利等现象同样存在，倒逼着道德体系的加速构建。台州市十分注重村民"德"的养成，"人之为善，百善而不足"。利用讲堂这个平台弘扬优良传统、唤醒道德共识、促进社会和谐，提高文明素质和文明水平。礼仪文化礼堂组织"最美台州人"、好婆媳"最美"系列、好家风"最美"系列评比，"五好家庭"、道德模范、各类优秀评比等，让道德讲堂成为文化礼堂主要的文化活动方式之一，让文化礼堂成为"崇德""慈孝"的阵地。如，仙居县通过"善美仙居人""慈孝之星""十大乡贤"评比，成为"中国慈孝文化之乡"，激励、引导农民对"崇德向善、全民修身"的再认识。

最后,以"智力"为基础。进一步推动科技、科普进文化礼堂,丰富文化礼堂的活动内容,在全社会形成"爱科学、讲科学、用科学"的氛围,不定期对群众开展各类讲座培训,如生产生活知识、劳动技能、法律法规、健康养生等,着力提升农民的科学文化素质。在黄岩区,建立了拥有 100 多名讲师的文化礼堂师资库,围绕社会经济热点、形势与政策、生产实用技术等组织相关部门提供"课目菜单"满足村民的生活、生产需要。在"公共文化服务"菜单式配送工作中,注重科技、文化、卫生"三位一体",注重科学文化知识水平的提高,把"文明"的种子种进农民的心田,受到一致欢迎。同时利用文化礼堂的文化宣传栏、文化长廊等各种载体,形成廊会讲话、墙会说话的氛围,传播科学文化知识。为了让农民成为农村文化建设的参与者,为其奠定坚实的文化知识基础。

二、提升服务效能

构建农村文化礼堂"建、管、用、育"一体化长效机制,提升服务效能,须突出形式创新、内容为魂、服务为王,管理支撑,激发村民自觉参与文化活动的意识,全面提升文化礼堂的服务效能。

"建"有标准。从 2013 年起到现在,台州文化礼堂共建有 1495 家,文化礼堂已经成为乡村基层输送文化服务的载体,村居展示历史文化资源的窗口,村民的公共会客厅、休闲好去处、精神文化园。当前,农村文化礼堂建设已进入提质扩面增效的新阶段。台州市围绕农村文化礼堂"在 500 人以上的村全覆盖"的目标,确保在新一轮文化礼堂建设热潮中力度不减、标准提升、特色突显。从地域特色、资源特色、文化特色等方面抓好文化礼堂建设工作,做到"一村一品""一村一韵""一堂一色",形成乡村独特的田园文化风景,将这种文化中的集体记忆浓缩在礼堂中,打造传承文化、崇德慈孝、浓浓乡愁、文明乡风的"精神家园"。

"管"有规范。目前,台州构建"县级总部、乡镇分部、村级理事会"的文化礼堂"总部管理"体系:总部指导培训、审批项目、监督考核,分部收集信息、督促落实,村文化礼堂负责具体运行等。全市已建成 9 个农村文化礼堂县级总部,98.4%的乡镇建成文化礼堂分部,村文化礼堂理事会实现全覆盖。同时积极引入社会力量参与文化礼堂运行,通过社会团队委托管理,服务项目社会购买和社团义工力量整合等形式,委托第三方专业机构组织策划文化活动。高度重视乡村文化队伍的素质提升,以促进村居干部思想认识水平为要务,逐步完善农村文化礼堂理事会理事、村文化干部、管理员、志愿者四支队伍建设,注重文化礼堂专(兼)职管理员的业务提升,如仙居县委宣传部针对文化礼堂文化指数提升工程,对各级管理员就县农村文化礼堂智慧管理系统操作方面进行培训。使礼堂真正用起来、转起来、活起来。

"用"有效能。文化礼堂的生命在于活力和引力,要让老百姓从"要我来"到"我要来",使文化礼堂成为全村百姓的精神高地。充分发挥群众的主人翁意识,拓宽筹资渠道,让他们在礼堂建设和运行过程中有参与感、获得感。挖掘、深化乡愁乡情,使文化礼堂成为承载乡愁根据地;与时俱进充实新时代的文化内涵,既展示文明新风、传承文化,凸显村庄形象,又普及科学知识、培育新风尚,吸引越来越多的村民特别是年轻人走进文化礼堂。充分发挥文化礼堂"学堂""讲堂""展堂""会堂"作用,使之成为思想教育、道德弘扬、文化传承、共建共享、精神寄托的一个好地方。如路桥区坐应村兴建了一个以灰雕为主基调的文化礼堂,内设礼堂、文化广场、道德讲堂、和合书院、健身中心等活动场所,其中一个200多平方米的乡村记忆展馆,包含了灰雕展示区、毛泽东像章展示区、家风家训展示区、省级非物质文化遗产"打草席"展示区、乡村生活展示区等,让参观者重温乡村记忆,寻找父辈们生活的足迹。文化礼堂展示文化特色和亮点,活动不断,形成常态,精彩纷呈,好戏连台。真正成为对乡村群众有较强感召力的文化殿堂、现代乡村的文化地标。

"育"有成果。近年来农村公共文化服务模式一直沿袭政府"送文化"、文化礼堂"育文化"、群众"享文化"三种模式,这三种模式体现了当下政府在开展基层公共文化服务时的思想集成,既是群众有序广泛参与文化活动的表征,也是体现政府主导下文化服务政策制定的优化思维,同时是文化礼堂开展多种文化活动成果的呈现。台州市全面推广文化科技卫生"三下乡"进农村文化礼堂活动,加强文旅结合,进一步宣传传统村落的特色文化旅游;挖掘红色文化,如三门亭旁革命老区打造浙江红旗第一飘[①]、江山岛登陆战纪念馆教育基地等,推进红色文化游;打造"礼堂婚礼",各村居突破传统婚礼的大操大办,举办"礼堂婚礼",让亲朋好友的心更近了……各类活动的不断开展丰富了各村文化礼堂内涵,完善了文化礼堂功能,增强了文化礼堂的"品牌"吸引力和影响力。文化礼堂从建设之初依靠政府推动,到现在乡村主动建设,正是由于礼堂已经成为"农民的文化家园",它包容了历史文化、人文底蕴、家风族训、乡愁乡音、民风民俗等丰富内涵,所以才会被农民接纳、认同,才能成为精神家园。如金大田村,是一个集休闲娱乐、餐饮住宿、文化交流、商务会务于一体的文化旅游综合体。将开展更多的节庆活动,如启蒙礼、成人礼、敬老礼等礼仪活动,让游客在欣赏美景的同时也获得更多的参与感。

第二节　顶层设计、补齐短板

农村文化礼堂要真正成为农民的精神文化高地,至少需要具备三个条件:顶层设计,构建长效的管理机制;补齐短板,保障资金供给;健康运行,变参加者为参与者。

一、构建长效的管理机制

在建设上,台州市围绕省定的目标定位,严格按照农村文化礼堂"五有三

---

① 1928年5月26日,以三门亭旁为中心的数千农民在中国共产党的领导下,举行了武装反抗国民党统治的起义,建立了浙江省第一个苏维埃政府。亭旁起义,是第二次国内革命战争时期,中国共产党武装反抗国民党反动统治,开展游击战争,创建农村革命根据地的一次伟大实践。亭旁起义虽然在敌人的镇压下失败了,但它作为我党在第二次国内革命战争期间发动的数百次武装起义的一次,具有深远的历史意义,产生了广泛的革命影响。它造就和锻炼了干部,为我党以后在这一地区革命斗争打下扎实的基础。它极大地震慑了临海、天台、宁海等县地主劣绅,严重动摇了国民党反动派的根基。

型"的要求进行建设,坚持"建、管、用、育"一体推进的清晰的总体思路,建设成果显著。全面推广农村文化礼堂理事会制,由理事会决定文化礼堂的重大事项,建立区域联盟、交流合作机制;整合资源,建立公共文化"菜单式"服务机制,提供多样化服务,满足群众不断增长的文化需求;将文化礼堂管理纳入村工作考核的内容,加强文化礼堂管理员教育与培训,建立健全文化志愿者服务队伍,建立健全激励保障制度。

当下,在台州较为外界熟知的成功做法有以下几大模式。

黄岩区建立完善的理事会负责制,已经成为浙江省农村文化礼堂的基本配置,并得到文化和旅游部发文推广,其中理事会公推直选、管理员聘任、乡村大使驻堂、文化活动社团管理和文化志愿者队伍管理等五大制度成为长效机制建构的制度保障。

路桥区文广新体局在近几年的实践中,逐渐形成独特的理论与实践,其独创的文化礼堂"四 Z 管理模式",体现出创造性思维和优化的实践路径,引导文化礼堂建设实现可持续发展,实现文化发展的社会效益与经济效益相统一、相促进。

椒江区建立农村文化礼堂星级制。为了提高文化礼堂"建、管、用、育"水平,构建文化礼堂管理新模式,椒江区委宣传部联合区文广新体局出台《椒江区"星级文化礼堂"评定办法》,给椒江区文化礼堂"建、管、用、育"提供了指引。

同时,在市级文化馆与县(市、区)建立馆际联盟的基础上,椒江区探索文化礼堂管理"区域联盟"机制。该联盟突破了传统乡村的区划约束,以强强联盟、以强带弱、中心发散等方式组合联盟,形成"资源共享、优势互补、中心辐射"的长效运作机制。

……

其实多个县(市、区)文广新体局都在积极探索文化礼堂管理模式,尝试建立长效机制,但综观已有的实践及经验总结,管理模式及长效机制建设虽已经取得瞩目成绩,为我们总结台州模式打下良好的基础。当考察各种模式的优劣时,我们发现,真正的管理模式还未形成。即便是较为引人关注的路桥和黄岩模式,其实只是有效模式中的一种,无法囊括所有长效机制,也不能全盘复制推广。黄岩区的"理事会制"解决了很多问题,但仍有些问题还没有找到对付良策,如文化活动的支撑、理事会中的经费保障方法及实现路径存在现实困难,理事会的人员构成比例和年龄结构特征等不够完善;"四Z模式"中村级文化基金众筹模式当下只适用于企业较为发达村,在落后贫穷村无法复制推广。在所有县(市、区)的实践中,都存在着志愿者队伍建设与设计有疏缺,社会资本参与的途径较窄等不足之处。

为此,我们要加强顶层设计,进一步强化机制建设、服务中心工作、平台建设、创新推进、品牌培育等五方面的工作,推进文化礼堂长效机制建设。既可避免各自为战、无法形成合力的状况,也可消除宣传部门和文广新体局在文化礼堂"建、管、用、育"四个层面上的脱节现象,宣传部门要搞好建设,文广新体局要做好后续管理工作。

顶层设计要做到三个"坚持":坚持从"精神家园"这一核心目标出发,做到有内涵见实效;坚持以区域文化为根基,重视地方特色;坚持以政府部门为主导,逐步完善长效运行机制。

顶层设计也可以表达为:彰显各地文化风俗,搭建多元化文化礼堂;礼仪为先,文化礼堂让群众浸润"礼"文化;注重价值引领,丰富农民群众精神世界;变参加者为参与者,高扬文化活动的主人公姿态。

二、角色转换

乡村社区的主体是农民。中国农民的组织化程度较低,黄宗智在考察长三角地区农村家庭时指出:"在某种程度上,农民家庭现在离群孤立,一个个单独站在国家权力机构面前。"[①]组织化程度低、地位低劣的农民在向政府部门表达起利益诉求时往往会被大打折扣。各种社会组织作为居民和政府以外的

---

① [美]黄宗智:《长江三角洲小农家庭与乡村发展》,中华书局2000年版,第322页。

"第三方"，对于平衡各方利益，构建社区和政府沟通桥梁等方面具有重要作用。台州的社区实行的都是"村治为核，社区为辅"的组织治理架构，因此农村社区的权力核心是村两委。农村文化礼堂在政府和镇村完成出资、建设后，其管理和运营权则移交给村两委，大多数由村主任或书记亲自抓文化礼堂管理，个体表达诉求仍达不到理想状态。以文化礼堂为平台的社区社会组织的发育和成长，有利于弥补个体利益诉求表达的不足，促进表达方式的合理化。同时，农村社区的社会组织发展缺乏动力与能力，因此除了一些趣缘性的老年文化群体外，农民的组织化参与程度其实不高，以至于目前农村文化礼堂营造主要靠中老年人在参加，主要是中老年妇女。而对年轻人或农村职业群体的吸引力极为有限。所以政府应该大力培育乡村社区的社会组织，以更为开放的思维全方位开展文化活动，吸引年轻人或农村职业群体的参与，或者积极引导村企结合，企业的文化活动与文化礼堂进行有效对接，互助互惠，使文化礼堂动起来、热起来、火起来，促进乡村社会的发展。

为扭转文化活动的角色，台州市启动政府购买服务来推进农村文化建设，增加文化供给，在文化产品供给、文化艺术团队、志愿者服务组织和人才队伍培训等方面均取得了相当成效。同时，通过"民俗村""农村献文艺""天天大舞台""农民春晚"等各类文艺活动激发群众参与积极性，促使群众由文化活动的被动参加者变为主动参与者，成为行动和实践的主体。如路桥金清镇下梁村，在村两委、社区组织、企业的协助下，成功实施"村级文化基金众筹"，既保障了文化活动持续高效的开展，又提升了村民自主参与意识。

村级文化礼堂要真正成为精神家园，是一个长期系统建设高水平、可持续、更完善的基层公共文化服务体系的工作。从程序上讲，建设文化礼堂只是基础工作，建成后的全面进入育人状态才是关键所在，要育人，只有让群众主动参与融入文化氛围中才能实现目标。这就需要加强对文化礼堂的管理、使用，必须转换管理者的角色，让他们完成从俯视到平视的转变，参与文化建设。

三、补齐短板

经费保障,是文化礼堂后续管理的核心问题之一,能不能正常开展活动或活动是否有成效,取决于资金支撑是否充足。

目前村级"文化礼堂"建设需要大量的经费投入,以中等规模的农村文化礼堂为例,建设投入需要几十万元,建成后的管、用、育仍需要每年 5 万—10 万元的经费。村集体经济发达村其财力足以支持礼堂的运行,经济欠发达村就难以为继了,这就需要文明创新思路方法,在艰难情况下摸索解决的路径。台州的一些经验为我们提供了某些标本模式,如全国首创的路桥区金清镇下梁村的"村级文化基金众筹模式"、黄岩区"理事会制"下的赞助捐助模式、临海市的"市镇村三级联补"、天台的"文化礼堂基金"创设等都为文化礼堂在资金筹集方面提供了创新思维和方法,为我们募集资金提供了许多新的路径。

这里值得一提的是,路桥区金清镇下梁村实施"村级文化基金众筹"模式,一年时间募集到 10 万元,为我们提供了一条非常简单的路径。

还有天台县的实践举措:天台县将"文化礼堂基金"巧做"无米之炊"。这一创新举措计划在全县各镇村推开,其中在文化礼堂基金的来源上,除上级资金补助外,大部分资金以乡贤无偿捐助、无息借款等形式筹集,主要以定期存入银行收取利息为主,将利息收益补充文化礼堂运行专项资金,有效解决了农村文化礼堂"建、管、用、育"所遇到的资金难题,为文化礼堂有序运行提供了资金保障。

在多方筹集活动资金的背景下,还可以拓展思维,利用文化礼堂综合平台的功能,将建设与管理一并纳入新农村建设的项目,比如"一事一议""社区建设""照料中心""养老"等,吸收政府多元投入,为农村文化建设提供资金保障等。

通过文化礼堂基金的有效运作,能够让文化礼堂"立起来""动起来""活起来"。"文化礼堂基金"能够引导社会力量通过捐资、认捐、无息借款等形式广泛参与,从而使文化礼堂有钱建、有钱管、有钱用、有效能,实现从"无钱办事"到"有钱活用",真正让文化礼堂成为百姓的精神家园。

设计多元方法,推广下梁村的村级文化基金众筹模式,使这"一元基金"的经验做法在经济欠发达村和社区也能落地生根，完善"市镇村三级联补"机制、"文化礼堂基金"等经验，形成可复制可推广的模式。

完善"委托机制"，签订委托协议，创新管理机制。一方面，完善"委托机制"，坚持管理方式创新，实现政府村居（社区）互信。一是不断完善双向协商机制，主要抓住政府委托管理的项目认定、质量认定和责任认定三个重点，坚持"依法协助"和"费随事转、权随责走"的原则。在委托协议的意向沟通、合同起草、文本签约三个环节上，坚持公平、公开的原则。二是不断完善双向履约机制。乡村社区自治组织要自主和能动地完成委托事项，基层政府应按照协议要求，为自治组织的协助积极提供行政指导和委托支付，防止行政干预等行为发生。另一方面，要剥离行政责任。在明确权责的基础上，政府社区双方平等协商签订协助管理协议，明确协助管理的项目和要求，明确政府必须提供的行政指导和财政支付，明确双方的履约评估和违约责任。

第三节　正视短板，扬帆起航

一、存在的问题

文化礼堂建设取得的成就有目共睹，但在一些方面依然存在短板。据省委宣传部调研，共性的短板包括建设的随意性和地区差异的问题；建筑功能不够完善、缺少活动场所的问题；忽视功能需求，建筑设施不匹配的问题；部分由陈旧建筑改造而成的农村文化礼堂，面临的空间不足、功能缺失、设施落后等问题。除此还存在一些深层次问题。

（一）农村"空心化"现象使得文化建设陷入两难境地

一是人口"空心化"。台州人民重商风气浓厚，外出经商的农民很多，加上工业化和城镇化快速推进，农村人口青壮年逐渐向城市和城镇集聚，农村中现有居民以妇幼老弱居多，特别是经济欠发达村，这一情况尤为突出，导致农村

"空心化"现象日益严重,并逐渐演化为文化服务整体空心化,留守群体的文化建设成为一个亟待解决的问题。而乡村教育"逆乡土性"又使农村孩子们一直生活在"逆乡土性"的氛围之中,加上对城市生活方式的向往,被繁华生活的诱惑,农村将成为他们遥远的地方。很多文化礼堂设置同质化现象较为普遍,主要服务对象是老弱妇幼,在功能主体发挥上功效不尽如人意。加上"建、管、用、育"一体化长效机制还未完善。"新的文化设施投入后,因为'空心化'就有可能陷入新一轮的闲置与浪费。"①

二是村民参与度低。众所周知,农村固有的传统思想习惯比较守旧,起码没有和城市同步前行。在农村建设文化礼堂时,仍然有相当多的村民固守他们的旧思维,文化礼堂组织的文化活动他们不关心、不参与,显示"事不关己高高挂起"的姿态。有两种典型状态,如果村两委有号召力,这些村民会被动性参与,或者在节庆活动时才会表现出积极性。如果村两委缺乏号召力,村民会选择拒绝参与文化活动,加上有部分村民又会因为从众心理而跟着选择拒绝参与活动,这样做的结果就是活动参与人数少、活动氛围不活跃,该村的文化活动就更显得清冷而没有热度;并且因为大多数农村中的年轻人都选择去外地务工挣钱,村里留下的大多数是老年人和幼童,年龄差距过大,村民参与活动的积极性就更低,最终就会使部分文化礼堂的建设等于是个"空壳子"。

(二)物欲横流下的文化衰落

以经济建设为中心给我们留下诸多的后遗症,对于乡村来说,人性的物质维度与精神维度本有的和谐统一被金钱—资本逻辑所打破,过分追求物质生活而忽略文化修养现象已十分严重,乡村生活中缺少让"一个有钱人读书、让读书人有钱"的环境和氛围,追求金钱与努力学习脱节,物欲横流下的农村文化已经走向衰落。即使文化礼堂在推动农村文化发展上发挥了极为重要的作用,但总体文化建设成效依然不明显。加上在文化与经济发展不和谐的环境

---

① 隋晓会:《乡村文化建设切勿浮于表面》,《人民论坛》2017 年第 10 期。

下,农村文化建设工作中偏重体育设施及娱乐设施建设,注重面上的热热闹闹而存在一定程度不够重视道德礼仪建设的短板,这加剧了文化功能的进一步发挥,担负着农村文化活动引导和组织功能的民间社团又面临执着追求与负重前行并存的现状。文化的意识形态功能发挥还没有达到水到渠成的境界。

(三)粗线条历史的遗憾

我们所看到的历史都是粗线条的,记载的都是改朝换代的大事,也是成者为王、败者为寇的叙述,这些历史记载是有选择性的,它记住所谓的"国家大事",往往忽略人世间的"小事",对于关乎人们生活的微观世界则很少有记录。所以在历史上,微观世界、真实世界、关乎人类切身利益的世界等小历史(乡村记忆、乡愁等)却很少成为文化的重点,而这些恰恰是当下农村文化建设的重点。让这种文化传承下去,留得住文脉,记得起乡愁,重构乡村文化的诗性就应该是我们的主题。譬如传统文化、民风民俗、乡村史志等,虽然文化礼堂为我们提供了这种可能,但目前还是停留在较为浅层的状态。

(四)自身局限阻碍发展

一是农村干部思想认识不足,文化礼堂建设推进速度有快有慢。部分村干部的思想观念并没有因近年来文化礼堂的大规模建设而发生改变,对农村文化礼堂建设的重要性认识不足,工作积极性不强。文化礼堂建设步骤相对于其他建设项目比较烦琐,村干部拖拉推诿情况较为普遍。从现实情况看,村主任书记的思想高度决定该村文化礼堂建设的高度,如果村两委想真心办好文化礼堂,那该村群众性文化活动就丰富多彩,文化礼堂建设就会出彩。

二是活动内容单一无趣,创造性人才缺乏。根据相关人员对这一类问题的调查发现,活动的开展没有引起"水花飞溅",其中一个重要的原因,就是文化礼堂开展的一系列活动内容都显得单一无趣味,很多文化礼堂以中老年妇女跳排舞、中老年男性搓麻将为主要活动,所以不能吸引村民的参与兴趣。活动内容过于单一化和传统化,出现这类问题主要是缺乏专业人才和创造性人才。现在村集体经济发达,年轻人多,活动容易开展;村集体经济薄弱,村里大多数的年轻人会选择去发达的城市工作,村里留下的是老人和小孩。一般年轻人的知识水平相对高一些,可是村里留下来的老人普遍学历偏低,所以村里并没有什么管理人才,自治能力差,因此有些可能连活动都无法开展。

三是文化人才的集聚和使用正在路上。文化专业人才、文化干部、志愿者、新乡贤等如何集聚和高效能运转,目前处于探索阶段,还没有形成非常好的范本。

四是"建、管、用、育"长效一体化机制还未完善。建设是基础,我们完成得非常出色,管理是保障,我们也建立了以文化礼堂理事会制为标配的多种管理方式;用是手段,现在是八仙过海各显神通;育是目标,育人化人最终达成精神家园的理想境界,要靠长效一体化机制支撑。虽然省市都提出构建"建、管、用、育"长效一体化机制,但与真正形成完善的机制还有一段距离。

五是评价考核机制不完善。一般的情况是,每一个大的建设项目的开展都会有第三方专业人士来进行评价考核。由此可见,评价考核机制在文化礼堂建设中也是占有至关重要的地位的。目前,宣传文化部门考核过于注重量化,而对效能考核缺少好的指标体系,通常的结果是表层现象好的文化礼堂星级就高,比如硬件建设、村民参与活动的人数比例、活动开展的目的等表面现象,而潜在的活动后对村民的影响力却被忽略了,这说明评价考核机制还不够完善,存在一定的缺陷。

二、新一轮建设的思考

中国文化基本精神的主体内容应包含"天人合一""以人为本""自强不息""贵中尚和"等,这些精神长期受到人们的推崇,影响着他们的生活和行动。中国乡村文化具有文化传统性,同时具有显著的地域性。它既是"天人合一"等中国传统文化精神的继承和发展,又是台州山海文化、佛道文化发源地,同时吸收和融合其他文化形态,具有开放性。

(一)发掘乡土文化魅力,留住文脉

乡土文化魅力的独特性充分显现。通过对乡土文化的重构研究,目的是

传承和弘扬台州优秀文化，保护本土文化资源。努力发掘民俗文化、天台山文化、大陈岛垦荒精神的独特魅力及其内涵的人文精神，守护台州文化遗存，留住乡愁。同时，加强对社区文化、人文历史、天台山和合文化的研究。使台州市文化发展"十三五"规划的重大项目，注入更丰富的文化内涵，彰显"浙东风格、台州韵味"的城市文化魅力。让乡土文化为台州社会发展提供强大的文化支撑。

留住乡村印记，延续历史文脉。让美丽乡村更有"里子"，"里子"的灵魂就是文化。所以，让居民生在其中、乐在其中，在青山绿水中徜徉文化的诗意，让乡愁永远铭刻在心田里，这是文化礼堂应该承担的职责。

乡土的眷恋在我们这代人身上印记过于明显，但在更年轻一代身上却无法雕刻出深度。虽然农村仍然保存着灿烂的文化遗留、丰富的习俗礼仪，但无法勾起浓浓的乡愁，这不能全怪他们，因为他们从小就缺失乡土教育。在当下，水泥钢筋森林般矗立在都市的蓝天下时，久被抛弃的乡土却又重上心头，一夜间乡村文化显得弥足珍贵。我们建设文化礼堂就是要轰轰烈烈大搞文化活动，挖掘农村文脉，以文养人、以文化人，守护乡村文化生态，留住美丽乡愁。把丰富农民精神文化生活作为美丽乡村建设的重要内容，大力完善农村基本公共文化服务。

（二）推动乡土文化创造性转化、创新性发展

台州文化化育着台州人生活、规范着台州社会生活，同时为台州人提供了高远的理想。台州文化的瑰宝在于它的文化理想与道德理想，在于它的"和而不同"的思想和它的务实性与"此岸性"，在于它的自强不息与"苟日新、日日新、又日新"的精神。

台州有着独特的文化，独特的价值体系，独特而悠久的精神世界，能在独立自主的轨道上实现自我革新和发展。我们要实现乡土文化与现代化的对接，实现乡土文化对"当代科学技术新成就的学习吸纳，实现中华民族传统的道德理想、文化理想与现代民主、法治、文明等理念的对接"①。培育和弘扬社会主义核心价值观,在快速发展与转型过程中有效引领与整合多样化的文化思潮,正视全面建成小康社会进程中乡村文化生态的丰富性、多样性、复杂性,细心调查研究、妥善引领提高,包容倾听、规范管理,保持文化生态的健康、活力与平衡。

(三)以文化引领乡村振兴

文化引领乡村振兴走的是正道。南齐王融《曲水诗序》中说:"设神理以景俗,敷文化以柔远。"说明文化在人的精神养成、社会发展等方面产生的巨大作用,润物细无声的文化精神力量振兴必当在乡村先行。

一是乡村传统文化引领乡村振兴。乡村传统文化既有乡土、自然、醇厚、和谐的一面,也有封闭、保守甚至愚昧、落后的一面。"构建新型乡村文化,不能依赖在传统乡村文化基础上的自然演进,而必须挖掘农村传统美德,摒弃糟粕,同时与社会主义核心价值观互相融合,进行重构和传播。"②

二是以乡贤文化引领乡村振兴。建设美丽乡村需要人才支持。其中,乡贤是乡村振兴的重要力量,乡贤文化是中华优秀传统文化的重要组成部分,对乡村振兴有着不可替代的促进作用。要发挥新乡贤的示范引领作用,搭建乡贤文化平台,建立乡贤联系机制,畅通乡贤与乡村信息的互联互通机制,激发乡贤参与乡村振兴和乡村建设的积极性。

三是创新活动内容。要强化村两委班子的核心作用,让农村文化礼堂活动可持续发展,相关部门还应该结合自身文化底蕴内涵,打破传统单一的活动形式,创新活动内容。相关专业的设计人员在思考活动内容时,应该注意把我国的社会主义核心价值观等有利于提高村民精神文明的内容巧妙地融入活动。结合农村自身的乡土文化和社会主义核心价值体系的文化,使这样展开

---

① 洪永森、张兴祥:《"中国梦"的世界意义》,《福建论坛》(人文社会科学版)2017年第4期。

② 李梁、崔莹:《乡村振兴要重视文化引领的力量》,《民主协商报》2018-03-13。

的活动内容变得丰富多彩，并且具有极高的文化价值。

(四)强化认知,合力推进

一是强化宣传引导，完善制度。加强镇村干部对文化礼堂建设工作的重视，发挥村级主体作用。各乡镇要根据各村实际，制订行之有效的文化礼堂建设计划，同时执行文化礼堂的建设标准。主管部门要深入调研和指导，了解和倾听地方实际，因地制宜谋划思路，不能一味地追求进度而忽略建设质量与地方特色。尊重村民主体地位，提高村民参与活动的积极性。

二是重视村民的意见，开展村民座谈会，倾听群众的声音，明白村民真正想要参与的活动有哪些。村民座谈会只能吸取一小部分村民的意见，真正要做到争取全员参与活动的目标，还需要相关部门展开问卷调查，以问卷调查的形式了解村民的真实想法。这样做，不仅可以体现相关权威部门对村民主体地位的尊重，更可以提高村民参与活动的积极性。

三是创新健全考评机制。任何活动想要做到更好，都需要权威部门的监督。由此可见，建立健全对文化礼堂活动的考评机制是必不可少的。在每一次开展活动之前的准备工作需要考评，开展活动时的各个环节需要考评，文化礼堂活动结束后对村民产生的积极影响同样也需要考评。所以，传统考评机制一般只对开展活动时进行考察评价，这显然是不够的。全面创新的考评机制应该加大考评力度，并且在不断实践中完善健全考评机制。对做得好的人员、部门需要大力表扬并奖励，从而让各个村开展活动形成一种友谊竞争的关系，促进文化礼堂活动更好地发展。

四是严格管理制度。村级"文化礼堂"要真正成为精神家园，是一个长期系统的工作。"文化礼堂"建成只是基础，后续的运营才是关键所在。因此必须建立健全农村文化礼堂管理制度，必须要结合当地的现实情况，因地制宜，才能保证制度具有可行性；此外，还要建立长效机制，在制度的落实中要及时总结经验，改善方式方法，只有这样才能保证制度能够落实下去。

五是建立健全工作队伍。农村文化礼堂人才队伍由策划队伍、宣讲队伍、创作队伍、文体队伍、管理队伍以及社会文化志愿者队伍等组成。可以从以下几个方面着手:组建文化研究委员会,针对本地的特色文化进行研究,深入挖掘当地文化内涵;整合农村文化建设力量,利用基层大学生先进的科学理念,组织管理文化礼堂;重视培养宣传人员,吸收具有艺术才艺的人才,加入农村文化礼堂建设队伍;鼓励村民参加志愿者活动,不仅对农村文化礼堂建设有积极的促进作用,而且能够让更多的农民了解农村文化礼堂建设的重要意义。

农村文化礼堂建设是继承传统文化、弘扬现代文明、传播正能量的重要载体,也是展示新农村文化建设、丰富农村文化生活的重要举措。健全县、乡、村三级职责明晰的工作责任体系,深化文化礼堂星级管理制度,构建科学高效的智慧管理系统,确保农村文化礼堂各项工作常态长效开展;依照农民的要求,结合当地的发展特点,创新文化理念;要积极组建基层大学生队伍,运用先进的知识来激活传统文化,让农村文化礼堂具有创新性,真正保障文化礼堂建设的顺利开展,丰富农村居民的精神世界。要配强管理员队伍,壮大志愿者队伍,培育乡土文化人才,着力激发农村文化礼堂的内生活力,使文化礼堂有文化,精神家园见精神,真正成为繁荣农村文化和助推乡村振兴的重要载体,与文化浙江和"两个高水平"建设相适应的文化地标,与美丽乡村和美好生活相契合的精神家园。

延伸案例 1

黄岩区以"乡村大使"着力构建文化志愿服务体系

近年来,浙江黄岩深入贯彻落实《中共中央关于深化文化体制改革 推动社会主义文化大发展大繁荣若干重大问题的决定》和《中共浙江省委关于认真贯彻党的十七届六中全会精神大力推进文化强省建设的决定》,针对黄岩区农村公共文化服务建设相对落后、农民文化生活相对贫乏、民间文化人才热心公益但缺少展示平台等实际情况,创新推出"乡村大使"文化志愿服务体系,把基层部分群众培养成"文化大使"(包括宣传大使、文明大使、产品大使、旅游大使、形象大使），向群众宣传党的理论政策、提供文化服务、倡导文明新风，走出了一条"从群众中来、到群众中去"的基层文化发展新路子。

（一）因势利导，挖掘乡村文化能人组建"乡村大使"队伍

从 2010 年起，以"乡村大使"选拔活动为抓手，通过海选、初赛、决赛和风采展示四个环节，在全区范围广泛挖掘民间文艺人才及各方面专业人士，有效整合民间文化资源，组建起"乡村大使"文化志愿者队伍。

一是明确定位，发动群众建队伍。所谓"乡村大使"，是从农村挑选出来的对当地风土人情、社会经济、物产文化等方面有全面的了解，能够通过富有生活味的地方语言生动形象地开展文艺宣传的民间优秀文化人才，是当地的理论政策宣讲员、社情民意收集员、社会舆论引导员、乡风文明传播员、文化活动指导员。目前，全区各乡镇街道已评选出 169 名"乡村大使"，成员结构比较多元。从职业分布来看，有种植养殖户、手工业者、建筑工人、教师、家庭主妇等。从年龄分布来看，以三四十岁为主，占 73%；其次为 50 岁以上，占 18%；最大的 76 岁，最小的 10 岁。从组合方式来看，以单人为主，如上郑乡的"顺口溜能人"郑英俊、"快板达人"陈健等；也有亲朋组合，如院桥镇程雪花及其双胞胎儿子的母子三人组合，屿头乡的黄荣玲、黄君玲姐妹组合，东城街道的"王伟三句半组合"（四人姓名都谐音"王伟"）。另外，一些外来媳妇、少数民族也有入选的。区委宣传部为每位"乡村大使"都建立了个人档案，授予"乡村大使"聘书，颁发"乡村大使"徽章，这既便于统一协调管理，又便于开展文化服务。

二是搭建平台，提高水平强素质。1. 搭建学习平台，提高队伍业务水平。依托文化馆（站）建立"乡村大使"培训中心，开展分门别类的专项培训。如：区文广新体局每年轮流选调一批"乡村大使"，举办 3—5 期培训班，通过经验介绍、案例分析、观摩考察等形式，重点进行文化服务理念和技能等方面的专业培训，着力培育"乡村大使"中坚力量。区文联每年举办民歌、舞蹈、传统器乐演奏等实用技能培训，各类文化艺术协会和乡镇文化站也经常举办笔会、采风等活动，为"乡村大使"提供学习平台。同时，实行"传帮带"制度，每位知名的

"乡村大使"联系几名新成员或某个村居,指导和传授文化服务技能。如,院桥镇繁荣村的"排舞大使"何敏,带领村里的舞蹈爱好者开展排舞培训,组建起了拥有几十人规模的排舞队。2.搭建交流平台,促进队伍联系沟通。区委宣传部专门编发"乡村大使"活动简报,刊发"乡村大使"活动动态和活动心得,组织召开"乡村大使"座谈会和茶话会,开展联谊活动,增加感情交流。筹建黄岩新闻网"乡村大使在行动"专栏和"乡村大使"QQ群,及时发布活动信息和行动倡议等。

三是建章立制,规范运行抓保障。1.建立服务制度。"乡村大使"既有义务又有权利。从义务来讲,按照群众所需、"乡村大使"所能的原则,建立起"乡村大使"服务项目库,确定文化文艺、文明新风、普法教育、政策理论等若干服务专项,并要求"乡村大使"每月义务服务不少于1次,每年义务服务不少于72小时。从权利来讲,推行文化志愿服务"储蓄"制度,把"乡村大使"的志愿服务与优先享受公共服务结合起来,在信贷、文化消费等方面给予优先或优惠待遇,形成"付出—积累—回报"的爱心循环机制。2.建立经费保障制度。采取财政拨一点、企业赞助一点、服务对象出一点的方法多方筹措经费。区财政每年预算10万元"乡村大使"专项活动资金;黄岩广播电视台对担任方言主播、外景主持的"乡村大使"给予补贴;企业等社会资本以结对、冠名等形式支持"乡村大使"开展活动;服务对象所在单位负责"乡村大使"在开展服务活动时的后勤保障。3.建立激励制度。实行表彰奖励制度,每年评选出30名优秀"乡村大使",颁发荣誉证书,并给予适当奖励。

(二)因地制宜,确保"乡村大使"文化志愿服务灵活开展

以"三贴近"为原则,鼓励"乡村大使"自主发起、自主开展形式多样的文化服务活动。其活动方式大致分为五种类型。

1.乡土文艺宣传法。"乡村大使"普遍使用"三句半""顺口溜""唱道情"等乡土文艺形式,进行寓教于乐的理论、农技、卫生、法律、计生等主题宣传。比如,江口、宁溪等乡镇(街道)成立了"乡村大使宣讲团",在清明节期间开展森

林防火、文明祭祖主题宣传，在暑假期间开展学生安全度假主题宣传。同时，"乡村大使"还积极带领群众参加以"红心献给党"为主题的"文化舞动广场"活动，通过"歌唱祖国"大唱台、"宜居城区"大展台、"乡村文化"大擂台、"创新实干"大讲台和"群星璀璨"大舞台等五大载体，推动群众性红色广场文化活动蓬勃发展。

2. 电视广播宣传法。"乡村大使"承担着当地的"阿福""阿福嫂"的角色，在周边群众中享有较高的知名度和影响力。他们利用"名人效应"，以多种形式积极推介当地名优特产和观光旅游等资源，并拍摄成宣传短片，通过电视、广播、大型户外显示屏、LCD联播网等媒介扩大宣传覆盖面。同时，"乡村大使"可择优选聘为黄岩广播电视台的方言主播，也可担任"一方水土"栏目的外景主持。

3. 文化节会宣传法。黄岩区农村文化节会众多，如北洋镇桃花节、上垟乡鲜花节和竹笋节、屿头乡枇杷节、澄江街道橘花节、富山乡农耕文化节、院桥镇杨梅节等。各类节会均会邀请"乡村大使"参与活动策划和演出，"乡村大使"也依托节会这一平台，向广大游客展示当地特色文化，丰富了节会活动的文化内涵，有力地促进了当地经济文化的发展。

4. 民间典型宣传法。"乡村大使"经常采用身边的好人好事作为宣传素材，以现实生活中的感人事迹引领文明风尚，并积极主动地向有关部门推荐先进典型。比如，"橘乡新事双月评"宣传平台共收到来自"乡村大使"推荐的100余名（件）民间典型人物（事件），推出了"30个老人的女儿、11个孤儿的妈"——彭彩荷等一批民间道德典型，在橘乡兴起了"学民间典型、树文明新风"的热潮。

5. 网络短信宣教法。"乡村大使"还注重运用现代网络传媒进行社会宣传，通过黄岩新闻网等网站积极传递本地亮点信息，同时及时收集网上舆情、了解社情民意，并通过QQ群、微博等平台，在深入客观的问题探讨中进行正确的舆论引导。另外，还建立了手机短信群发平台，定向发送致富惠农、好人好事等信息。

(三)因利乘便,极大发挥"乡村大使"在和谐社会建设中的积极作用

"乡村大使"文化志愿服务,不仅让"乡村大使"自身得到了锻炼和提升,也在一定程度上推动形成了"我奉献、我快乐"的良好社会氛围,有力地引领了社会风尚,促进了经济社会的发展。

一是促进公共文化服务有效延伸。广大"乡村大使"依托三句半、顺口溜、小品、山歌、朗诵等文艺形式,各尽所能地传承民间文化、传播先进文化、服务公共文化。其文化服务内容非常丰富,可以是党的理论和路线方针政策,也可以是身边的道德典型、先进事迹;可以是风土人情、特色文化,也可以是卫生、科技、文化、法律等与群众生产生活息息相关的内容。特别是其表演所依托的人和事都来自百姓身边,看得见、摸得着、感受得到,所以更能触动、吸引每一个基层群众。同时,一些"乡村大使"还专门成立个人工作室,如"郑英俊工作室""从德故事馆"等。特别值得一提的是,北洋镇的"老年大使"潘深河,自费开办"潘深河讲堂",在每月的初二、十二、廿二义务授课,十几年如一日,从不间断,让乡亲们在闲暇学习党的理论政策、卫生保健知识、人生格言等,对周边村居的文化发展发挥了显著的引领、辐射作用,达到了"培育一个、带动一片、活跃一村、繁荣一方"的效果。又比如,从去年开始,黄岩区发动"乡村大使"骨干力量,围绕党的十七届六中全会精神和当地重点工程"百日会战""清洁家园和谐乡村"、换届选举等党政中心工作,编排成小品、快板、诗朗诵等多个节目,进社区、进乡村、进企业巡回演出10多场次,受到了群众的欢迎。

二是促进乡风文明有效提升。"乡村大使"在志愿文化服务中,把诚实守信作为信条,通过自己的行动倡导文明新风,引领社会风尚。如院桥、茅畲、头陀等乡镇的"乡村大使"自筹资金,将禁毒、戒赌等法制知识,"八荣八耻""我们的价值观"等箴言短语,红白喜事移风易俗等文明新风,编印成通俗易懂的顺口溜,免费发放到群众手中,大力倡导良好风尚,坚决抵制不文明行为,增强了群众的知法、守法意识,提升了群众的文明道德水准,有力地推动了和谐文明

乡风的形成。

三是促进当地经济良性发展。"乡村大使"在推动文化繁荣的同时，还为当地经济发展鼓劲加油，为群众求知、求富助一臂之力。"乡村大使"把当地风土人情、小吃特产、山水资源，如院桥的甘蔗、红糖，头陀的茭白、杨梅，澄江的橘花、柑橘，北洋的蜜桃、胖头鱼，屿头的布袋坑景区，等等，以"三句半""顺口溜"等形式进行文艺创作，并制作成视频短片，通过全区400多个楼宇广告电视进行密集宣传。正如一位老农所说："'乡村大使'是我们的推销员，是我们的形象大使。"

(四)"乡村大使"文化志愿服务带来的有益启示

1.党委、政府的及时引导是基础。现在社会上不乏热心人，他们有的为邻里乡亲经常提供一些力所能及的帮助，有的逢周末到敬老院为老人们整理内务，有的还免费为村居群众传授文艺技能，等等。但是往往不成群体，力量非常有限，有的全凭自己一时的热情和兴趣，没有连续性，在社会上的影响也不大。党委政府及时地以"乡村大使"这一统一载体加以引导和规范，促使形成一支可持续发展的稳定队伍，可以让原先微小如点点萤火的爱心星火形成燎原之势，从而打造出一支繁荣基层文化的新生力量。

2.发动群众直接参与是关键。"乡村大使"活动改变了以往群众只是观众的局面，让更多的群众主动参与、走上舞台，成为文艺活动的策划者、组织者和落实者，成为公共文化服务的重要组成部分。普通百姓从最初的缩手缩脚到跃跃欲试直到如今的大展身手，极大地激发了人民群众的文化自觉和文化自信，让群众在"演文化"中享受公共文化服务。

3.满足群众迫切文化需求是立足点。近年来，虽然党委政府在改善基层文化设施、丰富基层文化生活上投入很大，想了很多办法，但如何满足人民群众的基本文化权益方面仍存在一些亟须改进的地方，特别是一些离城区较远的乡村和山区，当地百姓参与文化活动、享受文化服务的机会不多。"乡村大使"来自群众、服务于群众，是群众身边的"文化大使"，是长年驻扎在当地带不走的文化队伍,因此受到了群众的热烈欢迎。

4.稳固和提升队伍是生命线。一个团队的发展,关键在人,尤其像"乡村大使"队伍这样的公益性团体,人员具有很强的流动性,参与活动有较大的自由性,因此必须在不断吸引民间文化热心人、文化骨干参与进来的同时,从学习、交流、服务、制度保障等层面强化规范化建设,保持"乡村大使"队伍的相对稳定并不断提升其服务水准,推动文化志愿服务向纵深发展。

延伸案例2

关于推进天台县农村文化礼堂总部建设的实施意见

各乡镇党委、政府,各街道党工委、办事处,县直属各单位:

为进一步深化农村文化礼堂长效机制建设,不断提升"建、管、用、育"一体化水平,根据省委办公厅、省政府办公厅《关于推进农村文化礼堂长效机制建设的意见》(浙委办发〔2017〕22号)、浙江省委宣传部《2018年浙江省农村文化礼堂建设工作要点》和台州市委宣传部《台州市农村文化礼堂建设百日攻坚行动工作方案》(台宣〔2018〕15号)文件要求,结合天台县实际,现就切实推进天台县农村文化礼堂总部建设提出如下实施意见。

(一)指导思想

以习近平新时代中国特色社会主义思想为指导,深入贯彻落实党的十九大精神、省第十四次党代会、市五届二次党代会和全市宣传思想工作会议精神,结合"名县美城"建设要求,按照"提质扩面、常态长效"的工作思路,大力实施农村文化礼堂总部建设,确保"高效管理,精准服务",使文化礼堂总部引领县域文化礼堂建设,努力实现"建、管、用、育"一体化模式。

(二)总体目标

以"共建礼堂之家 共铸文化之魂"为目标,4月底前建成1个总部,1个分部示范点。6月底前完成80%以上乡镇(街道)文化礼堂分部的建设,通过完善建设指导、管理督导、服务组织、宣传展示等四大功能,进一步提升文化礼堂

"建"的力度、"管"的强度、"用"的热度和"育"的深度,实现文化礼堂"门常开、人常来、活动常在"。

(三)主要任务

1. 搭建三级组织架构。按照"统筹规划、分级管理、注重实效"的原则,建立"总部＋分部＋村礼堂理事会"三级组织架构。总部作为全县农村文化礼堂的管理中心、服务中心,设立考核管理站、信息管理站、建设管理站、宣讲服务站、文体服务站、综合服务站等六大站点,承担建设指导、宣教培训、信息共享、统筹协调、监督考核等职能。农村文化礼堂分部以各乡镇(街道)文化站为依托,在健全文化站原有功能的基础上,设置分部相应机构及相关职责,承担承上启下、现场指导、督促落实等职能。村礼堂建立理事会机制,实施文化礼堂理事会非企业法人治理机构,负责具体运行和群众诉求的及时表达、成效的反馈等。

2. 建立项目审批机构。按照《浙江省农村文化礼堂星级管理办法(试行)》(浙宣〔2017〕46 号)和《浙江省农村文化礼堂建设标准(浙建标 1－2017)》(建设发〔2017〕97 号)文件要求,各乡镇(街道)分部要成立由分管领导、职能单位、有关专家组成的审批机构,对农村文化礼堂项目立项、规划设计等进行把关指导,确保建设项目的责任单位、设计方案、规划、用地、资金"五落实",并顺利开工。要精选专业设计团队,加强礼堂规划设计,深入推进文化礼堂外观"美化"、标志"亮化"工作。

3. 建立网络信息管理系统。推进农村文化礼堂无线网络全覆盖。建立网站、微信公众号、电视客户端三方通用系统,实现礼堂介绍、活动展示、预约服务、政策宣传等多屏展示、多屏互动,广大群众在家用电脑、电视、手机即可方便地看到农村文化礼堂最新提供的文化资讯。按照"网上系统展礼堂＋视频互动督礼堂＋实时播报搞活动"的模式,通过设立在村礼堂的高清摄像头,实现对礼堂活动的实时督查、指导、回放等功能。村级礼堂建有电子公告栏,通过滚动播报各村文化礼堂的活动通知,吸引群众广泛参与,形成"比学赶超"的浓厚氛围。

4. 完善"菜单"服务功能。结合群众需求,整合教育、公安、民政、司法、农业、卫生、科协等部门资源,制定年度服务菜单。建立"文化超市"服务点餐平台,让群众按需进行网上"点单",开通部门服务即时申报功能,让服务更结合时势需求,畅通供需双方的精准对接渠道。

5. 建立总部志愿者联盟。下设文艺下乡志愿者、理论宣讲志愿者、科创致富志愿者、教育培训志愿者4个分联盟。建立工作例会、轮值制度等工作机制,定期为群众提供政策咨询、业务办理、宣传教育等服务,打通服务群众"最后一公里"。

6. 实行星级管理月考评机制。探索"活动众筹积分考评"机制,进一步完善星级管理月考评工作。出台《农村文化礼堂活动众筹积分制度》,设立"群众参与率""活动前后资料整理上报""媒体宣传""参与其他村文艺演出""总部评价"等指标,按月对各农村文化礼堂的众筹积分进行考核排名,作为星级管理动态考评体系中的重要指标,考核结果与年度农村文化礼堂活动运转经费和年度文化管理员的补助挂钩。

7. 推行"一月一主题一活动"。围绕元宵节、清明节、中秋节等中华传统节日,以及七一、国庆等重要时间节点,根据时势要求制定每月活动主题,指导各农村文化礼堂按要求开展主题活动,丰富群众文化生活,并通过各类媒体进行宣传报道。

8. 建立"一季一带一推进"工作机制。每季度选取一个乡镇(街道),按照串点成线、连线成面的拼图效应,召开农村文化礼堂精品带建设推进会,小乡镇至少选择2个村组成1条精品带,大乡镇至少选择6个村分别组成2条以上精品带,对照创建标准,进行"地毯式"现场检查验收。召开推进会的乡镇(街道),采取自主申报和组织指定相结合的方式确定,坚持先达标、先申报、先召开,率先达到创建标准的乡镇可先行申报召开推进会。

9. 搭建展示交流平台。建立"一乡一品"特色展馆,通过实物与图片相结合，集中展示 15 个乡镇（街道）农村文化礼堂建设"一乡一品"的特色与成效，以及已建文化礼堂星级分布和 2018 年文化礼堂创建计划。定期组织村干部、机关干部、大学生村官等到其他乡镇（街道）参观学习，实现信息共享。

（四）工作保障

1. 高度重视，加强领导。成立县级农村文化礼堂总部领导小组，由县委常委、宣传部部长、分管文化副县长任组长，进一步完善总部架构设置，下设管理中心和服务中心，分别由县委宣传部分管文化副部长和县文广新体局局长任中心主任。各乡镇（街道）要高度重视文化礼堂分部建设，成立专门领导小组，健全工作机制，明确工作职责，扎实推进文化礼堂分部建设。

2. 健全管理，强化保障。设置专职管理人员，建立轮值机制。总部至少配备 2 名专职管理员，实行 AB 岗制。各乡镇（街道）分部要确保配备 3 名专职管理员（乡镇文化站专职工作人员）作为分部管理人员。要严格按照浙委办发〔2017〕22 号文件和台市委办发〔2017〕14 号文件要求，文化礼堂管理员待遇参照村级同类人员或当地在岗职工平均收入水平予以保障。积极推动乡贤等社会力量参与农村文化礼堂建设，为文化礼堂的建设和长期有序运行提供有力补充。

3. 完善机制，强化考核。各乡镇（街道）、各部门要高度重视文化礼堂分部建设，扎实推进"提质扩面"各项工作，并把这项工作纳入党建工作责任制考核和意识形态工作责任制检查的重要内容中，作为考核各级领导班子、领导干部的重要依据。县级新闻媒体要加大对农村文化礼堂建设的宣传力度，在全县掀起文化礼堂建设的热潮。

延伸案例 3

文化礼堂：乡村振兴的"加油站"[①]

"宋博士今天讲得可真好！"5 月 22 日，官路镇下王村文化礼堂座无虚席，

---

① 本文摘自 2018 年 6 月 12 日的仙居新闻网。

来自中国美术学院视觉中国协同创新中心的宋哲博士,为村民们做了题为"推进乡风文明建设　助力乡村振兴战略"的专题宣讲。

"从美学在乡村建筑设计上的应用,到如何更好地传承、保护、挖掘古村落文化,这些都与我们村的发展息息相关,很有收获啊!"下王村党支部书记俞方进在听完课后说。现在这个文化礼堂就像是下王村这辆"发展之车"的"加油站",形式多样的活动不但转变了村民们的发展观念,更是提高了大家的文明素质。

在仙居,被群众称为"加油站"的文化礼堂共有107个,仅去年就新建了23个。其中,五星级文化礼堂2个,四星级文化礼堂5个,三星级文化礼堂12个。

数量的增加让文化礼堂惠及更多群众,质量的提升让文化礼堂成为仙居乡村振兴真正的"加油站"。一座座极具地方特色的文化礼堂成为仙居群众休闲娱乐、学习交流的好去处,从舞狮活动、新春灯会、火红灯笼展、民俗文化节等民俗活动,到成人礼、敬老礼、新兵壮行礼等礼仪活动,再到农业知识讲座、古村保护课堂、政策法规宣讲等乡村振兴知识传播,文化礼堂打通了主流价值引领和文化服务向乡村延伸的最后障碍,其功能也从初始单一的文化活动载体转变为农村文化服务综合体,成为普及科学文化的阵地、弘扬文明新风的舞台、传播传统文化的殿堂、村中谈事议事的场所,为乡村振兴注入了强大活力。

"如今的农村文化礼堂,更有温度了。"采访中许多村民提到,文化礼堂的活动越来越丰富,无论是老人、孩子还是妇女,都能找到适合自己的活动。为进一步丰富礼堂活动,仙居县还整合各单位服务资源,进一步优化资源共享机制,加强文艺资源菜单式配送平台建设,有效地服务于农村文化礼堂,提供涵盖文艺、宣讲、科技、农业、教育、卫生等服务菜单58项。

让更多群众走进文化礼堂,将文化礼堂助推乡村振兴落到实处,仙居县有着自己的方法。深入实施草根讲师进村坐堂机制和"十百千"行动,围绕党委政府中心工作,推动草根讲师宣讲进礼堂、十大礼仪进礼堂、百场演出进礼堂、千名志愿者进礼堂,广泛开展形势政策宣讲、优秀文化传承、核心价值观培育等活动,引导群众广泛参与,传递主流声音和社会正能量。仅 2017 年,全县各文化礼堂累计开展文化活动 350 余场次;组织 1800 余人次志愿者进文化礼堂开展服务;草根宣讲队在文化礼堂共计开展"十九大精神""我最喜爱的习总书记的一句话""剿灭劣 V 类水"等宣讲 200 多场次,受众达 1.5 万余人次。

　　据了解,仙居县计划今年新建农村文化礼堂 60 个。自"农村文化礼堂建设百日攻坚行动"启动以来,县各级、各部门坚持"建有标准""管有机构""用有队伍""育有主题",以"一盘棋"观念,站在乡村振兴的战略高度,立足各自职能,找准与农村文化礼堂建设的结合点,依托县文化馆建立农村文化礼堂总部,统筹协调全县农村文化礼堂的指导培训、信息共享、菜单服务和档案管理等职能,更好地服务乡村文化振兴。目前,全县有 62 个村启动文化礼堂建设,其中有 12 个文化礼堂已完成基础设施建设和内部方案设计。

后　记

本书要感谢台州市委宣传部文化处、台州市文化和广电旅游体育局的帮助和指导,特别感谢路桥区委宣传部和各县(市、区)的文化和广电旅游体育局,他们提供了这几年来农村文化礼堂建设的创新思想和实践经验,还发来典型案例,让我在第一时间感受来自基层文化队伍火热的情怀、飞扬的激情、奔放的思绪,正是这些战斗在文化第一线的管理干部,构成台州农村文化礼堂蓬勃发展的一大支撑。台州农村文化礼堂建设能够走在浙江省前列,在建设过程中形成诸多创新理论和实践的范式——"台州范",在浙江省甚或全国都可以复制推广,靠的是政府主导、社会参与。在文化发展上历史欠账太多的背景下,能取得如此巨大的成就,这是难能可贵的,可以想见台州人蕴含的巨大创新驱动力和创造力。

本人学识浅陋,对农村文化礼堂的理解还不够深入,部分段落文字是依靠各级宣传部和文化和旅游部门提供的材料完成的,难免存在缺点和疏漏之处,请指正包涵。

2020. 10